MONOGRAPHIE HISTORIQUE ET ARCHÉOLOGIQUE
D'UNE RÉGION DE PARIS

LE QUARTIER BARBETTE

DU MÊME AUTEUR

Saint-Pierre de Montmartre, *Bulletin de la Société des Amis des Monuments Parisiens*, 1888.

Les moulins à vent du vieux Paris, *ibid.*, 1893.

La tourelle de la rue Vieille-du-Temple, *Paris*, Hugonis, 1886.

L'hôtel Hérouët, *Bulletin de la Société de l'Histoire de Paris et de l'Ile-de-France*, 1887.

Les seigneurs de Clignancourt, *ibid.*, 1891.

Curiosités du Vieux Montmartre. — Les carrières à plâtre. Les fontaines. Montmartre vignoble. Les moulins à vent. La porcelaine de Clignancourt. Le Mont Marat. *Paris*, H. Champion, 1893.

L'hôtel Saint-Fargeau, *Correspondance historique et archéologique*, 1895.

Les cimetières de Montmartre avant et pendant la Révolution, *Le Vieux Montmartre*, 1895.

En préparation : L'Hôtel Carnavalet. Notice historique et catalogue du Musée.

MACON, PROTAT FRÈRES, IMPRIMEURS.

FONDATION RAYMOND

MONOGRAPHIE HISTORIQUE ET ARCHÉOLOGIQUE
D'UNE RÉGION DE PARIS

LE

QUARTIER BARBETTE

PAR

CHARLES SELLIER

Inspecteur des fouilles archéologiques de la Ville de Paris
Attaché au Musée Carnavalet
Membre de la Société des Études historiques

AVEC UNE PRÉFACE

DE

Dr ALFRED LAMOUROUX

Conseiller municipal de la Ville de Paris
Vice-Président de la Commission Municipale du « Vieux-Paris »
Membre de la Société des Études historiques

PARIS
ANCIENNE LIBRAIRIE THORIN ET FILS
ALBERT FONTEMOING, ÉDITEUR
Libraire des Écoles Françaises d'Athènes et de Rome
du Collège de France, de l'École Normale Supérieure
et de la Société des Études historiques
4, RUE LE GOFF, 4

1899

Bibliothèque de la Société des Études historiques
FASCICULE II
FONDATION RAYMOND

MONOGRAPHIE HISTORIQUE ET ARCHÉOLOGIQUE
D'UNE RÉGION DE PARIS

LE

QUARTIER BARBETTE

PAR

CHARLES SELLIER

Inspecteur des fouilles archéologiques de la Ville de Paris
Attaché au Musée Carnavalet
Membre de la Société des Études historiques

AVEC UNE PRÉFACE

DU

Dr ALFRED LAMOUROUX

Conseiller municipal de la Ville de Paris
Vice-Président de la Commission Municipale du « Vieux-Paris »
Membre de la Société des Études historiques

PARIS
ANCIENNE LIBRAIRIE THORIN ET FILS
ALBERT FONTEMOING, ÉDITEUR
Libraire des Écoles Françaises d'Athènes et de Rome
du Collège de France, de l'École Normale Supérieure
et de la Société des Études historiques
4, RUE LE GOFF, 4

1899

A LA MÉMOIRE DE

LUDOVIC RACINE

ADMINISTRATEUR DE LA SOCIÉTÉ DES ÉTUDES HISTORIQUES

(1839-1898)

(Délibération du 5 avril 1898)

L'ouvrage de M. Charles Sellier, inspecteur des fouilles archéologiques de la Ville de Paris, attaché au musée Carnavalet, membre correspondant de la Société des Études historiques, intitulé : *Le quartier Barbette*, a été admis dans la *Bibliothèque de la Société des Études historiques* par décision du Comité de rédaction. L'impression en a été suivie par le commissaire responsable que le Comité a désigné, M. Gaston Duval.

AU LECTEUR

Tous les amis du vieux Paris connaissent M. Charles Sellier, ce Parisien de la Butte Montmartre, travailleur infatigable, à l'air modeste et bon enfant, avec une pointe de fine raillerie, qui a trouvé le moyen de découvrir, dans le champ si exploré de l'histoire parisienne, une foule de petits coins pittoresques, jusque là ignorés ou retombés dans l'oubli.

Or, il arriva dernièrement que je le rencontrai dans je ne sais quel trou de l'écumoire parisienne (les ingénieurs s'étant emparés de nos plus belles rues, pour y forer des puits et transformer nos chaussées élégantes en véritables lacs de boue, en souvenir sans doute des nombreuses traductions de l'ancien nom de Lutèce.)

« Vous savez, me dit-il, tout en chargeant de notes son carnet d'inspecteur des fouilles du musée Carnavalet, que je viens de terminer un petit travail sur le quartier Barbette et j'ai compté sur vous pour m'écrire une préface. »

Je me récriai : « A quoi bon une préface?

« Ne suffirait-il pas de mettre comme épigraphe ces paroles de Montaigne : *C'est icy un livre de bonne foy*? Voilà qui indiquerait parfaitement l'esprit qui a guidé vos efforts consciencieux, et le lecteur vous saurait gré de ne pas retarder le plaisir de parcourir un ouvrage intéressant et bien écrit.

« Que trouverait-il dans une préface, qu'il ne sache déjà par ailleurs?

« Est-il nécessaire de lui présenter l'auteur, de donner un résumé critique de son travail et de consacrer quelques mots à la Société des études historiques, qui l'a édité?

« Mais, l'auteur, M. Ch. Sellier, architecte archéologue et publiciste, né à Paris en 1844, n'est certes pas un inconnu.

« N'a-t-il pas participé, comme membre de la Société de l'Histoire de Paris, de la Société des Amis des monuments parisiens, de la Société des Études historiques et de celle du « Vieux Montmartre », dont il a été le président fondateur, à tous les travaux de ces savantes réunions d'érudits; et ses rapports, comme secrétaire de la commission municipale du « Vieux Paris », n'ont-ils pas été justement remarqués?

« Bien plus, un grand nombre de travaux originaux ont été publiés par lui, en variétés ou en feuilletons, depuis 1884, dans une foule de journaux ou revues; citons au hasard le *Figaro*, le *Rappel*, le *Mot d'ordre*, la *Nature*, le *Gil Blas*, le *Paris Montmartre*, la *Semaine des Constructeurs*, la *Correspondance historique et archéologique*, etc., etc.

« Près de cent articles et monographies historiques des genres les plus divers et se rapportant en quelque sorte à tous les points de Paris, ont fait connaître son nom.

« Tout au plus, pourrait-on rappeler ses études sur Montmartre, ses moulins à vent, son intéressante église, ses vignobles, son abbaye, ses cimetières, ses monuments curieux et ses habitants y compris, les seigneurs de Clignancourt, sur les hôtels du Marais: hôtel de Lamoignon, hôtel d'Hérouët, (où se trouve la tourelle de la rue Vieille du Temple), hôtel Saint-Fargeau; sur l'église Saint-Julien-le-Pauvre, etc.; en un mot, il suffirait presque de dire, en parodiant un mot célèbre, que M. Ch. Sellier est parisien et que rien de ce qui est parisien ne lui est étranger.

« En ce qui touche l'analyse de son nouveau livre, nous ne

pourrions que répéter ce qu'il dit lui-même dans son introduction et dans sa conclusion.

« Dans la première, M. Ch. Sellier nous fait assister à la genèse de son ouvrage : une impasse aux vieilles bâtisses encorbellées, dont l'entrée porte une inscription, à laquelle il n'est peut-être pas tout à fait étranger, attire son regard, il lit :

dans ce passage
en sortant de l'hôtel Barbette
le duc d'Orléans
frère du roi Charles VI
a été assassiné
par Jean sans Peur
duc de Bourgogne
dans la nuit du 23
au 24 novembre 1407

et aussitôt il pense à élucider le point d'histoire, il recherche dans les vieux auteurs et dans les documents inédits déposés aux archives, tout ce qui se rapporte de près ou de loin à ce qui fut l'hôtel Barbette et ses environs, dans la partie comprise entre les rues des Francs-Bourgeois, Vieille du Temple, de la Perle et la rue Elzévir, partie que nous nous permettons dit-il, d'appeler pour la circonstance, le quartier Barbette.

« Sa conclusion donne un excellent résumé de ses recherches sur la vieille famille parisienne des Barbette, sur leur courtille et sur leur fameux logis.

« Il nous fait assister à la formation du pourpris de cet hôtel Barbette, dont le souvenir rappelle les noms de Montaigu, d'Isabeau de Bavière et de Diane de Poitiers, et, chemin faisant, il découvre la véritable origine du nom de poulies, appliqué à un certain nombre de rues de Paris, habitées par les pouliers ou tisserands de drap; puis il s'étend lon-

guement sur le tragique évènement, qui a fourni l'occasion de
placer l'inscription, dont nous venons de parler plus haut,
réfute les opinions erronées sur les causes de la mort du duc
d'Orléans et sur le véritable lieu où ce lugubre fait s'est
accompli, démontrant, preuves en mains, qu'il s'agit bien du
passage du n° 38 de la rue des Francs-Bourgeois, appelé successivement allée aux Poulies et allée aux Arbalétriers.

« Mais ce n'est pas tout, et il établit avec la même méthode
la filiation des maisons qui ont recouvert, dans la deuxième
moitié du xvie siècle, l'ancien séjour de la reine Isabeau :
hôtels de Pommereu, de Montarran, d'Estrées etc., et les
maisons voisines : hôtels Hérouët, Poussepin, etc., maisons
d'aumône, qui ont donné leur nom à la rue des Francs-Bourgeois, en mémoire des pauvres habitants qui y demeuraient
francs de taxes et d'impôts.

« Sa conclusion s'achève par la reproduction d'importants
documents justificatifs et de deux plans qui terminent
l'ouvrage.

« Ce qu'il ne dit pas, c'est l'énorme travail accompli,
avec autant de patience que de discernement et que, selon le
précepte de Lucien, il aime à dire la vérité et n'a point « sujet
de la taire. »

« Voilà tout ce que l'on pourrait ajouter à ses lumineuses
explications.

« Quant à faire l'éloge de la Société des Études historiques,
qui a si généreusement édité cette œuvre de penseur et d'érudit,
je ne m'y risquerai certes pas.

« Comment pourrais-je, moi, simple curieux et amateur des
vieilles antiquités parisiennes, parler dignement de cette
savante compagnie, fondée depuis près d'un siècle, sous le
nom d'*Institut historique* et réorganisée en 1872, sous son
titre actuel. Mêlée intimement au mouvement littéraire de

notre époque, elle a compté et compte encore parmi ses membres les hommes les plus éminents : Lamartine, le baron Taylor, Jules Barbier, Pongerville, Michaud, Patin, Camille Doucet, etc.

« Elle eut longtemps comme secrétaire Achille Jubinal, auquel succéda M. Joret Desclozières, qui est encore en exercice et dont tout le monde apprécie le tact, la compétence et le talent.

« Avec les legs de généreux donateurs : Raymond, Odent, Berthier, Duvert, David, Montaudon, Destouches, Loiseau, Racine, qui avaient participé aux travaux de la Société, celle-ci a pu fonder des prix et mettre au concours des sujets historiques du plus grand intérêt, comme celui que vous avez traité aujourd'hui, mon cher Sellier.

« Mais tout cela est connu et archiconnu; vous voyez donc bien, lui dis-je en terminant, qu'il ne reste plus rien à dire et qu'une préface serait au moins inutile. »

Et là-dessus, je suis parti en me rappelant, malgré moi, ce quatrain de Ronsard, qu'Ambroise Paré a fait imprimer en tête de ses œuvres :

> On lit ce livre pour apprendre
> L'autre le lit comme envieux.
> Il est aisé de le reprendre
> Mais malaisé de faire mieux.

Vale.

Docteur Alfred **LAMOUROUX**.
Vice-président de la Commission du « Vieux-Paris. »

Décembre 1898.

INTRODUCTION

Au numéro 38 de la rue des Francs-Bourgeois, à deux pas de la
jolie tourelle qui fait le coin de la rue Vieille-du-Temple, on voit
encore un intéressant spécimen de ces impasses ou « ruelles sans
bout », que nos pères, en dépit des pudibondes protestations de
Voltaire, appelaient bien innocemment un « cul-de-sac ». L'aspect
quelque peu original que donnent à cette impasse les vieilles
bâtisses encorbellées qui la bordent, n'a certes pas manqué, jusqu'à
présent, de tenter le crayon de l'artiste aussi bien que d'éveiller
l'attention de l'archéologue et de l'historien ; cependant, parmi les
curiosités du Paris d'autrefois, nous n'en connaissons guère dont le
passé ne soit encore resté plus méconnu que celui de ce pittoresque
endroit. Depuis peu d'années seulement, l'inscription suivante,
placée au-dessus de l'entrée, révèle au passant ses prétentions, ou
plutôt ses droits, à l'histoire :

DANS CE PASSAGE,
EN SORTANT DE L'HOTEL BARBETTE,
LE DUC LOUIS D'ORLÉANS,
FRÈRE DU ROI CHARLES VI,
A ÉTÉ ASSASSINÉ
PAR JEAN-SANS-PEUR,
DUC DE BOURGOGNE,
DANS LA NUIT DU 23
AU 24 NOVEMBRE 1407.

D'étranges emblèmes, tels que des chaînes, des bâtons noueux,
un niveau à plomb, meublent le cadre de cette inscription où l'on
distingue aussi ces deux devises non moins rébarbatives : « Je

l'ennuie » et « Je le tiens » ; puis un heaume orné d'un cimier et posé sur deux gantelets en sautoir, couronne et complète cette composition décorative dessinée par un architecte de grand talent, M. Paul Héneux. L'auteur de l'inscription, un fervent amateur de nos antiquités parisiennes, est M. Georges Coutela, le propriétaire actuel de l'immeuble contigu portant les numéros 34 et 36.

Mais, s'il importe de frapper le regard et l'esprit du passant par l'évocation d'un souvenir historique, il convient avant tout de bien s'assurer de l'exactitude et de la précision de cette évocation, surtout lorsqu'elle se trouve, comme dans le cas qui nous occupe, quelque peu en opposition de détails avec les récits adoptés par les historiens les plus accrédités. Aussi l'inscription de M. Coutela n'a-t-elle pas manqué, dès son apparition, de provoquer les objections de la critique. Premièrement, le duc d'Orléans n'a pas été assassiné par Jean-sans-Peur, mais par son ordre : ce qui, au fond, est bien à peu près la même chose. Quant au lieu même du meurtre, le désaccord paraît plus grave, car il est admis, jusqu'à présent, que le drame s'accomplit devant le logis du maréchal de Rieux, dont l'emplacement est marqué actuellement par le vieil hôtel de Hollande situé au numéro 47 de la rue Vieille-du-Temple. Un supplément d'informations nous a donc semblé nécessaire à cet égard, et c'est en partie dans ce but que nous avons entrepris les recherches, dont nous offrons au lecteur le modeste résultat.

Afin de donner à notre enquête toute l'étendue désirable, nous avons également compris qu'il convenait d'y joindre une étude approfondie des lieux, notamment de ce trop fameux hôtel Barbette, à la sortie duquel le duc d'Orléans périt d'une façon si lamentable.

A part les informations élémentaires, mais aussi précieuses qu'indispensables de Sauval et de Jaillot, nous ne connaissions guère, sur le compte de l'hôtel Barbette, qu'un travail réellement autorisé jusqu'aujourd'hui, c'est le mémoire adressé par le savant Bonamy à l'Académie des Inscriptions et Belles-Lettres le 3 septembre 1748[1]. Depuis lors, tous les historiens qui ont eu à parler de cet

---

1. Voir *Mémoires de l'Académie des Inscriptions et Belles-Lettres*, série ancienne, t. XXI, p. 515 et suivantes.

événement se sont invariablement basés sur les indications de ce mémoire et les ont adoptées sans contrôle, sans révéler rien de plus.

Un seul auteur, M. de Curzon, nous aimons à le reconnaître, s'est cependant affranchi de cette trop facile tradition en produisant, quoique très sommairement et très incidemment, dans l'appendice de son ouvrage intitulé *La Maison du Temple à Paris*, des indications documentaires tout à fait nouvelles sur l'hôtel Barbette[1]. Grâce à elles, notre tâche s'est trouvée tracée en partie, et pour l'accomplir il nous a suffi de puiser directement aux sources qu'elles mentionnent, notamment aux cartons et registres des Archives nationales, sans négliger toutefois de nous servir des mémoires et des chroniques du temps; de telle sorte que nous avons pu ainsi ajouter à l'histoire de l'hôtel Barbette un complément de renseignements inédits des plus intéressants.

Nous avons aussi pensé que notre travail eût été encore très incomplet, si nous n'y avions joint l'histoire des hôtels et des maisons qui succédèrent à l'hôtel Barbette et occupèrent son emplacement après sa disparition. Enfin, nous avons cru également nécessaire d'ajouter à cette histoire celle des maisons et hôtels contigus, qui ont jusqu'aujourd'hui passé pour faire partie de l'ancien pourpris de la reine Isabeau, c'est-à-dire de l'hôtel Barbette; si bien que nous pensons avoir ainsi reconstitué l'histoire et la topographie ancienne de cette partie du Marais, comprise entre les rues des Francs-Bourgeois, Vieille-du-Temple, de la Perle et la rue Elzévir, et que nous nous permettons d'appeler, pour la circonstance, le *quartier Barbette*.

Mais, si notre étude renferme encore bien des lacunes, si elle n'aboutit pas suffisamment à toutes les conclusions désirables, nous espérons néanmoins qu'on nous saura gré des efforts que nous avons tentés pour éclairer d'un jour nouveau ce coin de notre vieux Paris, au sujet duquel les historiens n'ont encore pu donner leur dernier mot.

---

1. Henri de Curzon, *La Maison du Temple à Paris*, Paris, 1888, 1 vol. in-8, p. 311 à 313.

LE QUARTIER BARBETTE

CHAPITRE PREMIER

Parmi les appellations patronymiques les plus anciennes et les plus vivaces de la bourgeoisie parisienne, un nom eut jadis sa part de renommée et son heure de célébrité : c'est celui de BARBETTE. Son origine se perd, pour ainsi dire, dans la nuit des temps, et son antiquité est suffisamment attestée par des chartes datées de 1030, 1040 et 1055, où l'on voit mentionnés deux religieux de l'abbaye de Saint-Victor, Wilhelm et Lambert Barbette, qu'unissait sans doute quelque lien de parenté [1]. Il y a peu d'années, le nom de Barbette était encore représenté à Paris, suivant l'*Almanach du commerce*, notamment par un fabricant de clous dorés, un conseiller à la cour d'appel et un libraire-éditeur [2].

Mais le nom de Barbette ne commence réellement à sortir de l'obscurité qu'à partir du XIIᵉ siècle, alors qu'il devient celui de l'une

---

1. Guérard, *Cartulaire de Saint-Victor*, Paris, 1857, in-4°, t. I, pp. 146, 182 et 572.
2. Didot-Bottin, *Almanach du commerce pour Paris*, année 1892.

des plus riches familles de Paris. En ce temps-là, ainsi que nous allons le voir, cette famille comptait déjà maints pignons en diverses rues de la ville et de ses faubourgs, ainsi que dans les environs, indépendamment des terrains de culture et des jardins qu'elle y possédait aussi. Au nombre de ces biens, il faut citer, tout d'abord, cette fameuse *courtille*, connue sous le nom même de Barbette.

Dès le commencement du xiiie siècle, la *Courtille Barbette* jouissait déjà d'une notoriété assez grande pour imposer son vocable à la poterne et à la voie par lesquelles on s'y rendait, hors les murs, et qui faisaient suite à la Vieille-rue-du-Temple. En effet, il y avait à peine dix années que l'enceinte de Philippe-Auguste était terminée, qu'un titre de propriété de la commanderie du Temple de mars 1218 désignait déjà, sous le vocable d'Étienne Barbette, cette poterne, alors située près des Blancs-Manteaux, dans la Vieille-rue-du-Temple, un peu au-dessous de l'endroit où celle-ci traverse actuellement la rue des Francs-Bourgeois[1]. C'était certainement un des points les plus peuplés de la censive du Temple, car les textes et les titres qui y ont trait sont déjà très nombreux à cette époque. Mais, comme cette porte n'était pas une grand' porte de ville comme celle du Temple, ou celle de Saint-Antoine, elle est toujours qualifiée, dans ces pièces, de *poterne* ou de *fausse poterne Barbette*[2]. De même, avons-nous dit, pour le chemin qui débouchait au dehors de cette porte, c'était alors *la voie par où l'on va à la Courtille Barbette*[3], puis *rue de la Courtille Barbette*, et *rue Barbette* tout court[4].

Quant au mot « courtille », Sauval nous apprend qu'il vient de courtil, un terme dont se servaient encore de son temps les Picards, pour dire un jardin : d'où l'on a formé courtilliers, *curtillerii, courtillia, cortillia, curtillia*, que nous lisons dans nos anciens titres, et qui signifient jardins et jardiniers ; et il croit pouvoir en inférer que

---

1. *Arch. Nat.*, S 5072^b, n° 24.
2. *Ibid.* S 5072^b, 5076, 5084 ; MM 129.
3. *Ibid.*, S 5072^b, n° 30 (année 1235).
4. La plupart des vieilles rues de Paris qui portent des noms de personnes, datent leurs actes de baptême des xiiie et xive siècles, telles que les rues Jean-Pain-Mollet, Simon-le-Franc, Michel-Lecomte, Guérin-Boisseau, Aubry-le-Boucher, Pierre-Aulard, Geoffroy-Lasnier, Bertin-Poirée, Pierre-Sarrazin, etc., etc.

les anciennes courtilles du Temple, Saint-Martin, Barbette, etc.,
étaient des jardins champêtres, où les bourgeois aussi bien que les
religieux de Saint-Martin et les Templiers allaient se promener et
prendre l'air[1]. Par opposition au mot *courtille*, on employait celui
de *couture* ou *culture*, pour désigner particulièrement les terres de
labour ou de grosse culture : telles que les *Coutures Saint-Gervais*
et la *Culture Sainte-Catherine*[2].

La *Courtille Barbette* doit assurément avoir emprunté son nom
au riche bourgeois Étienne Barbette, qui s'y fit construire une
magnifique maison de plaisance vers les premières années du XIIIe
siècle, c'est-à-dire un peu auparavant que fussent dénommées de
même la fausse porte ou poterne et la voie par lesquelles on arrivait à cette demeure[3]. Située entre les cultures du Temple, Saint-
Gervais et Sainte-Catherine, la Courtille Barbette s'étendait depuis
la porte Barbette jusqu'à des égouts appelés *égouts de la Courtille
Barbette*, qui, en 1427, passaient près d'un grand corps de logis
nommé l'hôtel d'Ardoise, que remplacèrent, en 1634, les bâtiments
du couvent des « Filles-du-Calvaire », édifiés à l'angle de la rue des
Filles-du-Calvaire et de la rue Saint-Louis (aujourd'hui rue de
Turenne)[4], vis-à-vis l'extrémité de la Vieille-rue-Barbette, devenue
la rue Vieille-du-Temple.

Quant à l'emplacement de la maison d'Étienne Barbette, il nous
paraît suffisamment indiqué dans un mémoire de revendication de
censive, imprimé en 1781 pour le chapitre de Sainte-Opportune
contre l'abbaye de Saint-Denis. Après mention d'une sentence de
l'Official de 1229, ce mémoire rapporte que la maison d'Étienne
Barbette est devenue par la suite le couvent du Calvaire-du-
Marais[5]. Or, le chapitre de Sainte-Opportune qui, ainsi que nous
allons le voir, comprenait le domaine de Barbette dans sa censive,

---

1. Sauval, *Antiquités de Paris*, t. I. p. 67.
2. Félibien et Lobineau, *Histoire de la Ville de Paris* (1725), t. I, p. 276.
3. Sauval, t. I, p. 68.
4. Jaillot, *Recherches sur Paris*, t. III, quartier du Temple, p. 8 ; — *Arch. Nat.*, S 4647.
5. *Arch. Nat.*, S 1958, Mémoire pour le chapitre de Sainte-Opportune contre l'abbaye de Saint-Denis, imprimé en 1781, p. 32.

devait bien savoir à quoi s'en tenir sur ce point : l'hôtel d'Ardoise aurait donc remplacé la maison de Barbette, dont le couvent des Filles du Calvaire prit la place à son tour [1].

Dès l'origine, la courtille Barbette se trouvait dans la censive du chapitre de Sainte-Opportune, car son emplacement faisait partie des marais et des prairies qui entouraient jadis la partie septentrionale de Paris, et dont le roi Louis-le-Bègue avait doté cette collégiale, lors de sa fondation en 879, afin de subvenir à la nourriture et à l'entretien des chanoines qui la desservaient [2]. Mais, comme dans leur état primitif ces terrains marécageux ne servaient encore que de pâtis communs, les droits de pacage qu'en tirait le chapitre de Sainte-Opportune étaient loin de lui assurer une existence très prospère. Si bien que, dans le but d'augmenter les

1. L'hôtel d'Ardoise, situé près du rempart, avait donné son nom au bastion qui s'élevait vis-à-vis et sur lequel se dressait un moulin à vent baptisé de même (A. Bonnardot, *Dissertations archéologiques sur les anciennes enceintes de Paris*, p. 192-193). Le 15 septembre 1583, Antoine de Saveuse, seigneur de Lozingan, conseiller au parlement, acheta cet hôtel avec quelques terres voisines, de Vincent, chanoine de Chartres ; en 1603, un autre Saveuse, neveu du précédent et son légataire universel, le possédait encore ; le couvent des Filles du Calvaire en occupa la place de 1634 à 1790 (*Arch. Nat.*, S 4647). Dans une partie des bâtiments conventuels exista, de 1792 à 1807, un petit théâtre appelé le *Boudoir des Muses*. On a ouvert sur l'emplacement du couvent les rues *Neuve de Bretagne* et *Neuve de Ménilmontant*, aujourd'hui les rues Froissart et de Commines.

2. Cette zône de marécages, qui enveloppait, il n'y a pas mille ans, le nord de la ville, était alimentée par les eaux qui descendaient des collines de Charonne et de Ménilmontant, de Belleville et de Montmartre, et que drainaient deux petites rivières coulant vers la Seine, chacune suivant une direction opposée : l'une ayant son débouché dans le fleuve, vis-à-vis de l'île Louviers, c'était le ruisseau du *Pont-Perrin* ; lequel pont, situé jadis vers l'emplacement où s'éleva plus tard la Bastille, livrait passage au chemin qui prolongeait, dans la direction de l'Est, la grande rue Saint-Antoine ; l'autre rivière, dite *de Ménilmontant*, d'un parcours et d'un débit beaucoup plus importants, débouchait en aval de la Seine, au-dessous de Chaillot. Si bien que, en longeant cette ceinture de ruisseaux, on parcourait en entier le domaine des chanoines de Sainte-Opportune, en passant par le pont Perrin, le val Sainte-Catherine, les coutures Saint-Gervais, les marais du Temple, de Saint-Martin, de Saint-Laurent et de Saint-Lazare, le val Larronneux, la Grange-Batelière, les Porcherons, les Pépinières de la Ville l'Evêque, le Roule et les prés de Chaillot.

Les marécages de Sainte-Opportune ont depuis longtemps fait place aux rues et aux maisons. Quant au petit ruisseau du Pont-Perrin et à la rivière de Ménilmontant, ils avaient été de bonne heure infectés par les nombreux égouts auxquels ils servaient de collecteurs ; de sorte que, après avoir vu leurs cours se confondre, dès le XVe siècle, dans une même canalisation, ils durent, en raison de leur puanteur sans cesse croissante, être peu à peu entièrement recouverts de voûtes en maçonnerie et devenir ainsi ce que nous pouvons appeler le premier grand collecteur de Paris.

ressources de ces pauvres chanoines, le roi Louis VII le Jeune leur accorda, par une charte de l'an 1153, la permission d'aliéner la moitié de leur humide domaine, à charge pour les preneurs de les dessécher, de les cultiver, d'y faire enfin des courtilles ou jardins, et à raison de 12 deniers de cens par arpent, en outre des droits de décimes et de voirie. Un autre titre royal de 1176 et une bulle du pape Alexandre III de 1178 confirmèrent cette charte [1].

Lorsque les Templiers, établis déjà depuis quelque temps aux portes de Paris, se trouvèrent assez riches pour agrandir les premières et nombreuses donations domaniales qu'ils avaient reçues, ils commencèrent par acheter de différents particuliers tous les terrains qui étaient à leur convenance, notamment dans la censive de Sainte-Opportune. Aussi des contestations relatives à l'exercice de leurs droits seigneuriaux ne tardèrent pas à s'élever entre les deux communautés. Des transactions durent mettre un terme à ces difficultés, et c'est en vertu d'un accord définitif que la majeure partie de la Courtille Barbette, celle qui aboutissait vers la porte Barbette, passa, vers la fin du xiiie siècle, de la censive de Sainte-Opportune dans celle du Temple.

Sur la partie restante, du côté de la campagne, l'hôpital Saint-Gervais avait déjà fait, dès l'année 1233, les diverses acquisitions qui composèrent ce qu'on nomma depuis les *coutures Saint-Gervais*. Le droit de censive du chapitre de Sainte-Opportune, par rapport à l'ancienne courtille Barbette, ne s'étendit plus, dès lors jusqu'à la Révolution, que sur la partie triangulaire comprise entre la rue des Filles-du-Calvaire, la rue du Pont-aux-Choux et le rempart, lequel triangle constituait le lieudit de l'*Ardoise* ou d'*Ardoise* [2]. Parmi les pièces de terre que comprirent les coutures Saint-Gervais, il y avait entre autres le *clos Saint-Ladre*, la *courtille Boyvin* et le *Closeau*, toutes trois s'entretenant, et ne relevant plus, elles aussi, du chapitre de Sainte-Opportune, mais de la léproserie de Saint-Ladre (ou Saint-Lazare) [3]. Le souvenir des coutures Saint-

1. Jaillot, t. I, quartier Sainte-Opportune, p. 38 et 39.
2. *Arch. Nat.*, S 1958, Mémoire pour le chapitre de Sainte-Opportune, déjà cité, p. 34 et 35.
3. Jaillot, t. III, quartier du Temple, p. 16. — *Arch. Nat.*, S 5072*, n° 19 de la 65* liasse.

Gervais est resté attaché au nom de la rue qui, depuis le commencement du XVIIe siècle, a été ouverte à travers leur emplacement pour joindre la Vieille-rue-du-Temple à la rue de Thorigny.

Mais, entre la courtille aboutissant vers la porte Barbette et les coutures Saint-Gervais, les Templiers avaient aussi possédé très anciennement un petit domaine au sujet duquel les terriers du Temple font mention de certaines lettres datées de 1218 et 1219, émanant de Guillaume, prieur de Saint-Ladre; lesquelles lettres affranchissent et déchargent les Templiers du cens qu'ils devaient payer à la léproserie de Saint-Ladre. Les dites lettres désignent ce petit domaine sous le nom de *la terre à Pierre le Maréchal*, « appelée depuis la couture Barbette. » Cette mention figure en tête des titres du cens des maisons portant actuellement les nos 70 et 72 de la rue Vieille-du-Temple et les nos 12 et 14 de la rue Barbette [1].

Après avoir essayé de définir ce que pouvait bien être la Courtille Barbette, il est temps, à présent, de parler de ses hôtes; malheureusement les documents sont peu abondants sur leur compte; aussi risquons-nous, en cette circonstance, de rester insuffisant. Le fondateur de ce domaine, Étienne Ier Barbette, jouit évidemment d'une assez grande notoriété, puisqu'au temps du roi Philippe-Auguste, vers 1218, avons-nous dit plus haut, on voit déjà son nom appliqué à l'une des nouvelles portes de la ville. Quant à son histoire elle nous échappe encore, et nous ne pouvons guère mieux faire pour juger de la condition et de l'importance de ce personnage, aussi bien que de sa famille, que de nous en rapporter aux mentions assez éparses que de vieux cartulaires ont conservées de quelques-uns de ses homonymes contemporains et subséquents : ces mentions permettent d'ailleurs d'établir entre eux certains rapports de filiation ou de parenté, qui ne sont pas ici sans intérêt.

Le 26 septembre 1180, un Jean Barbette figure dans le Cartulaire de Notre-Dame de Paris pour 4 livres parisis d'augmentation de cens, à prendre sur une maison sise près du Cloître-Notre-Dame [2].

<hr>

1. *Arch. Nat.*, S 5638, p. 419, 423, 451 et 454.
2. Guérard, *Cartulaire de Notre-Dame de Paris*, t. IV, p. 159.

Dès l'an 1201, il existait un bourgeois de Paris, du nom de Hervin Barbette [1].

En juillet 1209, Héloin Barbette reçoit 8 deniers de cens et fonds de terre pour la maison d'Eudes de Saint-Méry [2].

De 1197 à 1208, c'est-à-dire au temps de l'évêque Eudes, Guillaume Barbette, bourgeois de Paris, relevait de la seigneurie épiscopale de Paris pour trois fiefs situés sur le territoire de Conflans-sur-Seine, et il est pour cela qualifié d'homme de l'évêque, *homo episcopi Parisiensis* [3].

En mars 1225 et juin 1226, Guillaume Barbette *junior*, bourgeois de Paris, probablement fils du précédent, est mentionné au même titre et pour le même objet [4]. En 1228 et 1229, il rend encore hommage à l'évêque de Paris pour ses biens de Conflans [5]. Vers 1226, lors de la fondation du monastère des Filles-Dieu, il vendit à celles-ci un terrain de deux arpents et demi situé au dehors de la ville, à l'extrémité du faubourg Saint-Denis d'alors, et pour lequel elles obtinrent des religieux de Saint-Lazare, par lettres d'amortissement de mai 1232, l'abandon des droits féodaux dont ils jouissaient jusqu'alors [6]. En 1236 et 1237, le même Guillaume Barbette se trouvait détenteur d'un petit fief dans la rue Saint-Bon [7]; il mourut un peu avant 1243 [8].

En mars 1253 ou 1254, les religieux de Saint-Lazare passèrent un autre traité avec les Filles-Dieu, au sujet de huit arpents de terre

1. Guérard, *Cartulaire de Notre-Dame de Paris*, t. I, p. 77.
2. *Ibid.*, t. I, p. 69.
3. *Ibid.*, t. I, p. 11.
4. *Ibid.*, t. I, p. 353, 354, 3%5, et t. II, p. 162.
5. *Ibid.*, t. I, p. 148, 149 et 156.
6. Du Breul, *Les antiquités de Paris*, p. 885 et 886; — Félibien et Lobineau, t. I, p. 287. — C'est sur le terrain vendu par Guillaume Barbette aux Filles-Dieu, que celles-ci construisirent leur premier monastère. Ce terrain s'appelait la *Culture des Filles-Dieu*, ou le *fief de l'Echiquier*, du nom de l'enseigne d'une hôtellerie du voisinage. Pendant la captivité du roi Jean, les Filles-Dieu furent obligées d'abandonner leur maison, de la faire démolir dans la crainte que les Anglais ne vinssent s'y fortifier, et de se retirer, en 1360, à l'intérieur de la nouvelle enceinte, près de la porte Saint-Denis, dans les bâtiments de l'hôpital fondé en 1316, par Imbert des Lions, et où elles se fixèrent définitivement. Une rue fut ouverte, en 1785, sur leur ancien domaine du faubourg Saint-Denis : c'est la rue de l'Echiquier.
7. Guérard, t. III, p. 60.
8. *Ibid.*, t. II, p. 460.

labourable, en une seule pièce située entre l'enclos de ces religieuses et la terre du Temple, du côté de Paris, et chargée de huit sols parisis de cens annuel envers Saint-Lazare ; desquels huit arpents, deux avaient été donnés en aumône aux Filles-Dieu par Geneviève-la-Sourde, et les six autres leur avaient été vendus par Marie Barbette, fille de la dite Geneviève[1], laquelle était alors veuve du Guillaume Barbette dont nous venons de parler. Suivant un censier du Temple de 1252 à 1253, la femme de Guillaume Barbette payait dix-huit deniers de cens pour sa maison près des Mathurins, dans la rue Saint-Jacques[2]. D'après le même censier, la susdite Marie Barbette possédait encore deux maisons : l'une rue du Champ-aux-Bretons (aujourd'hui rue Sainte-Croix-de-la-Bretonnerie) ; l'autre en la Grand' rue (rue Saint-Jacques), par devers le Petit-Pont, près de la rue aux Écrivains (aujourd'hui rue de la Parcheminerie)[3].

Après la mort de sa mère, arrivée vers 1253, Marie Barbette eut dans sa part d'héritage la maison située près des Mathurins, sur laquelle le Temple percevait 18 deniers de croix de cens[4].

Son frère, Jehan Barbette, aussi bourgeois de Paris, eut en partage les biens que son père, Guillaume Barbette, possédait à Conflans ; il les donna à sa fille Isabelle, épouse de Jean Asconis de Mantes, qui en jouissait déjà en 1267[5] ; il posséda également le fief de la rue Saint-Bon, car il en rendit hommage à son tour à l'évêque de Paris, le 13 juin 1277[6]. Il fut échevin en 1263[7] ; son nom figure parmi les membres du Bureau de la Ville qui vendirent, en 1281, aux frères Prêcheurs de Paris, tout ce que la ville avait de droit de rente et de cens en divers lieux situés notamment entre le couvent des religieux de Cluny et le réfectoire des Jacobins, vers la porte Saint-Jacques[8].

1. Félibien et Lobineau, t. I, p. 287.
2. *Arch. Nat.*, MM 128, f° 61 v°.
3. *Ibid.*, f°° 1 r°, 108 v°, 45 v°, 97 v°.
4. *Arch. Nat.*, MM 128, f° 97 v°.
5. Guérard, t. III, p. 208.
6. *Ibid.*, t. I, p. 208.
7. Leroux de Lincy, *Histoire de l'Hôtel de Ville*, 2ᵉ partie, p. 203.
8. Félibien et Lobineau, t. I, p. 154.

Nous pouvons mentionner à présent Étienne II Barbette, au sujet de qui nous ne connaissons rien autre que ce qu'en dit un registre censier du Temple de 1252 et 1253, où il figure comme payant chaque année : 7 sols 3 deniers parisis de fonds de terre pour une maison en la rue Aaliz-du-Temple (à présent rue des Guillemites), et 20 sols parisis pour une table de change rue Saint-Denis, près des halles. Il se trouvait là en compagnie d'un certain nombre de changeurs et de banquiers lombards qui payaient aussi même redevance pour leurs tables, et parmi lesquels on remarque : Pierre Gentien, Jehan et Pierre Le Flament, Girard Leclerc de Poissy, Pierre Marcel (le grand-père du fameux prévôt des marchands, Étienne Marcel), Philippe Boucel, Rénier Bourdon (de la famille des Bourdonnais), Jehan Paon, Philippe Commin [1], etc. La table de change d'Étienne Barbette indique suffisamment le genre de trafic auquel il se livrait [2].

Un Simon Barbette fut prévôt de Paris en 1241 ; il avait épousé une certaine Agnès et en eut deux enfants, Étienne et Jehan Barbette, dont il sera parlé un peu plus loin. Simon Barbette étant mort, sa veuve Agnès se remaria en secondes noces à Jehan Sarrazin, chambellan du roi [3]. Le 13 janvier 1275, étant déjà veuve de

---

1. *Arch. Nat.*, MM 128, f°s 38 r° et 77 r°.

2. Dans son *Dictionnaire de la langue française*, Littré fait, à propos du mot « table », la citation suivante : « Les changeurs commis et députez à ce faire et en lieux publics et accoustumez en nostre royaume et tenans *tables* ez villes où ils changeront... » (*Ordonnances des rois de France*, t. II, p. 298). Les tables de change sont encore appelées *bureaux d'échange* ou *comptoirs*. Ces tables étaient divisées comme un échiquier par des lignes horizontales et verticales formant des cases sur lesquelles les changeurs calculaient au moyen de jetons, d'où le mot *comptoir* pour désigner ces tables, et ce mot est tellement significatif que nous l'employons encore aujourd'hui, tout détourné qu'il soit de sa primitive acception. Dans son ouvrage *Les Lombards en France et à Paris*, M. C. Piton a donné d'intéressantes explications sur les tables de change (t. II, préface, p. v, et p. 42) ; il y a même dessiné plusieurs jetons de changeurs où ces tables sont très nettement figurées (t. I, p. 55 et 83).

Le mot « banque » a aussi la même signification que le mot table, parce qu'il dérive non pas du mot « banc » comme on l'a dit jusqu'à présent, mais bien du mot italien *banca*, qui signifie table; du grec ἄβαξ, abaque, table dont les anciens se servaient pour calculer; en latin *abacus*, table, comptoir. En terme d'architecture, l'abaque est la table ou pierre plate qui couvre le chapiteau.

3. Le nom de Sarrazin est celui d'une ancienne famille parisienne dont l'un de ses membres, Pierre Sarrazin, a laissé son nom à une rue de notre ancien quartier de l'Université. Il était fils de Raoul Sarrazin qui vivait en 1205 (*Bibl. de l'École des Chartes*, t. XLIX, p. 305-306) et fut probablement père du Jehan Sarrazin, monnaier en 1206 (C. Piton, *loc. cit.*, p. 599).

son second mari, elle fit, pour l'anniversaire de celui-ci, au chapitre de Notre-Dame, un legs de 4 livres parisis à prendre sur deux maisons qu'elle possédait rue Tirechappe [1]. Le 25 août suivant, avec les deux enfants de son premier lit, Étienne et Jehan, elle fonda une chapellenie en l'église Saint-Gervais, à l'autel de Saint-Michel [2].

En 1250, un autre membre de la famille Barbette, Nicolas Barbette, fut aussi prévôt de Paris ; il était associé dans cette charge à Gauthier Le Maistre [3]. Il fut appelé, le 7 juillet 1253, comme juré dans une enquête faite pour savoir à qui, du roi ou de la ville de Rouen, appartenait la justice des contraventions relatives aux poids de cette ville. (Le roi eut gain de cause) [4].

Au temps de la susdite dame Agnès, deux drames sanglants arrivés à quinze années d'intervalle, assombrirent le nom de Barbette ; deux actes du Parlement de Paris en témoignent, ce sont : 1° un arrêt de l'an 1261 acquittant Hugues du Châtel, accusé d'avoir attiré dans sa maison Philippe Barbette, bourgeois de Paris et de l'y avoir assassiné ; 2° un accord passé, en 1276, entre les amis de Péronnelle, veuve de Philippe Barbette, et Guillaume Clinet accusé d'avoir donné la mort à son fils Jehan. Guillaume Clinet fut condamné à passer quatre années en Terre Sainte, et plusieurs seigneurs se portèrent garants pour lui des conclusions de cet accord [5]. Ce Jehan Barbette, mort assassiné comme son père Philippe, doit être celui dont Gaignières a relevé l'inscription tombale dans le cloître de l'abbaye de Saint-Victor, d'après laquelle il est décédé en 1276, âgé de 36 ans, ayant été de son vivant chambellan du roi et gendre de Jehan Sarrazin, aussi chambellan du roi, celui qui fut, avons-nous dit, le deuxième époux de la dite dame Agnès [6].

1. Jaillot, t. I, quartier Sainte-Opportune, p. 53.
2. L'abbé Lebeuf, édition Cocheris, t. I, p. 319 ; Guérard, t. III, p. 289.
3. L. Cadier et C. Couderc, *Cartulaire et Censier de Saint-Merry*, publiés dans le XVIIIe vol. des *Mémoires de la Société de l'Histoire de Paris et l'Ile-de-France*, p. 162.
4. Boutaric, *Inventaire des Actes du Parlement*, t. I, p. cccxxiii.
5. Boutaric, t. I, p. 59 et 208.
6. *Bibl. Nat.*, Estampes. *Collection Gaignières* : Costumes, Oa, f°s 36 et 48 ; Tombeaux, Pe Ik, f°s 71 et 74.

C'est aussi vers le même temps que vivait un personnage non moins considérable dont la filiation nous échappe : il s'agit du chancelier Pierre Barbette, classé parmi les « Illustres » du règne de Philippe III, dans le *Promptuaire armorial* de Boisseau, où sont blasonnées et figurées ses armoiries : *d'argent au bœuf passant de gueules, au chef de même, chargé d'une clef mise en fasce d'argent* [1]. Il avait été d'abord archidiacre de Dunois (Châteaudun) au diocèse de Chartres ; en 1271, il était chancelier de France ; il devint archevêque-duc de Reims en 1273, et mourut le 3 octobre 1298 [2].

Il est temps, à présent, de mentionner les deux fils que Simon Barbette, dont nous avons parlé précédemment, eut de dame Agnès, son épouse :

1° Étienne III Barbette, qui fut prévôt des marchands deux fois, la première de 1298 à 1304 ; la deuxième en 1314 ; il avait été auparavant échevin, en 1296. Nous en reparlerons plus amplement ci-après.

2° Jehan Barbette qui épousa Ysabellé, fille de Jean Asconis de Mantes.

En 1307, les héritiers de feu Simon Barbette continuaient de payer au chapitre de Saint-Merry une redevance annuelle de six deniers pour 4 livres 12 sols de cens qu'ils percevaient sur une maison sise en la rue Neuve (Saint-Merry) [3].

Disons enfin, pour terminer cet essai de généalogie, que d'Étienne III Barbette seraient issus :

1° Jehan Barbette, conseiller de ville en 1301, puis échevin en 1314.

2° Denise Barbette, épouse de Jehan Le Chambellant, changeur. En 1307, elle était veuve et se trouvait en possession des biens de son défunt époux, situés en Baillehoe (rue Brise-Miche) et rue Saint-Martin, hors la porte Saint-Merry [4].

---

1. Boisseau, *Promptuaire arm. gén.*, 2e partie des Illustres, p. 7 et 28.
2. Voir le P. Anselme et La Chesnaye-Desbois.
3. L. Cadier et C. Couderc, *loc. cit.*, p. 199.
4. *Ibid.*, p. 193 et 195.

3° Alix Barbette, épouse de Jehan Sarrazin, drapier, échevin en 1270 et en 1298, et voyer de la ville de Paris : elle mourut, le 3 mai 1293, à l'âge de 27 ans [1]. Son effigie était gravée sur sa tombe, proche de celle de son mari, dans le cloître de l'abbaye de Saint-Victor.

En résumé, si dans la longue suite de personnages plus ou moins titrés que nous venons d'énumérer, nous ne pouvons nettement distinguer tous les hôtes successifs de la Courtille Barbette, il nous reste au moins la certitude de pouvoir les compter parmi ce monde éminent de chambellans du roi, de prévôts et d'échevins, et même de prélats, c'est-à-dire parmi les rangs les plus élevés de cette opulente bourgeoisie parisienne, dont la puissante influence commence déjà à se faire sentir dans la marche des événements politiques.

Cependant un seul des hôtes de la Courtille Barbette, et c'est justement le dernier, a laissé une trace dans l'histoire : il s'agit du prévôt des marchands, Étienne Barbette ; et c'est même à lui que le nom de sa courtille doit d'être passé à la postérité. Suivant la tradition de sa famille, dont la plupart des membres furent avant tout de grands manieurs d'argent, Étienne Barbette fut aussi, pour commencer, un financier ; mais il ne tarda pas à prendre part à l'administration municipale de Paris. Ses premières fonctions dans l'édilité parisienne furent celles de conseiller de ville ; puis il devint échevin en 1293 [2]. Une première fois élu prévôt des marchands pour six ans en 1298, il débuta dans cette magistrature, en opérant, avec le concours des prud'hommes de chaque métier, la répartition d'une taille de cent mille livres, que le roi venait d'ordonner, entre les habitants de la ville de Paris.

Collaborateur du fameux surintendant des finances, Enguerrand de Marigny, dans l'administration des deniers de l'État, Étienne Barbette en subit avant lui une première part de responsabilité. Il s'était attiré la faveur du roi, en même temps que la haine du peuple, par sa complicité dans l'altération des monnaies, le plus grand vice du règne, à certains égards remarquable, de Philippe-

<hr>

1. *Bibl. Nat.*, Estampes, *Collection Gaignières*, Oa, f° 37 ; Pe 1k f° 73.
2. Leroux de Lincy, *loc. cit.*, p. 203 ; — Géraud, *Paris sous Philippe le Bel*.

le-Bel. Étienne Barbette, devenu maître de la monnaie et argentier du roi, avait cherché à faire retomber sur le peuple les conséquences désastreuses de la dépréciation de la monnaie nouvelle, en conseillant aux propriétaires et aux membres du Parloir aux bourgeois de ne pas l'accepter en payement des loyers qui leur étaient dus.

Mais les ouvriers et les petits marchands qui souffraient déjà cruellement des mesures fiscales prises par le roi et son argentier, se soulevèrent et résolurent de se venger lorsqu'ils apprirent que leurs loyers se trouvaient ainsi augmentés. Aux premiers bruits de ce soulèvement, le roi, inquiet pour sa propre sûreté, s'était réfugié dans la forteresse du Temple avec ses barons, ses gardes et ses serviteurs. Le peuple se porta tout d'abord aux deux maisons d'Étienne Barbette qu'il pilla et saccagea odieusement : l'une, située hors les murs, après la Vieille-rue-du-Temple, était cette fameuse maison de campagne, la courtille de ses pères ; l'autre, *intra muros*, dans la grande rue Saint-Martin, était sa maison de ville. Puis les émeutiers se portèrent vers le Temple où ils savaient que le roi se tenait caché avec les siens et les gens de sa maison ; ils en cernèrent toutes les issues, en faisant un véritable blocus, interceptant les vivres et surtout les viandes qu'on y apportait, car il n'y avait pas de boucherie dans l'enclos du Temple[1]. Ceci se passait vers la fin de l'année 1306.

1. Henri de Curzon, *La maison du Temple*, p. 241. — Voici, d'après la CHRONIQUE DE SAINT-DENIS (édit. Paulin, Paris, t. I, p. 171), un assez curieux récit de cette redoutable émeute.

« Comment le commun de Paris s'esmut. — « Et ade certes en cest an meisme à Paris, pour les louages des maisons des bourgeois de Paris qui vouloient prendre du peuple bonne monnaie et forte, qui aloi estoit appelée, grant dissencion et descort mut et esleva. Et alors s'esmurent plusieurs du menu peuple (si comme espiciers, foulons et tisserans, taverniers et plusieurs aultres ouvrans d'aultres mestiers), et firent aliance ensemble et alérent et coururent sus au bourgeois de Paris, appelé Étienne Barbète, duquel conseil, si comme il estoit dit, les louages des dites maisons estoient pris à la bonne et forte monnoie, pour laquelle chose le peuple estoit esmeu et grevé. Ei lors le premier jeudi devant la Tiphaine envaïrent et assaillirent un manoir du devant dit bourgeois Estienne, qui estoit nommé la Courtille Barbète, et, par feu mis, le dégastèrent et détruisirent ; et les arbres du jardin du tout en tout corrompirent, froissièrent et débrisièrent. Et après, eux départans, à tout grant multitude d'alans à fusts et à bastons, revindrent en la rue Saint-Martin et rompirent l'ostel au devant dit bourgeois, et entrèrent ens efforcie-

Le quartier Barbette. 2

Cependant, le roi Philippe-le-Bel n'était pas homme à laisser impunis de tels outrages. Dissimulant sa colère, il réussit, par des promesses, à apaiser la sédition ; mais il ordonna de suite une enquête et fit arrêter les plus compromis, dont vingt-huit furent pendus, le 5 janvier suivant, aux quatre principales portes de Paris. Parmi les suppliciés il y avait un maître de chaque corps de métier [1].

C'est en qualité de voyer de la ville qu'Étienne Barbette fit construire, en 1313, un quai, le premier qu'on vit à Paris, qui devait garantir des inondations du fleuve l'hôtel de Nesle et l'hôtel de l'évêque de Chartres. Ce quai, s'étendant du couvent des grands Augustins à la tour de Nesle, était planté de saules et fut longtemps la promenade favorite des Parisiens. Mais il paraît qu'il ne faut pas trop savoir gré à Étienne Barbette de cette construction, car il ne se décida à la faire exécuter qu'après une assez longue résistance de sa part aux ordres et aux injonctions menaçantes de Philippe-le-Bel [2], dont voici du reste un échantillon :

« Quoique à plusieurs reprises nous t'ayons donné l'ordre de faire
« sans tarder ce quai d'une maison à l'autre, tu n'en as pas moins,
« bien que le temps ait été propice à cet ouvrage et le soit encore,
« négligé et méprisé nos commandements, ce qui nous déplait
« extrêmement, *quod nobis quam plurimum displicet...* Sache bien
« que si tu ne te hâtes, tu seras châtié rudement de ta négligence,
« et que nous saurons te faire obéir... *Sciturus quod nisi hoc fece-*
« *ris, te negligentia pugniri graviter.....* » [3].

---

ment et tantost les tonniaux de vin qui au cellier estoient froissièrent, et le vin espandirent par places ; et aucuns d'eux d'icelui vin tant burent qu'ils furent enyvrés. Et après ce, les biens meubles de la dite maison, c'est assavoir coutes, coissins, huches et aultres biens, froissièrent et débrisans par la rue en la boue les espandirent, et aux coutiaux ouvrirent les coutes et les orilliers traiant contre le vent despitement getèrent, et la maison en aucuns lieux descouvrirent, et moult d'aultres dommages y firent. Et ice fait, d'ilec se partirent et retournèrent traiant vers le Temple, au manoir des Templiers, où le roy de France estoit lors avec aucuns de ses barons, et ilec le roy assistrent, si que nul n'osoit seurement entrer ni issir hors du Temple ; et la viande que l'on aportoit pour le roy gestèrent en la boue, laquelle chose leur tourna au derrenier à honte et à dommage et à destruiment de corps. » Le jeudi avant la Tiphaine ou dimanche de l'Épiphanie tombait cette année-là le 30 décembre.

1. Paul Robiquet, *Histoire municipale de Paris* (1880), pp. 32 et 33.
2. E. de Ménorval, *Paris depuis ses origines* (1889), t. I, pp. 238 et 268.
3. *Livre Rouge de l'Hôtel de Ville*, cité par Félibien et Lobineau, t. I, p. CXIII.

Il est probable que, aussitôt après la dévastation de sa maison de ville de la rue Saint-Martin et l'incendie de sa courtille, Étienne Barbette dût abandonner ces deux résidences. En effet, nous le retrouvons, en 1313, toujours trésorier du roi, en sa « maison en Grève », tenant un nouveau registre de répartition d'impôt, le « Rôle de la Taille » de dix mille livres que Philippe-le-Bel, cet insatiable monarque, venait encore d'ordonner pour la réception en chevalerie de son fils aîné, le roi de Navarre, en vertu du droit féodal qui permettait au seigneur de lever une aide sur ses vassaux quand il faisait armer son fils chevalier [1]. En tête des prud'hommes et notables bourgeois qui dressèrent ce rôle, figure le fils aîné d'Étienne Barbette, ce Jehan Barbette qui l'année suivante sera élu échevin, alors que son père sera nommé prévôt des marchands pour la deuxième fois.

Son retour à la prévôté fut encore pour Étienne Barbette une bonne occasion de se signaler par son zèle et sa complaisance envers le roi. En vue d'une expédition nouvelle en Flandres, Philippe-le-Bel avait réuni à Paris les barons, les prélats et les députés des bonnes villes, pour leur demander les subsides nécessaires, et leur appui moral [2].

Or, dans l'assemblée qui se tint au Palais de la Cité, le 1er août 1314, ce fut Étienne Barbette qui répondit à la demande d'aide présentée par le surintendant des finances, Enguerrand de Marigny :
« Adonc Estienne Barbette, bourgeois de Paris, se leva et parla
« pour la dite ville de Paris ; et se présenta pour eux et dist qu'ils
« estoient tous près de luy faire aide, chascun à son povoir et selon
« ce qu'il leur seroit avenant, et à aler là où il les voudra mener,
« à leurs propres cousts et despens, contre les Flamans. Adonc le roi
« les en mercia. » [3] Étienne Barbette dut mourir en 1321, c'est-à-dire l'année où il fut remplacé à la prévôté des marchands par Jehan Gentien.

---

1. Le Rôle de la taille de 1313 a été publié par J. A. Buchon dans le tome IX des *Chroniques Nationales françaises* (Paris, 1827, in-8).

2. Philippe le Bel se servit des États généraux autant pour se donner plus de force dans sa lutte contre les empiétements du Souverain pontife et ses guerres en Flandre, que pour leur demander les aides dont il avait sans cesse besoin.

3. Paul Robiquet, *op. cit.*, p. 32.

Depuis lors, le nom de Barbette disparaît de la grande scène de l'histoire, mais il ne s'éteint pas. En 1324, le fils d'Étienne Barbette, Jean Barbette, qui avait été échevin en 1314, est mentionné dans un titre de la maison du Temple à propos de six livres sept sols quatre deniers parisis de cens et rente qu'il reconnait avoir vendu à Jehan du Temple, clerc du roi, et que par héritage il prenait chaque année sur le lieu dit le *clos Saint-Ladre* en dehors de la Porte Barbette [1].

Dans les comptes de l'hôtel de la reine Isabeau de Bavière, figure, en mai et en juin 1401, un autre Jehan Barbette, messager à pied, envoyé en Normandie et en Champagne pour porter des lettres du roi aux trésoriers et receveurs, afin de faire venir l'argent nécessaire à l'hôtel de la reine [2].

En 1543, le chapitre de Sainte-Opportune comptait parmi ses contribuables un bourgeois de Paris appelé Laurent Barbette, pour ses deux maisons sises rue au Fèvre, dans le quartier des halles [3].

Un Laurent Barbette, peut-être le même, figure encore comme habitant la rue de Figuier, près l'Ave-Maria, sur l'état de perception d'un emprunt de 300.000 livres, imposé en 1572 par le roi à la ville de Paris [4].

Du XVIe au XVIIIe siècle, il exista en Champagne une famille d'avocats et de procureurs parmi lesquels on distingue Didier Barbette « élu par le Roy à Nogent-sur-Seine », qui « obtint sentence de sa noblesse en la cour du bailliage du dit Nogent, le 17 décembre 1527 » ; il eut un fils, Edme Barbette, qui fut avocat à Troyes et seigneur d'Ascencières, du Mont, du Tronchet, etc. [5]. L'armorial général de d'Hozier mentionne, au commencement du siècle dernier, un certain François Barbette, marchand à Troyes, portant *d'azur à un levrier courant d'argent surmonté d'une étoile d'or* [6].

1. *Arch. Nat.*, S 5072³ Procès-verbal des criées, oppositions du grand et du petit Hôtel Barbette.

2. Douët d'Arcq, *Comptes de l'Hôtel des rois de France aux XIVe et XVe siècles*, p. 162.

3. *Arch. Nat.*, S 1961.

4. *Bibl. Nat., Manuscrits*, fonds français, vol. 11692.

5. *Ibid.*, Pièces originales, vol. 189, pièces 11 et 12.

6. *Bibl. Nat., Manuscrits*, d'Hozier, *Armorial général*. Champagne, p. 463.

Des généalogistes de la même époque paraissent rattacher les Barbette de Champagne à la branche parisienne d'Étienne Barbette, dont ils ont soin, pour la circonstance, de rapporter les armoiries : *d'azur à la levrette passante d'argent colletée de gueules, et au chef d'argent chargé d'un rameau glanté de sinople* [1]. Ces armoiries sont bien conformes à celles figurées dans le *Grand armorial* de Chevillard, qui fait autorité. Les armoiries d'Étienne Barbette ont été reproduites de nos jours sur les vitraux de notre nouvel Hôtel de Ville, à sa place chronologique, dans la suite des armoiries des prévôts et des échevins de Paris, conformément aussi aux indications héraldiques de Chevillard. Cependant certains héraldistes, trop amateurs, sans doute, des armes parlantes, ont cru devoir substituer un *barbet* à la *levrette* tradionnelle des Barbette : témoin l'*Armorial général* de Rietstap. Or, comme *barbette* en vieux français, signifie petite barbe, comme les noms de famille à leur origine ont été très souvent des sobriquets ayant trait aux particularités physiques des individus, nous aimons mieux admettre que le premier des Barbette fut très peu barbu, plutôt que de voir leur nom dériver de celui d'un animal.

Avec Étienne Barbette finit l'histoire de sa courtille. Sans revenir sur la fin lamentable de cette demeure, il importe cependant de rappeler un événement dont les conséquences modifièrent, en ce temps là, sa situation au point de vue de notre ancien droit féodal. La censive, dont dépendait en grande partie la Courtille Barbette, venait de passer à de nouveaux seigneurs ; voici dans quelles circonstances.

A la suite du procès resté à jamais célèbre qui entraîna la mort d'un grand nombre de Templiers et la confiscation de tous leurs biens, leur ordre avait été supprimé par Philippe-le-Bel, par ce roi même qui, quelques années auparavant, était venu s'abriter sous leur protection contre la colère de son peuple révolté. La toute puissance et les richesses des Templiers avaient été le motif de leur perte. En 1313, en vertu d'une bulle du pape et d'un arrêt du parlement,

1. *Bibl. Nat.*, Pièces originales, vol. 189, pièce 11.

ils furent remplacés dans toutes leurs possessions et domaines par les frères Hospitaliers de Saint-Jean-de-Jérusalem, appelés plus tard chevaliers de Malte. En conséquence, c'est au nom de cette nouvelle communauté que s'exerceront désormais les anciens droits seigneuriaux et censuels de la Commanderie du Temple, jusqu'à l'époque de la Révolution.

CHAPITRE II

Déjà séculaire lors de sa destruction en 1306, la courtille Barbette ne devait plus se relever de ses ruines. Une partie de son domaine, avons-nous dit, était déjà depuis longtemps passée peu à peu aux mains des frères hospitaliers de Saint-Gervais et faisait désormais partie de leurs coutures [1] : le nom de la *rue des Coutures Saint-Gervais* garde encore le souvenir de celles-ci. L'autre partie, c'est-à-dire celle qui aboutissait vers la porte Barbette, morcelée à son tour, devint la propriété de divers particuliers exerçant les métiers de tisserands de drap, de foulons et de « pouliers », et qui, entre autres constructions, y établirent de longues galeries pour y tendre, étirer et travailler les draps et autres étoffes : opération qu'on appelle aujourd'hui le « ramage » et qui se pratiquait au moyen de cordages et de poulies [2]. De là est venu le nom de « poulies », donné jadis, non seulement aux lieux où s'exerçait ce genre d'industrie, alors très en vogue et très florissante à Paris, mais aussi aux voies qui y accédaient ou qui en contenaient : témoin une rue voisine, dont il sera parlé plus loin d'une façon toute spéciale, et qui, pour cette raison, fut longtemps appelée la *rue des Poulies*, avant d'être la rue des Francs-Bourgeois [3].

1. Jaillot, t. III, Quartier du Temple, p. 16.
2. Voir le *Glossaire* de Ducange, au mot « poliæ ».
3. La porte Barbette ne fut pas le seul endroit aux environs duquel les drapiers de

La plupart des historiens, qui ont écrit sur Paris, paraissent avoir méconnu jusqu'à présent le souvenir tout particulier qui se rattache au mot « poulies », en rapportant, d'après Sauval, que ce mot voulait désigner un lieu où l'on se divertissait à un jeu dont on a perdu la connaissance [1]. Si Sauval avait pu connaître le *Glossaire* de Du Cange, il est probable qu'il eût écarté cette acception vague, pour adopter celle plus amplement justifiée que nous devons préférer.

Il y avait déjà des poulies auprès de la porte Barbette dès la première moitié du XIII° siècle, notamment celles d'un certain bourgeois, appelé justement Ferri des Poulies, dont il est fait mention dans plusieurs chartes et un censier de cette époque [2]. Elles appartenaient, en 1258, à Thomas de Bourgneuf [3]; elles sont encore désignées, en 1271, au sujet d'une donation que firent aux religieux du Temple le clerc Jehan Gehennis et sa femme Héloïse, veuve de Mathieu de Saint-Germain, d'une rente de 20 sols parisis que leur rapportaient ces poulies, lesquelles étaient situées entre la maison de Jouy et la grange du Temple. Cette donation, faite en vertu des lettres de l'official de la Cour de Paris de 1271, est rappelée en tête des titres du cens de la maison qui porte actuellement le numéro 74 de la rue Vieille-du-Temple [4]. La rue des Francs-Bourgeois, ou plutôt la *rue des Poulies*, s'appelait alors *rue des Viez Poulies*, ou bien *rue Ferri des Poulies*, ainsi qu'il appert des archives du Temple [5].

Quant aux poulies qui vinrent s'établir sur la courtille Barbette, elles y apparaissent dès l'année même de la mort d'Étienne Barbette, c'est-à-dire en 1321, sous le nom de *poulies de la Barbette*, ou de *poulies neuves*, dans l'endroit dit le *champ* ou le *clos des poulies neuves*, et où s'établit le tisserand Yvon de Crécy avec sa femme

---

Paris établirent des poulies. Entre les rues de Rivoli et Saint-Honoré, on voyait encore, il y a quelque quarante ans, la *rue des Poulies* : c'est aujourd'hui la *rue du Louvre*. En 1282, la *rue Portefoin* s'appelait *rue des Poulies*. La *rue Charlemagne*, avant d'être la *rue des Prêtres-Saint-Paul*, s'est appelée aussi *rue des Poulies*, etc.

1. Sauval, t. I⁰ʳ, p. 159.

2. *Ibid.*, p. 136; *Arch. Nat.*, MM 128, f° 10.

3. *Arch. Nat.*, S 5073ᵇ, pièce n° 45.

4. *Ibid.*, S 5073ᵇ, p. n°ˢ 46 et 47; S 5638, p. 427; Sauval, *loc. cit.*, t. I, p. 136.

5. Jaillot, t. III, Quartier Saint-Antoine, p. 75.

Jehanne [1] ; la famille de celui-ci y est encore représentée en 1350 par Guyot de Crécy et Jehan de Crécy qui y possédaient plusieurs maisons et 23 poulies [2]. Cette famille jouit assurément d'une certaine notoriété, car l'un de ses membres, Jehan de Crécy, est notaire au Châtelet de Paris en 1334, et propriétaire d'une autre maison, rue Sainte-Croix-de-la-Bretonnerie [3] ; une de ses parentes, Alix de Crécy, morte en 1352, avait épousé Adam de Villiers, dont les illustres sires de Villiers de l'Isle-Adam furent les descendants [4]. Les poulies de la courtille Barbette sont encore indiquées, en 1421, dans un titre de la maison du Temple, mais cette fois sous l'appellation très significative des « poulies à draps [5] ».

Indépendamment de la rue des Poulies, plusieurs autres titres du xive siècle mentionnent, dans ces parages, l'existence d'une certaine *ruelle* ou *allée des Poulies*, en 1321 et 1347 [6] ; en 1347, cette ruelle est aussi appelée *allée de la ruelle de la Cousture du Temple* [7] ; on y voit, en 1389, une porte dite *la porte des Poulies* [8].

La ruelle ou allée des Poulies est certainement celle dont parle ainsi Sauval : « Entre la rue Barbette et la rue des Francs-Bourgeois, on trouvait, en 1464, une ruelle ou cul-de-sac qui conduisait à un lieu appelé *les Poulies* [9]. » Or, on sait, et Sauval tout le premier ne l'ignorait point, que la rue Barbette, qu'il désigne ici, n'existait pas encore à cette époque, et que cette dénomination de rue Barbette ne s'appliquait alors qu'au prolongement de la Vieille-rue-du-Temple, hors des murs de Philippe-Auguste. En conséquence, cet auteur ne rappelle la rue Barbette, en cette circonstance, que par anticipation, afin de mieux préciser ou plutôt de repérer son indication. D'ailleurs, — toujours suivant Sauval, — ruelle ou cul-de-sac, c'est tout un dans ce cas, attendu que, à

1. *Arch. Nat.*, MM 129, f°s 21 v°, 31 r° et 52 v°.
2. *Arch. Nat.*, S 5586 (année 1350).
3. *Ibid.*, S 5072 [b], pièce n° 40.
4. Voir La Chesnaye des Bois.
5. *Arch. Nat.*, S 5072 [a], n° 4 de la 65[e] liasse.
6. *Ibid.*, MM 129, f° 27 v°.
7. *Ibid.*, MM 130, f° 21 v° ; une autre ruelle, ruelle dite de la Couture-du-Temple est devenue la rue de la Perle.
8. *Ibid.*, S 5595, f° 120 v°.
9. Sauval, t. I, p. 172.

Paris, on donnait autrefois le nom de *ruelles* aux lieux que, de son temps, on appelait des « culs-de-sac [1]. »

Quoi qu'il en soit, les explications qui précèdent ne sont pas sans utilité pour l'intelligence de notre étude, parce qu'il y sera fait plus d'une fois mention de la ruelle en question ainsi que de sa porte. De même nous verrons cette ruelle devenir, par la suite, le passage qui s'ouvre actuellement au n° 38 de la rue des Francs-Bourgeois.

Cependant les poulies Barbette ne tardèrent pas, peu à peu, à disparaître à leur tour, pour faire place à l'un de ces somptueux logis dont ce quartier avait alors la vogue (témoin les hôtels du Roi-de-Sicile, de Tancarville, du maréchal de Rieux, de Noviant, du connétable de Clisson, de Navarre, du comte de Savoie, etc.). Ce logis fut même d'une telle magnificence qu'une reine de France, la trop fameuse Isabeau de Bavière, le trouva suffisamment en harmonie avec ses goûts fastueux pour en faire sa demeure privée de prédilection. Mais, en raison de ses origines domaniales, ou, pour mieux dire, par une fatalité de la tradition, bien moins changeante que le cours des choses, le nom de Barbette devait rester attaché à ce nouvel hôtel ; car les cartulaires et les chroniques de l'histoire ne le désignent guère autrement.

Il importe maintenant de connaître la genèse de cette résidence princière, aussi bien que de déterminer l'emplacement et l'étendue de son pourpris. Un document manuscrit, fort intéressant dans l'espèce, satisfait justement à la question : c'est le *Procès-verbal des criées, oppositions et adjudications du grand et du petit hôtel Barbette du 14 mai 1464* [2]. Cette pièce produit, en effet, les listes successives des copropriétaires primitifs des lieux qui constituèrent l'hôtel Barbette, portant, en regard des noms, les quotités respectives de redevance annuelle à payer à la Maison du Temple, depuis l'an 1362 jusqu'à 1417. Les noms de ces tenanciers paraissent, au commencement, bien modestes et bien obscurs ; mais comme ils sont plus retentissants par la suite !

1. Sauval, t. I, p. 167.
2. *Arch. Nat.*, S 5072 *, n° 19 de la 65ᵉ liasse.

Ces listes, extraites d'ailleurs des registres censiers du Temple, sont établies suivant un même ordre itinéraire, c'est-à-dire en remontant, vers la campagne, le côté droit de la Vieille-rue-du-Temple (alors appelée Barbette). Si l'on se reporte, par exemple, au registre de l'année 1362, on voit que, après avoir passé l'angle de la rue des Francs-Bourgeois (*alias* des Poulies [1]), où aboutissaient, en ce temps-là, les maisons de Bernard de Bonnières, on longeait plusieurs maisons appartenant à divers particuliers, notamment celle, à l'enseigne de *la Faulx*, que possédait messire Thomas de Brye (ou de Braye), chevalier, après laquelle venait immédiatement une hôtellerie, à l'enseigne *du Moulinet*, tenue par Pierre Dubuisson, et après lui par Jehan Lombart, puis par Pierre Huoert et Jehan Auclou [2]. Or le lieu qui nous occupe, c'est-à-dire le futur domaine de l'hôtel Barbette, commençait précisément à partir de cette hôtellerie, par une maison qui lui était contiguë, appartenant alors à Guyot Laguillier, successeur du poulier [3] Guyot de Crécy, dont nous avons fait mention précédemment. Voici, du reste d'après les listes en question, quels furent les personnages qui, avant Isabeau de Bavière, occupèrent successivement cet emplacement :

En l'an 1362. — Plusieurs gens pour les poulies neuves
   qu'ils tiennent (qui furent à Guyot de Crécy).   7 liv. 6 s. » d.
Guiot Laguillier pour sa maison qui fut à Guyot de
   Crécy   » — 8 — »
Jehan Mainfroy pour sa maison joignant qui fut à feu
   Jehan de Laroche   » — 3 — »
La maison qui fut à Jehan le tonnelier   » — 2 — 6 —
Pierre de Landres, changeur pour sa maison, jardins et
   appartenances qui furent à feu Pierre Gaulthier   » — 7 — 6 —

---

1. Cet angle est marqué aujourd'hui par la jolie tourelle de l'ancien hôtel de la famille Hérouët, transition architecturale du xve au xvie siècle, dont nous aurons occasion de parler au chapitre VII de la présente étude, et au sujet de laquelle nous démontrerons à nouveau que cette tourelle n'a, quoi qu'en aient dit jusqu'à présent la plupart des historiens, jamais fait partie de l'hôtel Barbette; voir, à ce sujet, notre étude *La Tourelle de la rue Vieille-du-Temple*, 1886, in-8°, et le document que nous avons publié dans le *Bulletin de la Société de l'Histoire de Paris et de l'Ile-de-France*, septembre 1887.

2. *Arch. Nat.*, S 5586 et 5588.

3. *Ibidem*, S 5586.

Item, le dit Pierre de Landres pour sa maison qui fut
    à Gilot Boudé   » liv. 6 s. » d.
Robert Langlois pour ses maisons qui furent à Ber-
    thault de Troie et à Pons Gabien   » — 2 — »
Item, pour sa vigne qui fut à Jehan de Laroche et
    et au dit Pons Gabien   » — 30 — »

En l'an 1376. — Adam Day pour ses poulies que
    plusieurs gens tenaient auparavant   » — 57 — 4
Jehan de Lions pour sa poulie comprise au champ et
    en la clôture des susdites et joignant le mur du
    côté de Jehan de la Treille   » — 5 — »
Adam Daÿ pour sa maison joignant et aboutissant
    aux Poulies, qui fut à Guiot Laguillier   » — 8 — »
Henry Lebreton pour sa maison qui fut à Jehan
    Mainfroy et depuis à Jehan de la Treille   » — 3 — »
Jehan de la Treille pour sa maison joignant qui fut à
    Jehan Langlois   » — 2 — 6 —
Maître Nicolas Martin pour ses maisons qui furent à
    Pierre de Landres, changeur, et dont, auparavant,
    l'une fut à Gauthier le charpentier, et l'autre à
    Gilot Boudé   » — 13 — 6 —
Robert Langlois, pour ses maisons qui furent à Ber-
    thaut de Troie, dont la première, par devers la
    porte Barbette, est en masure, la deuxième bien
    haute, et la troisième plus basse a plusieurs
    louages   » — 2 — »
Pierre Poincet, demeurant au bourg Thiboust, pour
    sa maison joignant, qui, à présent est couverte de
    chaume, et sa vigne derrière, qui fut au dit Robert
    Langlois, et auparavant à Jehan de La Roche   » — 30 — »

En l'an 1378. — Adam Daÿ   » — 57 — 4 —
La poulie de Lions   » — 5 — »
Adam Daÿ   » — 8 — »
Henry de Tralehan   » — 3 — »
Jehan de la Treille   » — 2 — 6 -
Mme Nicolas Martin   » — 13 — 6 —
Pierre Poincet   » — 32 — »

En l'an 1381. — Adam Daÿ   » — 57 — 4 —
La poulie Jehan de Lions   » — 5 — » —
Adam Daÿ   » — 8 — »

Henry de Tralehan	»	liv.	3	s.	»	d.	
Jehan de la Treille	»	—	2	—	6	—	
Mre Nicolas Martin	»	—	13	—	6	—	
Mre Oudart de Trigny	»	—	32	—	»		

En l'an 1388. — Adam Daÿ … » — 57 — 4 —
Mre Nicolas de Mauregard … » — 5 — »
Adam Daÿ … » — 8 — »
Mre Nicolas de Mauregard … » — 3 — »
Item le dit Mauregard … » — 2 — 6 —
Item le dit Mauregard … » — 13 — 6 —
Item le dit Mauregard … » — 32 — »

En l'an 1390. — Adam Daÿ et Montagu … » — 57 — 4 —
Montagu … » — 5 — »
Item le dit Montagu … » — 8 — »
Item le dit Montagu … » — 3 — »
Item le dit Montagu … » — 2 — 6 —
Item le dit Montagu … » — 13 — 6 —
Item le dit Montagu … » — 32 — »

En l'an 1401. — Les hoirs Adam Daÿ … » — 28 — 8 —
La Reine … » — 28 — 8 —
Item la dite Reine … » — 5 — »
Item la dite Reine … » — 8 — »
Item la dite Reine … » — 3 — »
Item la dite Reine … » — 2 — 6 —
Item la dite Reine … » — 13 — 6 —
Item la dite Reine … » — 32 — »

D'après les indications qui précèdent, il résulte que, à partir du poulier Guyot de Crécy jusqu'à la reine Isabeau de Bavière, les personnages les plus importants qui se succèdent dans la possession des lieux sont Adam Daÿ, Nicolas de Mauregard et Montagu.

Pour le premier qui, pendant 25 années, garde la propriété des poulies Barbette, et a pour voisins successifs Nicolas de Mauregard et Montagu, nous ne savons rien autre chose, sinon qu'il est « bourgeois de Paris », ainsi qu'il appert d'un titre de la Maison du Temple du 15 mars 1374 [1].

---

1. *Arch. nat.*, S 5072 ^b n° 51. — Nous ignorons si l'on peut lui rattacher, par quelque lien de parenté, un Jehan Daÿ figurant dans la liste des avocats et procureurs géné-

Les héritiers d'Adam Daÿ, désignés pour l'année 1401 parmi les censitaires du Temple, sont, suivant toute probabilité, Gérard Daÿ et Milet Daÿ dont il est parlé dans un acte d'ensaisinement du 25 juillet 1389, où l'on voit que l'un d'eux, Gérard Day, a vendu à Messire Nicolas de Mauregard, moyennant la somme de vingt-quatre livres tournois : « premièrement une maison et un petit jar-« din séans en la *rue des Champs hors la porte Barbette* [1], tenant « d'une part à Sire Nicolas de Mauregard et d'autre part à Jehan « Auclou (le propriétaire de l'ancienne hôtellerie du *Moulinet*), « aboutissant par derrière à Milet Daÿ... ; Item, tout le droit que le « dit Gérard a à la *porte des Poulies*, avec deux petites logettes « joignant à la jambe de la dite porte d'un côté, et d'autre part au « dit Milet, aboutissant au dit Jehan Auclou ; Item, un jardin au « pourpris d'icelles poulies, à l'opposite d'icelles deux logettes ; « Item, la moitié par indivis d'une loge en laquelle on a accoustumé « loger les chiens ; Item, les quatre premières poulies... tenant au « dit sire Nicolas (de Mauregard), aboutissant par derrière au dit « Millet [2]. »

Nicolas de Mauregard nous est moins inconnu : des parche-mins le désignent, de 1363 à 1368, comme sergent d'armes du roi et receveur général à Rouen des deniers pour la défense du royaume ; puis trésorier du duc d'Anjou, roi de Sicile et de Jérusa-lem, en 1377 et 1384 ; puis trésorier de France, en 1385 et 1389 ; enfin conseiller du Roi en 1391 [3]. Un aveu de Charles, baron de Montmorency, maréchal de France, le mentionne comme possédant dans sa mouvance deux arrières-fiefs à Sannois et à Belloy [4]. A

raux en 1375 (Almanach royal de 1772), ou bien un autre Jehan Daÿ, chanoine de Paris et conseiller-maître des comptes du duc d'Orléans, depuis 1394 jusqu'en 1427 (*Bibl. Nat.*, Pièces originales, vol. 156 et 986).

1. La *rue des Champs hors la Porte Barbette* n'est autre que la rue Barbette de ce temps-là, c'est-à-dire la Vieille-rue-du-Temple hors les murs de Philippe-Auguste : c'est la première fois que nous lui voyons cette dénomination.

2. *Arch. Nat.*, S. 5595, f° 120 v°.

3. *Bibl. Nat.*,., Pièces originales, vol. 1898.

4. *Ibid.*, Fonds français, *Épitaphier*, vol. 8217, p. 800. Extrait d'une note mise à la suite de Jeanne de Mauregard, femme de Martin Double, conseiller et avocat du roi au Châtelet de Paris, morte le 3 octobre 1400 et inhumée dans l'église des Filles Péni-tentes de Saint-Magloire. L'auteur de cette note pense que Jeanne de Mauregard peut avoir été la fille du susdit Nicolas de Mauregard.

Paris, il était encore propriétaire de seize toises de vieux murs de
la Ville, près de la porte Barbette[1]. Il dut mourir un peu avant l'an
1417 : il avait épousé damoiselle Gilles de Coquatrix, morte en
1431[2], et dont il eut : 1° Pierre de Mauregard, dont Charles[3] et
André ; 2° Catherine de Mauregard, qui épousa Jacques Desseus
l'Orme[4].

Pour le nom de Montagu, l'histoire a ouvert des pages plus larges
et plus mémorables, mais pour offrir un tragique et lugubre
exemple du revers des grandeurs. Jean de Montagu, sire de
Marcoussis, vidame de Laonnais, grand-maître de l'hôtel du roi
et surintendant des finances, fut un des plus puissants parvenus
de son temps. Fils d'un maître des comptes, conseiller et chambellan de Charles V, on a prétendu, lors de sa disgrâce, que sa
fortune et la faveur royale étaient dues aux relations que sa
mère, Biette de Cassinel, passa pour avoir eues avec ce prince ; on
a même dit qu'il en aurait été le fils naturel ; mais les dates
démentent péremptoirement cette légende : lors de la naissance de
Jean de Montagu, Charles V n'avait que 13 ans ou environ[5]. Grâce
à son influence, il obtint pour ses deux frères l'archevêché de Sens
et l'évêché de Paris. Ses fonctions lui fournirent l'occasion de se
procurer de grands biens et encore plus d'ennemis. Né avec un
esprit superbe et autoritaire, Montagu eut le tort, au début, de ne
pas assez ménager les grands du royaume, et surtout les premiers
d'entre eux, le duc de Berry et le duc de Bourgogne, oncles de
Charles VI, qui ne pouvaient pardonner à ce « marmouzet[6] » sa

1. Sauval, t. III, p. 282.
2. *Id.*, t. III, p. 569.
3. Ce Charles de Mauregard est peut-être celui dont on a relevé l'épitaphe au cime-
tière des Saints-Innocents ; il était médecin et mourut en 1472. — En 1415 et 1418, la
chronique d'Enguerrand de Monstrelet cite un Étienne de Mauregard, garde des
chartes du roi.
4. Sauval, t. III, p. 569.
5. Lucien Merlet, *Biographie de Jean de Montagu*, Bibl. de l'Éc. des Chartes,
t. XIII, p. 253.
6. Par opposition aux ducs et oncles du roi qui prétendaient gouverner le royaume,
on appela marmouzets, c'est-à-dire petites gens, les anciens conseillers de Charles V,
qui prévalurent à leur tour (1389 à 1392) et parmi lesquels figuraient Montagu, Bureau
de La Rivière, Jean de Noviau et Bègue de Vilaine, ayant pour chef le connétable
Olivier de Clisson.

prépondérance dans les affaires de l'État. Mais si la faveur de Montagu ne faisait que grandir, si chaque jour il devenait plus familier et plus nécessaire au roi et à son frère, le duc d'Orléans, il ne prévoyait pas moins l'avenir et sentait bien que ses tout puissants adversaires feraient tout pour le supplanter.

Il était donc à l'apogée de sa fortune politique lorsqu'il fit achever la construction du logis Barbette, probablement commencée par son prédécesseur, Nicolas de Mauregard. Cette résidence magnifique devait même etre à peine terminée, que Montagu la faisait déjà servir à l'exécution de ses ambitieux desseins. En juillet 1392, il y fit coucher Charles VI et plusieurs personnes de la cour, la veille du départ de ce prince pour la Bretagne, lorsque, malgré ses oncles, il décida le roi à quitter Paris pour tirer vengeance de l'odieuse tentative d'assassinat commise, quelques semaines auparavant, par Pierre de Craon, sur le connétable de Clisson [1].

1. « Quant messire Olivier de Clichon fut ainsi que tout sané et que il povoit bien chevauchier, le roy de France en fut grandement resjouy, et dist que il se vouloit départir de Paris et que il vouloit chevauchier vers Bretaigne pour mieulx monstrer que la besoingne estoit sienne. Si prist ung soir congié a la royne Ysabel sa femme et à la duchesse d'Orléans et aux dames et damoiselles qui delés elles estoient a l'ostel de Saint-Pol, et le duc d'Orléans aussi, et puis s'en vindrent soupper et couchier chiés Montagu, le duc de Bourbon, le conte de Namur et le sire de Coucy delés euls : je ne dy pas que tous y couchassent, mais le roy y coucha et disna à l'endemain, et après disner sur le point de relevée il s'en départy en très-grant arroy..... » (Froissart, *Chroniques*, édit. Kervyn de Lettenhove, t. XV, p. 26.) — Voir aussi Michelet, *Histoire de France*, Règne de Charles VI, récit de l'assassinat du duc d'Orléans.

Comme Jean de Montagu a possédé plusieurs hôtels à Paris, on pourrait révoquer en doute que ce soit précisément à l'hôtel Barbette qu'il eut l'honneur d'héberger son roi, puisque Froissard, en mentionnant le fait, ne cite pas le nom de l'hôtel où il s'est passé. D'accord avec le récit de Michelet, nous pouvons cependant établir que c'est bien de l'hôtel Barbette qu'il s'agit en cette occurrence. Il est notoire que Jean de Montagu a possédé cinq hôtels à Paris ; mais il ne les a point possédés tous à la fois, ainsi que les dates le montrent.

Il eut d'abord l'hôtel Barbette, de 1390 à 1401, c'est-à-dire jusqu'au moment où il le céda à Isabeau de Bavière ; c'est alors qu'il acquit du comte de Savoie ses deux hôtels de la rue du Chaume et de la rue des Quatre-Fils ; après quoi, le comte de Savoie alla loger à l'ancien hôtel du duc d'Orléans près de la porte de Bussy (Sauval, t. II, pp. 83 et 155). En 1404, le 14 avril, Montagu vendit le grand et le petit hôtel de Savoie à Jehan Hangest, moyennant 4.500 livres. (*Arch. Nat.*, S 5067 [b].)

Le 12 juin 1404, il recevait du duc de Berry l'hôtel du Porc Épic, situé rue de Joui, qui avait appartenu auparavant à Hugues Aubriot, Pierre de Giac et Louis duc d'Orléans. (Sauval, t. II, p. 153.)

En décembre 1405, Montagu recevait du duc d'Orléans son hôtel du faubourg Saint-Marcel, en échange de celui qui lui avait été donné en viager par Charles VI et qui se

On sait ce qu'il advint de l'aventure. Le 5 août 1392, en sortant de la ville du Mans, où pendant une semaine les premières atteintes de sa terrible maladie venaient de le retenir souffrant, le roi Charles VI était devenu subitement fou furieux. L'expédition de Bretagne avortait ainsi, et les oncles du roi reprenaient le pouvoir à la place des marmouzets.

Mais les événements ne prirent pas Jean de Montagu au dépourvu. Aussitôt qu'il eut reçu des puissants ducs l'ordre de ne plus approcher du roi avant d'avoir reçu l'avis de son rétablissement, pensant que leur animosité n'en demeurerait pas là, il partit secrètement par la porte Saint-Antoine et, sans s'arrêter nulle part, se rendit à Avignon où il avait mis en sûreté une partie de ses trésors. Là il attendit que le gros de l'orage fût passé.

Vers le mois de mars de l'année suivante, la frénésie du roi s'étant une première fois calmée, ce prince, surpris de ne plus voir son ancien favori près de lui, le fit aussitôt rappeler. Averti par les vicissitudes de la fortune politique, Montagu devint plus circonspect et plus souple ; parvenu de nouveau au faîte des honneurs et du pouvoir, il fit si bien sa cour aux ducs qu'il sut pour quelque temps imposer silence à leur haine. Encore une fois, après les princes, il était devenu le premier personnage de l'État.

En sa qualité de grand maître de l'hôtel, ou plutôt de grand maître de France comme on disait le plus souvent, Montagu était réellement le chef de la maison du roi, y compris les hôtels de la reine et du duc d'Orléans ; il en avait la haute surintendance et y commandait à tous les offices. Il était de plus capitaine de la Bastille qu'on appelait alors le *Châtel Saint-Antoine*. Pour tous ces faits, des lettres royaux du 31 octobre 1398 lui attribuèrent quatre hommes d'armes et six arbalétiers. Bref, c'était un véritable maire

trouvait situé rue Saint-Antoine près du *Châtel de la porte Saint-Antoine* (la Bastille) ; c'était une dépendance de l'hôtel Saint-Pol ; on l'appelait la *Conciergerie du Châtel Saint-Antoine* (F. Bournon, *L'Hôtel royal de Saint-Pol*, Mémoires de la Société de l'Histoire de Paris et de l'Ile-de-France, t. VI, pp. 73, 74 et 145). Montagu ne dut occuper cet hôtel qu'en qualité de capitaine de la Bastille ; or, il ne fut nommé à cette fonction qu'en 1396 (P. Anselme, t. VIII, p. 345).

D'où il suit que, en l'an 1392, Jean de Montagu ne paraît pas posséder d'autre hôtel à Paris que le logis Barbette.

Le quartier Barbette.   3

du palais, ayant sa garde et son escorte. Comme vidame de Laonnais et chevalier banneret, on le vit, le 1er décembre suivant, faire montre, devant le roi, avec trois écuyers et cinq arbalétiers de sa compagnie [1].

C'est alors que le logis Barbette resplendit de tout son lustre, et compte même, parmi ses hôtes et ses commensaux, l'un des plus redoutables adversaires de Montagu, le duc de Bourgogne, qui y soupe plusieurs fois, notamment le 30 mai 1396 et le 27 mai 1398 [2].

Pour ajouter aux commodités de ce fastueux séjour, le roi accorda à Montagu, en 1397, le droit de prendre sur les fontaines de l'hôtel Saint-Pol une concession d'eau de la grosseur d'un pois [3].

En nous reportant de nouveau au *Procès-verbal des criées, oppositions..... du 14 mai 1464*, que nous avons déjà mentionné et sur lequel nous reviendrons encore plus d'une fois, nous voyons Montagu, en 1397, ajouter à la suite de son hôtel, par voie d'acquisition, un groupe de maisons situées sur la rue Barbette et du côté des champs, faisant partie non plus de la censive du Temple, mais d'un petit fief dont le titulaire était alors un riche bourgeois de Paris du nom de Michel Mignon [4]. La première maison de ce groupe avait précédemment appartenu à Étienne de Bethencourt, puis à Pierre Le Duc, et attenait à la partie ancienne du domaine de Montagu, qui fut jadis la maison à Robert-Langlois [5].

Cependant, soit que Montagu trouvât déjà l'hôtel Barbette trop étroit pour lui, et que celui du comte de Savoie dont il venait aussi

---

1. P. Anselme, t. VIII, p. 344. — Montagu était d'une famille de chevaliers du nom patronymique de Le Gros, auquel son grand-père Robert Le Gros avait ajouté celui du petit château de Montagu qu'il possédait prés de Poissy-en-Laye. La principale résidence seigneuriale de Jean de Montagu fut le château de Marcoussis qu'il avait fait édifier lui-même, en même temps que l'église paroissiale du lieu et le couvent des Célestins qui l'avoisinait. Les armoiries de Montagu étaient : *d'argent à la croix d'azur cantonnée de quatre aigles de gueules.* — En 1400, Jean de Montagu donna à l'église Notre-Dame de Paris la grosse cloche appelée le Bourdon ou Jacqueline, du nom de sa femme Jacqueline de La Grange. Cette cloche a été refondue en 1686.

2. Ernest Petit, *Itinéraires de Philippe-le-Hardi et de Jean-sans-Peur.*

3. F. Bournon, *loc. cit.,* pp. 74 et 109.

4. Un Michel Mignon figure comme notaire et secrétaire du roi en 1380 et 1388 dans les *Comptes de l'Hôtel des Rois de France aux XIVe et XVe siècles* publiés par M. Douët d'Arcq.

5. *Arch. Nat.,* S 5072a, 19e no de la 65e liasse.

de faire l'acquisition lui parût plus à sa convenance ; soit encore
que, en raison de ses fonctions, il préférât se tenir plus à proximité
de l'hôtel Saint-Pol en allant loger à la conciergerie du Châtel Saint-
Antoine que lui avait donnée le roi ; soit enfin qu'il voulût avant
tout satisfaire à un désir de la reine, et c'est peut-être la meilleure
raison, toujours est-il qu'il lui vendit, en 1401, son hôtel Barbette
avec la part des poulies qu'il possédait de moitié, en 1390, avec le
bourgeois Daÿ, et depuis, avec ses héritiers qui conservèrent l'autre
moitié.

Isabeau de Bavière achetait l'hôtel Barbette probablement parce
qu'elle n'aimait pas l'hôtel Saint-Pol où vivait son pauvre mari :
« ce mari, dit Michelet, la gênait quand il était fou, bien plus encore
quand il ne l'était pas. »

Elle agrandit encore et embellit à plaisir cette retraite discrète et
commode. « Les jardins, ajoute le même historien, étaient d'autant
« mieux fermés et solitaires que, le long de la Vieille-rue-du-
« Temple, ils se trouvaient masqués d'une ligne de maisons qui
« regardaient la rue et ne voyaient rien derrière, tout au plus le
« mur du mystérieux hôtel. » Bref, elle en avait fait sa résidence
favorite, et suivant le nom qu'on donnait alors aux petits hôtels
qu'avaient les princes et les seigneurs aux portes de Paris, on l'appelait le « petit séjour de la reine ».

Au dire de Sauval, « l'appartement que Isabeau de Bavière avait
« à l'hôtel Barbette consistait par bas en deux salles, l'une grande
« et l'autre petite ; au-dessus se trouvait une autre grande salle,
« une chambre attachée à un grand retrait et un petit ; outre cela,
« une chambre, une autre aux eaux roses[1], une de parade, une
« chambre blanche ; deux chapelles, l'une grande et l'autre petite ;
« un comptoir, des bains et des étuves[2]. » Pour chauffer toutes ces

---

1. L'eau de rose était l'odeur favorite d'Isabeau de Bavière et ne la quittait pas
(Vallet de Viriville, *Isabeau de Bavière*, p. 34).

2. Sauval, t. II, p. 274. — « Des étuves élégantes avaient été placées pour ses hôtes
« dans sa petite maison de la rue Barbette. Pour elle, elle prenait ses bains dans des
« cuves de bois d'Irlande ou de chêne à poupines (petites poupes sculptées). L'inté-
« rieur était garni de *draps baignoirs* ou fonds de bain ; au-dessus s'élevait un ciel ou
« pavillon nommé *épervier*. Cet épervier étendait ses ailes ou rideaux autour de la
« reine... » (Vallet de Viriville, *ibid.*, p. 34).

pièces, elle se servait en hiver de chariots contenant du feu, sorte de calorifères ou braseros roulants[1], dont elle avait sans doute rapporté l'usage de son pays natal.

Cependant elle ne parait pas coucher à l'hôtel Barbette dès la première année de son acquisition ; un *Compte de la reine Isabeau de Bavière, pour le terme de la Saint-Jean 1401*, montre en effet qu'elle y dîne et soupe seulement et que, cette année-là, elle « gîte à Saint-Pol[2]. » Mais peu à peu ses stations à l'hôtel Barbette deviendront plus fréquentes et plus prolongées.

Là, du moins, elle pouvait éviter le spectacle pénible et presque continuel de la démence de son époux ; là, surtout, elle pouvait s'abandonner sans contrainte à la passion qu'elle éprouvait pour son beau-frère, le duc d'Orléans, celui que Brantôme proclame « le grand desbaucheur des dames de la cour et toujours des plus grandes[3] ». Car tandis que la fille d'un simple gentilhomme du roi, la très gaie et très jolie Odette de Champdivers, que l'on nommait la *petite reine*, tenait à l'hôtel Saint-Pol, auprès de Charles VI, la place de la vraie reine, le duc d'Orléans tâchait de « désennuyer » cette princesse au logis Barbette. Là encore se décidaient les affaires de l'État, avec lesquelles Isabeau et son amant jouaient, comme le pauvre roi avec ses cartes.

Souvent aussi l'hôtel Barbette resplendissait au milieu de la nuit de l'éclat de ses fêtes, et les clameurs de ses orgies arrivaient jusqu'au peuple, comme pour insulter à sa misère. Mais pouvait-il se plaindre ? Le roi lui-même manquait du nécessaire et le Dauphin était à peine vêtu[4].

Peu importait du reste à cette reine égoïste et scandaleusement galante, dont le luxe insolent et les plaisirs ruineux étaient les seules préoccupations. Ses amours avec son beau-frère n'étaient que trop publiques. On disait même qu'elle en avait eu un fils. Dans leur

1. Vallet de Viriville, *Isabeau de Bavière*, p. 32.
2. Douët d'Arcq, *Comptes de l'Hôtel des rois de France aux XIV⁰ et XV⁰ siècles*, Paris, 1865, 1 vol. in-8°, pp. 143, 157, 159 et 166.
3. Brantôme, *Vie des Dames galantes*, discours I⁰ʳ.
4. Voir la *Chronique du religieux de Saint-Denis*, et Juvénal des Ursins, *Histoire de Charles VI*.

insatiable avidité, ils profitaient tous deux de la maladie du roi pour dissiper à leur gré les revenus de la couronne et faire lever de nouveaux impôts, dont ils s'appropriaient aussitôt le produit pour satisfaire à leurs odieuses prodigalités. Mais un adversaire jaloux et terrible devait mettre cruellement un terme aux fêtes de l'hôtel Barbette. Ce rival était Jean-sans-Peur, dont la violence égalait l'ambition.

CHAPITRE III

Le duc d'Orléans, tout puissant sur l'esprit de la reine, maître par elle du roi et du dauphin, chef de la noblesse, et lui-même le plus brillant chevalier de son temps, avait voulu profiter de la mort de son oncle, le duc de Bourgogne Philippe-le-Hardi, arrivée en 1404, pour se rendre maître absolu du pouvoir. Il s'était fait nommer lieutenant général du royaume, et ne mettait plus de bornes à ses folles dépenses. Mais son cousin Jean-sans-Peur, qui prétendait avec l'héritage de son père recueillir sa part de gouvernement, avait obtenu de lui succéder dans le conseil, et il s'opposait avec inflexibilité à ce que le duc d'Orléans disposât désormais sans contrôle des fonds provenant des impôts, et à ce qu'il mit sur le peuple de nouvelles taxes : sûr moyen d'intéresser et d'attacher à sa politique ce peuple dont il se faisait ainsi le zélé défenseur.

Bientôt la rivalité des deux princes se manifesta publiquement et menaça de dégénérer en guerre civile au milieu même de Paris. Comme représentant le plus direct, après le roi, de l'autorité souveraine, le duc d'Orléans pouvait compter sur l'appui du parlement et s'était attaché l'ancien parti des Marmouzets, dont Jean de Montagu était resté l'un des chefs les plus influents ; en même temps, un certain nombre de gentilshommes d'un courage téméraire, entièrement dévoués à son service, se tenaient prêts à tout entreprendre pour lui.

De son côté, ayant pour lui l'Université, les magistrats municipaux et les chefs de la milice parisienne, Jean-sans-Peur ne ménageait pas le soin d'entretenir l'animadversion populaire contre la reine et son amant, et d'exciter en secret ses partisans à commencer les troubles. Chacun, enfin, assemblait ses hommes d'armes et faisait de son hôtel une véritable forteresse.

De part et d'autre les signes extérieurs les moins équivoques de défi et de menace traduisaient ostensiblement l'inimitié réciproque des deux partis. Ainsi, le duc d'Orléans avait pris pour emblèmes de lourds bâtons noueux avec cette devise : « je l'ennuie[1] », à laquelle ripostait, d'une façon non moins significative, la devise flamande *ich houd* « je le tiens », du duc Jean, accompagnée d'un niveau à plomb et de rabots dont on voit encore un curieux échantillon sculpté dans le tympan ogival d'une des baies extérieures de son donjon, rue Étienne Marcel. Ces rabots, que Jean-sans-Peur figurait partout, même sur ses habits et la livrée de ses gens, signifiaient que, tôt ou tard, les bâtons noueux du duc Louis seraient rabotés, et que Bourgogne enfin aurait raison d'Orléans. Le niveau de maçon avec son fil à plomb voulait dire qu'il lui tardait aussi d'aplanir le terrain où le gênait son rival[2].

L'année 1405 sembla cependant marquer un temps d'arrêt dans la querelle de ces deux princes ; on les vit gouverner en commun, et même se partager l'autorité de lieutenant général du royaume; ils eurent l'air de se réconcilier sincèrement et, suivant l'usage du temps, ils couchèrent plusieurs fois dans le même lit.

L'année suivante se passa dans une tranquillité morne. Les deux rivaux s'entouraient d'hommes dévoués, se disposaient à tout événement et feignaient une intimité plus grande à mesure que leur haine augmentait. Deux mariages, par lesquels ils parurent resserrer leurs liens et qui n'eurent, en effet, pour motif, que l'agrandissement de leurs maisons, en donnant lieu à des fêtes magnifiques,

---

1. On écrivait ce mot avec un seul *n*, et comme l'*u* avait la forme d'un *r*, on crut longtemps que la devise du duc d'Orléans était ; *je l'enrie*, et non *je l'ennuie*. Ce qui était un gros contre sens.

2. Voir : Léon de Laborde, *Glossaire français du moyen âge*, pp. 368 et 476 ; — et Édouard Fournier, *Chroniques et légendes des rues de Paris*, pp. 85 et 86.

firent quelque diversion aux inquiétudes populaires, Jean, quatrième fils du roi, épousa Jacqueline, fille du comte de Hainaut, beau-père du duc de Bourgogne, entièrement dévoué à ses intérêts. Isabelle, l'aînée des jeunes princesses, veuve du malheureux Richard II, fut donnée au fils ainé du duc d'Orléans.

A l'occasion de ces deux mariages, qui furent pompeusement célébrés le même jour à Compiègne, tous les princes rivalisèrent de magnificence. Le duc de Bourgogne se montra avec un faste pareil à celui qu'avait toujours étalé son père ; les présents qu'il fit ne furent pas moins splendides. Les devises « je l'ennuie » et « je le tiens », le bâton noueux et le rabot jouèrent un grand rôle dans les broderies, dans les bannières, dans les ornements de toute sorte. Les deux ducs en firent des colliers d'ordre qu'ils distribuèrent à leurs serviteurs et à leurs favoris. Ils les échangèrent réciproquement, se jurèrent fraternité d'armes et de chevalerie ; puis chacun se montra avec la devise qui avait été prise contre lui, tant en ce moment ils semblaient avoir oublié leurs discordes[1].

Cependant, sous le masque de ces démonstrations amicales, la haine s'accroissait dans le cœur du vindicatif Jean-sans-Peur. Le souvenir toujours présent d'une injure personnelle de la plus haute gravité, plutôt qu'un sentiment de rivalité politique, aurait été, paraît-il, la principale cause de cette profonde inimitié.

Suivant un chroniqueur normand du xvᵉ siècle, Thomas Basin, évêque de Lisieux, le duc Jean de Bourgogne avait déjà, depuis de longues années, juré la mort du duc d'Orléans, son cousin. D'après ce prélat qui tenait, dit-il, ses informations de hauts personnages contemporains des faits, c'était pour venger une offense d'ordre tout à fait privé que le meurtre avait été résolu. Du vivant du duc Philippe-le-Hardi, dans une fête de nuit donnée par le roi, la belle Marguerite de Hainaut, épouse de Jean, alors comte de Nevers, avait été l'objet des poursuites du jeune duc d'Orléans, et n'avait échappé qu'avec peine à ses trop visibles instances. Dans son indignation, elle avait raconté cette scène à son époux qui, dès lors,

1. Monstrelet, Édition Douët d'Arcq (Soc. de l'Hist. de France), t. I, pp. 129 et 130.

s'était engagé par serment à laver cette injure dans le sang de son rival[1].

Un autre historien, Jean Juvénal des Ursins, contemporain également des événements, fait certainement une allusion très discrète à cette affaire et à ses conséquences, lorsque, au sujet des fameuses joutes de Saint-Denis qui eurent lieu en 1389 pour la réception en chevalerie des fils du duc d'Anjou, il termine ainsi son récit : « Et « estoit commune renommée que des dites joustes estoient provenues « des choses déshonnestes en matière d'amourettes, et dont depuis « beaucoup de maux sont venus. Et, dit une chronique, que des « dites joustes *lubrica facta sunt*[2].

Le Religieux de Saint-Denis, témoin de ces fameuses joutes, a aussi parlé des saturnales qui s'ensuivirent dans l'abbaye même, où plusieurs seigneurs, poussés par l'ivresse, et « sans respect pour « la présence du roi, souillèrent la sainteté de la maison religieuse « en s'abandonnant au libertinage et à l'adultère »[3]. La chronique latine de Saint-Denis citée par Sauval, qui est probablement celle qu'a visée Juvenal des Ursins, remarque, en termes non moins explicites, « que la dernière nuit de cette fête, toute la cour se mas- « qua, que les masques prirent plaisir à faire des postures indé- « centes, et qu'il n'y eut presque personne qui, à la faveur du « masque, de la nuit et de la licence, ne trouvât moyen de con- « tenter sa passion, aussi bien les filles et les femmes que les « hommes[4] ». Quoi qu'il en soit, ces détails peu édifiants ont per- mis de conjecturer que de cette nuit daterait aussi le commencement de la coupable liaison du duc d'Orléans avec la reine Isabeau de Bavière[5], qui reçut, du moins dans cette orgie, sa première leçon de corruption et de scandale.

1. Thomas Basin, *Hist. des règnes de Charles VII et de Louis XI*, édit. J. Quiche-rat (Soc. de l'Hist. de France), chap. II ; — Vallet de Viriville, *Assassinat du duc d'Orléans*, Mag. de librairie, t. VII (nov. 1859), pp. 246-247.

2. Juvénal des Ursins, *Hist. de Charles VI* (col. Panthéon litt.), p. 367, col. 1.

3. *La Chronique du religieux de Saint-Denis*, chap. X, trad. et publ. par L. Bella-guet dans la Collection des Documents inédits sur l'Hist. de France, t. I, p. 599.

4. Sauval, *Les amours des rois de France*, publiées à la suite des *Galanteries des rois de France* de Vanel, Paris, 1739, in-12, pp. 186 et 187, et quelquefois à la fin du t. II de ses *Antiquités de Paris*, avec une pagination spéciale, p. 4.

5. Dreux du Radier, *Mémoires et anecdotes des reines et régentes de France*, édi-tion de 1808, t. III, pp. 108 et 125.

D'autres chroniqueurs, amplifiant peut-être sur l'énormité des faits, ont rapporté depuis que le duc d'Orléans, qui se faisait habituellement un jeu de la réputation des femmes, avait impudemment divulgué l'aventure, en se vantant d'avoir triomphé de la belle comtesse de Nevers, et en racontant les circonstances de sa prétendue victoire qu'il soutenait avoir remportée dans le tumulte de la fête, derrière une tapisserie. On a aussi répété que ce prince poussa l'audace de ses indiscrétions jusqu'à célébrer dans ses vers les plus secrets mérites de cette princesse dont il avait su se faire aimer, disait-il, et ne craignit pas de chanter, en présence même de son mari, le duc de Bourgogne, une chanson où elle était désignée par « la beauté de ses cheveux noirs [1] ».

Dans une de ses plus gracieuses compositions, le duc-poète, Charles d'Orléans, nous parait exprimer une intention remémorative touchant visiblement la cause véritable de la fin tragique de son père, lorsqu'il fait dire au dieu d'amour, à propos de la discrétion prescrite par ses commandements : « Noble prince, ce point-ci vous touche », et que « l'indiscrétion dessert trop grant vengeance [2] ».

Voici, d'après Brantôme, une autre version de la funeste forfanterie du duc d'Orléans : quoique présenté sous une forme différente, le témoignage n'en reste pas moins le même au fond. « Le « duc Louis d'Orléans s'estant une fois vanté tout haut, en un ban- « quet où estoit le duc Jean de Bourgogne, son cousin, qu'il avoit « en son cabinet le pourtrait des plus belles femmes dont il avoit « jouÿ, par cas fortuit, un jour le duc Jean entra dans ce cabinet ; « la première dame qu'il y voit pourtraitte et se présente du pre- « mier aspect à ses yeux, ce fut sa noble dame espouse, qu'on tenoit « de ce temps là très belle [3]... »

1. De Saint-Foix, *Essais historiques sur Paris*, Paris, 1776, in-12, t. I, p. 321.

2. Charles d'Orléans, *Poésies*, édition de Champollion-Figeac, Paris, 1842, in-8, p. xv de l'Introduction et p. 11 du texte ; — voir aussi Champollion-Figeac, *Louis et Charles d'Orléans*, p. 266.

3. Brantôme, *Les dames galantes*, Discours VII. — Dans son savant ouvrage, *La Renaissance des arts en France au XVIe siècle* (p. 70), M. le comte de Laborde a essayé, par une note toute spéciale, de revoquer en doute l'anecdote de Brantôme, sous prétexte que rien de semblable ne s'est dit à Paris, le 24 novembre 1407, à la

Portrait galant ou chanson licencieuse, au fond l'outrage était le
même, appelant sourdement la plus terrible vengeance dans le cœur

nouvelle de la fin tragique du duc d'Orléans ; que M. de Barante, en reproduisant cette
version dans son *Histoire des ducs de Bourgogne* (t. III, p. 6), aurait dû citer la chronique contemporaine où il l'avait puisée, sinon savoir qu'en ce temps-là les arts n'en
étaient pas encore arrivés à ce degré de « dévergondage » (!) Quant à lui, M. de
Laborde ne connaît que Brantôme qui ait rapporté ce trait, et qui, en « l'inventant »,
avait au moins pour excuse de s'être inspiré du laisser-aller des mœurs de son temps.

L'opinion de M. de Laborde est ici très contestable. Si rien de cette histoire de
portraits ne s'est dit au lendemain du meurtre du duc d'Orléans, il ne s'ensuit pas
qu'elle soit fausse. Vu la gravité de l'événement, il eût peut-être été imprudent de
divulguer aussitôt le secret d'un fait si personnel ; aussi n'y a-t-il rien d'étonnant
que les chroniqueurs contemporains se soient abstenus à cet égard.

Cependant le fait a dû laisser des traces écrites, puisqu'un auteur contemporain de
Brantôme, Jean-François Le Petit, originaire de Béthune, l'a rapporté également dans
sa *Grande Chronique de Hollande* (t. I, p. 342, col. 2), imprimée en 1601 à Dordrecht,
ville des Pays-Bas, mais entreprise, vers 1586, à Aix-la-Chapelle, où cet auteur
s'était réfugié après avoir abjuré la religion catholique. De plus, J.-F. Le Petit nous
apprend dans sa préface qu'il a composé son ouvrage d'après d'anciennes chroniques
écrites en langue flamande, c'est-à-dire du pays qui faisait jadis partie des États de
Bourgogne. Or, c'est à peu près vers le même temps que Brantôme écrivit ses *Dames
galantes* pour François d'Alençon, duc d'Anjou et de Brabant et comte de Flandres, le
frère de Henri III. Mais les œuvres de Brantôme ne furent publiées, pour la première
fois, que 50 ans après sa mort, c'est-à-dire en 1665.

Ainsi, voilà deux auteurs racontant simultanément, chacun de son côté, le même
fait, l'un sur les bords du Rhin et l'autre en Périgord. En admettant qu'ils aient
puisé tous deux aux mêmes sources, il est plus que probable qu'ils ont écrit à l'insu
l'un de l'autre, et il serait vraiment extraordinaire qu'ils aient inventé en même
temps le même récit. — On retrouve encore l'anecdote des portraits, publiée à
Lyon en 1613 par Louis Guyon dans ses *Diverses Leçons* (t. II, p. 108), c'est-à-dire
52 ans avant la première édition des œuvres de Brantôme.

Dans sa note, M. de Laborde semblerait d'ailleurs presque en désaccord avec son
propre texte, où il dit, à propos de l'art du portrait, que la galanterie eut de bonne
heure ses musées, que l'art l'aida dans ses indiscrétions, et que nous avions été cher-
cher ce goût en Italie, où d'illustres précédents servaient d'excuse à un « dévergondage » blâmable. Mais, en fait de précédents de ce genre, M. de Laborde ne remonte
pas plus haut que la bataille de Fornoue, en 1495, où notre *furia*, paraît-il, nous fit
perdre un recueil de portraits destiné à montrer à la France le tableau de nos con-
quêtes amoureuses au delà des Alpes.

Cependant il y a l'intervalle d'un siècle entre l'époque du duc Louis d'Orléans et
celle de nos triomphes en Italie, et l'on pourrait bien nous objecter que, vers le temps
où moururent Pétrarque et Boccace, les précurseurs du Titien et de Vinci n'étaient
pas encore nés. Mais l'on ne saurait nous prouver que l'art du portrait fut encore
inconnu à la fin du XIVᵉ siècle. Cette série de portraits de rois de France qu'un des
oncles de Charles VI, le duc de Berry, possédait dans les galeries de son château de
Bicêtre, et que mentionne justement M. de Laborde, n'est-elle pas déjà une preuve
du contraire ?

A cela, on peut bien nous répondre qu'il ne faut voir que de la peinture d'histoire
purement décorative dans ces effigies posthumes où la ressemblance ne peut être que
de convention. Soit ! mais nous opposerons à cette objection une autre mention faite
encore par M. de Laborde au sujet d'un tableau ornant l'une des pièces de l'hôtel

haineux du duc Jean. Que le lecteur nous excuse donc d'avoir arrêté un instant son attention sur le côté quelque peu scabreux de cette

Saint-Pol au temps de Charles V, c'est-à-dire un peu auparavant l'époque qui nous occupe. Ce tableau représentait le roi, l'empereur son oncle, Jean-le-Bon et Édouard III (*Revue archéologique*, 1re série, octobre 1850-mars 1851, pp. 498, 616). Mais, si la ressemblance, cette fois, offre plus de garantie, on pourra nous objecter que ce ne sont pas encore là des portraits à l'usage de la galanterie, même la plus platonique. Soit encore. Mais pourrait-on en dire autant des portraits des jeunes princesses de l'Europe, que le roi Charles VI, âgé seulement de 17 ans et songeant déjà à se marier, fit venir en 1385, en déclarant qu'il mettrait sa couronne aux pieds de la plus belle ?

Cette fois-ci, ce n'est point Brantôme, au badinage licencieux et suspect, qui nous l'apprend, mais un contemporain au langage austère et plus digne de foi : le religieux de Saint-Denis. Les trois puissantes maisons de Lorraine, d'Autriche et de Bavière offraient à l'envi un brillant parti au jeune monarque : devant l'embarras du choix, ses oncles convinrent de s'en rapporter à son bon plaisir. « Ils envoyèrent dans « les États de ces trois maisons un peintre très habile pour faire le portrait des trois « jeunes princesses proposées. Ces portraits furent présentés au roi qui choisit « madame Isabeau de Bavière, âgée de quatorze ans, la trouvant très supérieure en « grâce et en beauté. » (*Le Religieux de Saint-Denis*, édit. Bellaguet, t. I, p. 359).

Le nom de l'artiste est resté ignoré ; mais le musée du Louvre conserve le portrait d'Isabeau de Bavière sous le n° 2199 (Grande galerie, travée D, nord). — « On « remarque, dit M. Vallet de Viriville (*Isabeau de Bavière*, p. 3), au musée du Louvre, « parmi les œuvres des anciens peintres inconnus de l'école flamande, un panneau qui « représente une jeune fille. Celle-ci paraît âgée d'environ quinze ans. Une pièce « d'estomac, un gorgerin de velours bleu, enserre et découvre à demi son étroit cor-« sage. Elle est vêtue d'une robe rouge bordée de fourrure. Son étrange coiffure, de « forme rhomboïdale, enveloppe et retient la chevelure entière sous une riche et « haute résille tout orfévrée de métal et de pierreries. — Ce portrait correspond par-« faitement à l'idée qu'on peut se faire d'un portrait de fiançailles ou de négociations « matrimoniales. Nul chiffre, point d'armoiries ; le modèle ingénu ne s'y blasonne « que de ses traits individuels et de sa beauté. Beauté rare, en effet, rehaussée de la « grâce la plus chaste : la beauté qui s'ignore. Fraîche et pure comme la rose des « champs, longues paupières baissées sur des yeux modestes et muets .. On dirait la « Marguerite allemande avant qu'elle ouvrît l'oreille à de funestes propos. — Ce por-« trait, peint en 1385, représente Isabeau de Bavière. »

On faisait donc des portraits, et même de fort beaux portraits, à la fin du xive siècle ; et, quoi qu'en ait dit M. de Laborde, il est très probable que le très « déver-gondé » duc d'Orléans, pour satisfaire sa galante vanité, se soit plu à offrir, comme modèle aux pinceaux d'un art déjà aussi exquis, les traits charmants des belles et « honnestes » dames dont il avait fait la conquête. Il est même évident que ce prince, toujours épris de la beauté, et que l'histoire nous montre entouré de poètes et de savants, n'aurait su exclure de sa maison des artistes tels que le portraitiste anonyme des fiançailles de Charles VI. D'ailleurs, les relations fréquentes de ce prince avec l'Italie, où son mariage avec Valentine de Milan lui donnait déjà un pied, où il tenta longtemps, par la diplomatie aussi bien que par les armes, de se tailler un royaume, ne le mirent-elles pas à même d'apprécier et d'utiliser, même dans un but de déver-gondage, les heureuses dispositions de cette terre privilégiée des beaux-arts ?

L'autorité de Brantôme, en cette affaire, n'est donc pas si contestable que l'a pré-tendu M. le comte de Laborde. Quant au récit de M. de Barante, il est probable qu'il repose sur celui du docte bénédictin bourguignon, Dom Plancher, auteur de l'*Histoire générale et particulière de Bourgogne*, Dijon, 1731-1748, 4 vol. in-f° (t. 3, p. 254).

histoire ; il était cependant utile, croyons-nous, d'y porter nos investigations, afin d'y démêler les motifs secrets de son lamentable épilogue.

La réconciliation publique des deux princes ne devait donc être qu'apparente et surtout de courte durée, si bien que l'année 1407 s'ouvrit sur le spectacle troublant de leurs querelles renaissantes, de leurs discordes devenues de jour en jour plus vives et plus menaçantes. Leurs courtisans, assidus à les aigrir l'un contre l'autre, compromettaient la paix publique et la sécurité de l'État. Pour remédier à cette situation, les deux oncles du roi, les ducs de Berri et de Bourbon, la reine, le roi de Sicile s'entremettaient sans cesse à les réconcilier. C'étaient tous les jours nouvelles promesses de concorde et d'amitié, puis nouveaux différends ; enfin, vers le milieu de novembre de l'année 1407, on crut les avoir ramenés à de meilleurs sentiments. Le duc d'Orléans était malade à son château de Beauté [1] ; son cousin Jean alla l'y voir et montra tous les signes d'une amitié fraternelle. Lorsque le duc d'Orléans fut rétabli, il vint à Paris. Le duc de Berri mena ses deux neveux entendre la messe aux Grands-Augustins, le dimanche 20 novembre ; en gage de paix, ils communièrent ensemble ; puis le duc de Berri leur donna un grand dîner à son hôtel de Nesle [2], où ils s'embrassèrent devant les

1. Situé à l'extrémité du bois de Vincennes, au sommet du coteau dont la Marne baigne le pied à Nogent, le château de Beauté fut bâti par Charles V sur l'emplacement d'une ancienne résidence de Dagobert. Charles V y mourut. Son fils Charles VI y passa les premiers temps de son mariage avec Isabeau de Bavière qui y fit ses premières couches. Avant de partir pour sa fatale expédition de Bretagne, Charles VI donna, en 1392, ce château à son frère le duc Louis d'Orléans. Charles VII, à son tour, en fit présent à sa maîtresse la belle Agnès Sorel. Une favorite non moins célèbre, la duchesse d'Étampes, l'a possédé postérieurement. Dans le siècle suivant, le château de Beauté ne consistait plus qu'en une seule tour ; mais depuis, la tour elle-même a disparu. On voyait encore le moulin de Beauté, il y a cinquante ans, à l'extrémité occidentale de la charmante petite île de Beauté ; quant au château il n'en restait plus que quelques substructions et quelques voûtes de caves ; le dépôt des locomotives du chemin de fer de Vincennes occupe une partie de son emplacement depuis 1859. M. Jules Cousin, ancien conservateur du Musée et de la Bibliothèque de Carnavalet, habita, avant 1870, une villa qu'il avait fait construire sur l'emplacement d'une autre partie de ce château. Quelques débris de carrelages et diverses poteries trouvés lors des fouilles exécutées pour ces nouvelles constructions sont actuellement exposés au Musée Carnavalet.

2. L'hôtel de Nesles, dont un dessin de Callot et un drame de Dumas et Gaillardet ont illustré le souvenir, était situé à côté des Grands Augustins, sur l'emplacement actuel de l'Institut.

princes, se jurèrent amitié et burent à leur réconciliation. A l'issue du repas, Louis d'Orléans offrit au duc de Bourgogne l'ordre du Porc-Épic, qu'il avait institué en 1393, lors de la naissance de son fils aîné Charles. Il en passa lui-même les insignes (c'était un collier d'or) autour du cou de son cousin. Les trois princes enfin couronnèrent cette journée en s'embrassant « avec des larmes de joie » [1].

Le mardi suivant, 22 novembre, un conseil fut tenu devant le roi à Saint-Pol ; les ducs d'Orléans et de Bourgogne y siégèrent ensemble. Après la séance, suivant l'usage du temps, ils prirent des épices ou confitures de chambre et burent ensemble le vin de congé. Louis invita Jean-sans-Peur à dîner pour le dimanche suivant.

Le lendemain, mercredi 23 novembre, Louis duc d'Orléans périssait assassiné par les ordres de Jean-sans-Peur.

Jamais projets homicides ne furent dissimulés avec plus d'hypocrisie ; jamais lâche vengeance ne fut plus longuement méditée. Depuis six jours Jean-sans-Peur tenait apostés dix-huit assassins dans une maison, à l'enseigne de l'Image de Notre-Dame, située dans la Vieille-rue-du-Temple, entre l'hôtel de Saint-Pol et le logis Barbette, c'est-à-dire sur le trajet même que le duc d'Orléans parcourait fréquemment et où il devait fatalement rencontrer la mort.

Parmi les récits contemporains qui nous sont parvenus au sujet de ce terrible drame, un seul, celui d'Enguerrand de Monstrelet, en donne, à notre avis, les détails les plus complets et les plus précis. Malgré l'accusation de partialité portée peut-être injustement contre ce chroniqueur, sujet et serviteur de la maison de Bourgogne [2], nous n'hésitons pas à reproduire textuellement la majeure partie de son récit, où rien d'ailleurs ne nous paraît justifier cette accusation. Pour l'intelligence de notre étude, cette citation, quoique un peu longue, est indispensable [3].

1. Voir Juvénal des Ursins et la note de M. Vallet de Viriville dans son édition de la *Chronique* de Cousinot précédant la *Chronique de la Pucelle*, pp. 114, 115.
2. « Monstrelet, dit Michelet (*Hist. de France*, t. V, p 165), omet ou abrège ce qui est défavorable à la maison de Bourgogne, ou favorable à l'autre partie. Cela est d'autant plus frappant, qu'il est ordinairement d'un bavardage fatigant ; plus baveux qu'un pot à moutarde, dit Rabelais. »
3. Monstrelet, édit. Douët d'Arcq, t. I, pp. 154 et suiv.

« En ces mesmes jours advint en la ville de Paris la plus dolo-
« reuse et piteuse adventure que en long temps par avant fut adve-
« nue ou très-chrétien royaume de France... C'est assavoir pour
« la mort du duc Loÿs d'Orléans, seul frère germain du Roy de
« France, Charles le Bien-Aymé, VI° de ce nom. Lequel duc estant
« dans la dessusdicte ville de Paris [fut], par ung merquedi, le jour
« de Saint-Clément pape et martir [1], mis à mort piteusement envi-
« ron sept heures du soir. Et fut cest homicide fait et perpétré par
« environ dix-huit hommes, lesquelz estoient logez en ung hostel où
« estoit pour enseigne : *l'Ymage Nostre-Dame*, auprès de la porte
« Barbète. Et là, comme depuis fut sceu véritablement, avoient
« esté par plusieurs jours, en intencion d'acomplir ce qu'ils avoient
« entreprins. Et quant ce vint ce mesmes merquedi, environ sept
« heures comme dit est, envoièrent ung homme nommé Thomas de
« Courtcheuse, qui estoit varlet de chambre du Roy, devers le duc
« d'Orléans, qui estoit alé veoir la Royne en ung hostel qu'elle avoit
« acheté n'avoit guères à Montagu [2], grant maistre d'ostel du Roy,
« et séoit icellui après de la dicte porte Barbète ; et là, d'un enfant
« qui estoit trespassé jeune [3], gisoit, et n'avoit pas encores acompli

1. La fête de saint Clément se célèbre le 23 novembre.
2. Ce passage du récit de Monstrelet nous apprend donc à quel titre Isabeau de
Bavière se trouvait en possession de l'Hôtel Barbette.
3. Isabeau de Bavière avait reçu de la nature ce don vulgaire, mais envié du rang
suprême, la fécondité. Elle eut douze enfants de Charles VI ; cinq de ses enfants
étaient nés avant l'époque fatale où ce prince tomba en démence ; mais à cette
époque il ne lui restait que deux filles, Isabelle et Jeanne, et un fils, Charles de
France, duc de Guyenne, puis dauphin à la mort de son frère aîné. — Charles de
France étant mort en 1400, Louis, son frère, né en 1396, devint dauphin ; il mourut
lui-même après avoir été chef du conseil en 1415, et Jean, duc de Touraine et de
Berri, né en 1398, et mort en 1416, porta pendant quelques mois le titre de dauphin,
qui échut ensuite à Charles VII, cinquième fils de Charles VI. — Le sixième fils de
Charles VI est précisément celui dont il est question dans le récit de Monstrelet ;
né le 11 novembre 1407, il mourut le jour même de sa naissance ; on eut cependant
le temps de l'ondoyer et de le nommer Philippe. — Parmi les filles de Charles VI,
Isabelle épousa Richard II, roi d'Angleterre ; après la mort violente de Richard II,
Isabelle fut mariée au fils aîné du duc d'Orléans, Charles, celui qui fut le père de
Louis XII ; sa sœur Jeanne épousa Jean VI, duc de Bretagne. — Marie, née en 1392, fut
religieuse à Poissy. — Michelle, née en 1394, épousa Philippe-le-Bon, duc de Bourgogne,
fils de Jean-sans-Peur. — Enfin Catherine, née en 1401, fut mariée en 1420 à Henri V,
roi d'Angleterre, qui fut institué, lors de son mariage et contrairement aux droits de
Charles VII, successeur de Charles VI et régent de France.
A propos des conséquences que purent avoir les amours criminelles d'Isabeau de

« sa gésine. Lequel Thomas lui dist pour le décevoir : — « Sire ! le
« Roy vous mande que sans délay venez devers lui et qu'il a à par-
« ler à vous hastivement, et pour chose qui grandement touche à
« luy et à vous. » — Lequel duc, oyant le mandement du Roy,
« icellui voulant accomplir, combien que le Roy rien n'en sçavoit,
« tantost et incontinent monta dessus sa mule, et en sa compaignie
« deux escuiers sur ung cheval [1], et quatre ou six varlets devant et
« derrière, portant torches. Et ses gens, qui le devoient suivir,
« point ne se hastoient ; et aussi il y estoit allé petitement acompai-
« gné, non obstant que pour ce jour avoit dedens la ville de Paris,
« de sa retenue et à ses despens, bien six cens, que chevaliers que
« escuiers. Et quant il vint assez près de celle porte Barbète, les
« dix-huit hommes dessusdiz, qui estoient couvertement armez,
« l'actendoient auprès d'une maison. Si faisoit assez brun pour ceste
« nuit. Et lors incontinent, iceulx, meuz de hardie et oultrageuse
« voulenté, saillirent tous ensemble à l'encontre dudict duc, et en
« y eut ung qui s'escria : « A mort ! à mort ! » et le féry d'une
« hache, tellement qu'il lui coppa le poing tous jus. Et adonc, le
« dit duc, voyant ceste cruelle entreprinse ainsy estre faite contre
« lui s'escria assez hault : « Je suis le duc d'Orléans ! » Et aucuns
« d'iceulx respondirent, en férant sur lui : « C'est ce que nous
« demandons ! » Entre lesquelles paroles la plupart d'iceulx recou-

Bavière, son éloquent biographe, M. Vallet de Viriville s'exprime ainsi : « Isabeau
trahit-elle à ce point ses devoirs qu'elle ait souillé de fruits adultères la dynastie, la
« couche royale dont l'honneur lui était confié? Louis, duc d'Orléans, fut-il le com-
« plice de cet adultère? Tout le dit, mais rien ne le prouve. Assez de scandales sur-
« gissent des annales de cette époque. Laissons donc retomber dans l'ombre du passé
« ce problème insoluble. »

Quoi qu'il en soit, Isabeau de Bavière ne fit point mentir les pronostics des matrones
qui furent chargées de l'examiner avant son mariage. Cette circonstance a inspiré à
Châteaubriand la réflexion suivante : « Il y a des noms qui sont à eux seuls l'arrêt
« des destinées. — « Il est d'usage en France, dit Froissart, que quelque dame,
« comme fille de haut seigneur que ce soit, que l'on veut marier au roi, il convient
« qu'elle soit regardée et avisée toute nue par dames à savoir si elle est propice et
« formée à faire des enfants. » — Du moins les flancs de cette femme qui devait être
« si souvent regardée toute nue, devaient porter Charles VII. »

1. « C'était une habitude du temps, non seulement qu'un cavalier prît une dame
en croupe, mais aussi que deux cavaliers montassent un même cheval. » On sait aussi
comment Charles VI chevaucha incognito à travers les rues de Paris, monté en
croupe derrière son chambellan Savoisy, afin de jouir de l'entrée triomphale de sa
jeune épouse, la reine Isabeau.

« vrèrent et prestement, par force et habondance de corps, fut
« abatu jus de sa mule, et sa teste toute escartelée, en telle manière
« que la cervelle chey sur la chaussée ; et là, le retournèrent et
« renversèrent, et si très terriblement le martelèrent, que là présen-
« tement fut mort et occis très piteusement. Et avecques lui fut tué
« ung jeune escuier alemant de nacion, lequel autrefois avoit esté
« son page, et lequel, quant il vid son maistre abatu, il se coucha
« sur lui pour le cuider garantir, mais rien ne lui valut [1]. Et le che-
« val qui devant lui aloit, à tous les deux escuiers devant ditz,
« quant il sentit ces saquemans armez emprès lui, commença à ron-
« fler et avancer. Et quant il les eut passez il se mist à courre, et
« fust grant espace que ceulx qui estoient sus ne le porent retenir.
« Et quand il fust arresté, ils virent la diete mule de leur seigneur
« qui toute seule couroit après eulx, si cuidèrent qu'il feust cheu
« jus ; et pour ce, la reprindrent-ilz par le frain pour la ramener
« audit duc. Mais quand ils vindrent près de ceulx qui l'avoient
« occis, ilz furent menacez, en disant que se ilz ne s'en aloient, ils
« seroient mis en tel point comme leur maistre. Pourquoy, iceulx
« voians leur seigneur estre ainsi mis à mort, le laissèrent et hastive-
« ment s'en alèrent à l'ostel de la Royne, crians le murdre ! Et
« ceulx qui avoient occis ledit duc, commencèrent à crier à haulte
« voix : « Le feu ! le feu ! » Et avoient leur fait par telle voie
« ordonné [en leur hostel], que l'un d'eulx, tandis que les autres fai-
« soient l'omicide dessusdit, bouta le feu dedens icellui. Et puis, les
« ungs à cheval, les autres à pié, s'en alèrent hastivement où ils
« porent le mieulx, en gectant après eulx chaussetrapes de fer,
« afin qu'on ne les peust suivir ne aler après eulx. Et, comme la
« renommée et fame courut, aucuns d'iceulx alèrent à l'hostel d'Ar-
« tois [2] par derrière, à leur maistre, le duc Jehan de Bourgogne,

1. Ce jeune écuyer s'appelait Jacques de Merres ou plutôt Jacob de Malkeren ; il
était du duché de Gueldre. Deux valets de la fruiterie du duc d'Orléans cherchèrent
aussi à le défendre ; l'un d'eux, Robinet Huppe, fut blessé assez grièvement et se
réfugia dans une maison de la rue des Rosiers chez une chapelière, Amelotte Lavelle ;
l'autre, Guillaume Quidoit, « fut semblablement mutilé ».

2. L'hôtel d'Artois, appelé aussi *hôtel de Bourgogne*, avait appartenu à Marguerite, comtesse d'Artois, mère de Jean-sans-Peur. Il avait été bâti pour le comte

« qui ceste œuvre leur avoit (fait) faire et commendée... Et fut le
« principal conducteur de ce cruel homicide, ung nommé Raoulet
« d'Actonville [1], de nation normant, auquel paravant le duc d'Or-
« léans avoit fait enlever l'office des généraulx, duquel le Roy l'avoit
« pourveu à la prière et requeste du duc Phelippe de Bourgongne
« defunct. Et pour ce desplaisir, advisa le dit Raoulet manière com-
« ment il se pourroit venger d'icellui duc d'Orléans. Ses autres
« complices avecques lui furent Guillaume Courteheuse et Thomas
« Courteheuse, devant nommez, nez de la comté de Guines, Jehan
« de la Mote, et plusieurs autres jusques au nombre dessus dit [2].

Robert d'Artois, frère de Saint-Louis. C'est en 1410 que Jean-sans-Peur fit ajouter
aux défenses déjà très fortes de ce vaste hôtel le donjon qu'on voit encore aujour-
d'hui rue Étienne Marcel. Ce donjon est tout ce qui subsiste de l'ancien hôtel de
Bourgogne, sur l'emplacement duquel on construisit, vers le milieu du xvie siècle,
une salle de théâtre où jouèrent successivement les Confrères de la Passion, les
Comédiens du roi et les premiers acteurs de l'Opéra-Comique. Ce théâtre, qui vit les
débuts de Molière, fut démoli en 1784 : on construisit sur son emplacement la Halle
aux Cuirs qui disparut à son tour pour faire place à la rue Étienne Marcel.

1. Raoul d'Auquetonville. On le trouve ainsi dénommé dans une liste de chevaliers
et d'écuyers qui reçurent, le 1er mai 1400, des houppelandes à la livrée du roi. On
remarque dans la même pièce le nom de Jean d'Auquetonville, sans doute son frère.
Tous deux étaient écuyers. Raoul d'Auquetonville, fils d'un capitaine du château de
Vire, était originaire d'*Auctoville*, aujourd'hui commune de 169 habitants dans la
Manche.

Suivant les *Anciennes chroniques d'Angleterre* de Jean Wavrin, le motif qui
poussa Raoul d'Auquetonville à assassiner le duc d'Orléans fut le désir de se venger de ce prince, qui, non content de lui avoir enlevé sa femme, lui fit ôter l'office de
trésorier général de Normandie. (Voir le texte de ces chroniques dans la publication
qu'en a faite Mlle Dupont pour la Société de l'histoire de France, t. I, pp. 191 et 192.)

D'après la *Chronique normande de* P. Cochon, Raoul d'Auquetonville avait d'abord
proposé au duc Louis d'Orléans de mettre à mort Jean de Bourgogne ; mais lorsque
déjà il avait reçu d'avance le prix du meurtre, Raoul se sentit des remords ou des
scrupules. Il alla trouver le duc de Bourgogne et lui confia ce secret. Il lui déclara
qu'il aimait mieux se « parjurer » vis-à-vis de Louis d'Orléans, que d'assassiner, en la
personne de Jean, le fils de son bienfaiteur. Le duc de Bourgogne alors aurait offert à
Raoul « d'entreprendre l'opposite », à savoir de tuer Louis d'Orléans, ce que Raoul
accepta très volontiers. (Voir la Chronique de P. Cochon, publiée par M. Vallet de
Viriville à la suite de la *Chronique de la Pucelle*, ch. VIII. p. 380). « Cette version
était en quelque sorte la version officielle répandue dans les États de Bourgogne »
(Vallet de Viriville).

2. Pour l'exécution du meurtre du duc d'Orléans, Raoul d'Auquetonville avait
formé une première brigade de trois hommes qui devaient spécialement l'assister :
c'étaient Berthet de Montonnes, dit Holinghet, Jean Idier et Huguenin Idier, frères. —
Une seconde brigade composée de cinq serviteurs ou compagnons : Jean Lormois,
Jean Simonet, Jean Michel, Pierre Baillet et Guillaume de Montdidier, venait à la
suite sous le commandement de Robin de Laictre. — Guillaume de Courteheuse et
Thomas de Courteheuse, frères, et Jean de la Motte qui avait sous ses ordres Guil-

« Et environ demie-heure après ceulx de la famille du dit duc
« d'Orléans quant ils oyrent nouvelles de la mort et occision de
« leur seigneur, tant piteuse, tous pleurèrent, et griefment au cuer
« courroucez, tant les nobles comme non nobles, accoururent à lui,
« et là le trouvèrent mort sur les quarreaulx. Auquel lieu y eut
« grandes lamentacions et regrets des chevaliers et escuiers de son
« hostel, et généralement de tous ses serviteurs, quant ils virent
« son corps ainsi navré, mort et détranché. Et lors, comme dit est,
« en très grande tristesse et gémissements le levèrent et le por-
« tèrent en l'ostel du seigneur de Rieux, mareschal de France, qui
« près de là estoit [1]. Et tost après icellui corps, couvert d'un blanc
« linceul, fut porté près d'ilec en l'église de Saint-Guillaume [2],
« assez honorablement, car c'estoit la plus prouchaine église où il
« avoit été occis. Et tantost après, le Roy de Cécile [3], lors estant
« à Paris, et plusieurs autres princes, chevaliers et escuiers, oyans
« la nouvelle de si cruelle mort, en grands pleurs le vindrent voir
« en la dite église.

laume Séodane, Roillequin de Warl et Guillaume Berclou vinrent se joindre à Robin
de Laictre (*Mémoires de Bouin ou Bauyn* compilés d'après les archives de la Cour
des Comptes de Dijon, ms. de la Bibl. de l'Institut n° 372).

Quatre ans plus tard, les enfants d'Orléans adressèrent au roi une sorte de somma-
tion dans laquelle ils désignaient, comme ayant été consentants et participants de la
mort du duc, Charles de Savoisy, Antoine de Craon, le seigneur de Heilly, Renier
Pot, et d'autres chevaliers. (Voir la *Geste des nobles* de Cousinot, publiée par M. Vallet de Viriville, *Chronique de la Pucelle*, p. 133.) Ajoutons à cette liste le nom d'un
Breton, Olivier Bourgault, exécuté en 1412, à Orléans, comme complice du meurtre.
E. Jarry, *Vie politique de Louis d'Orléans*, Paris, 1890, in-8°, p. 355. — Parmi les
ennemis personnels du duc d'Orléans, quelques historiens désignent un certain marchand italien très opulent, du nom de Digne Responde et créancier du prince
comme ayant poussé activement à l'exécution de ce meurtre, dans le but de se venger de son débiteur insolvable (Vallet de Viriville, *Isabeau de Bavière*, pp. 17 et 18).

1. L'hôtel de Rieux, situé Vieille-rue du Temple, avait son entrée rue des Cinges
(aujourd'hui rue des Guillemites). Il fut habité par le père et le fils, Jean et Pierre de
Rieux, successivement maréchaux de France en 1397 et en 1417. Confisqué par les
Anglais en 1421, sur Pierre de Rieux de Rochefort, il passa en plusieurs mains, fut
morcelé, et il est représenté aujourd'hui, n° 47 de la rue Vieille-du-Temple, par l'hôtel reconstruit pour Amelot de Biseuil, en 1638, sur les dessins de Cottard. Les
ambassadeurs de Hollande l'ont habité ensuite et on l'appelle communément *Hôtel de
Hollande*.

2. « C'est l'église des Blancs-Manteaux. A l'époque qui nous occupe, c'était un
prieuré de Guillemites, religieux suivant la règle de Saint-Benoît, et qui s'étaient
d'abord établis à Montrouge. On les appelait *Blancs-Manteaux* à cause de la couleur
de leur habit. »

3. Louis, duc d'Anjou, roi de Sicile, cousin germain de Charles VI.

« Si fut mis ledit corps en ung sarcus de plomb, et le veillèrent les
« religieux de ladicte église toute la nuit en disant vigiles et psaul-
« tiers, avec lesquels demourèrent ceulx de sa famille. Et le lende-
« main, bien matin, fut par ses gens trouvée la main dudit duc et
« partie de sa cervelle, sur les quarreaulx, laquelle fut recueillie
« et mise au sarcus avecques le corps. Et tost après, tous les princes
« estans oudit lieu de Paris, excepté le Roy et ses enfans, c'est
« assavoir le Roy Loÿs de Cécile, le duc de Berry, le duc de Bour-
« gogne [1], le duc de Bourbon, le marquis de Pont, le conte de Nevers,
« le conte de Clermont, le conte de Vendosme, le conte de Saint-Pol,
« le conte de Dampmartin, le connestable de France [2], et plusieurs
« autres, tant gens d'église comme nobles avec grant multitude de
« peuple de Paris, vindrent tous ensemble à la dite église de Saint-
« Guillaume. Et là, les principaulx de la famille du dit duc d'Orléans
« prindrent son corps avec le sarcus et le mirent hors de ladite
« église, et avec grant nombre de torches allumées, lesquelles por-
« toient les escuiers dudit duc defunct. Et à chascun costé du
« corps, estoient par ordre, faisans pleurs et grans gémissemens,
« c'est assavoir le roy Loÿs, le duc de Berry, le duc de Bour-
« gongne et le duc de Bourbon, chascun d'eulx tenant la main au
« drap qui estoit sur le sarcus. Et après eulx, estoient par ordon-
« nance, chascun selon son estat, les princes, le clergé, les barons,
« tous recommandans son âme à Dieu son créateur, et le portèrent
« en celle manière jusques à l'église des Célestins [3]. Et là, après son
« service fait très solennellement, fut enterré très honorablement
« en une chapelle très excellente, laquelle il avoit fait faire et fon-
« der [4]. Et après icellui service fait et acompli, les princes dessus

1. « Oncques, mais, dit-il à la vue du cadavre, oncques mais on ne perpétra en ce
royaume si mauvais ne si traistre meurtre ! » Voir Bonamy, *Mémoires de l'Académie
des Inscriptions et Belles-Lettres*, t. XXI, p. 535.

2. Charles d'Albret.

3. Une terreur superstitieuse s'empara des assistants lorsqu'ils virent que le sang
coulait encore à travers les ais mal joints de la bière, comme si le mort eût crié vengeance. En ce temps là, où la tradition des jugements de Dieu n'était pas encore
effacée, il suffisait que le sang de la victime se mit à couler en présence de l'accusé
pour le reconnaître coupable (Voir *Essais sur Paris*, de Saint-Foix, t. I, pp. 317 à
319).

4. Le duc d'Orléans avait fondé cette chapelle dans l'église des Célestins, en 1393,

« diz et tous les autres s'en retournèrent chascun en son hostel. Si
« estoient en grant soupçon de savoir la vérité du dessusdit homi-
« cide ainsi fait sur le duc d'Orléans. Et de prime face fut aucune-
« ment soupçonné que messire Aubert de Chauny n'en feust cou-
« pable pour la grant haine qu'il avoit au dit duc à cause de ce que
« audit messire Aubert avoit sa femme soustraicte et emmenée
« avecques lui. Et tant avoit tenu icelle dame en sa compaignie
« qu'il en avoit ung filz [1]... Mais tantost après on sceut la vérité du
« dit homicide, et que le dit Chauny n'en estoit en rien coulpable.
« Et en ce mesme jour, Isabel, la Royne de France, quant elle sceut
« les nouvelles dudit homicide fait tant près de son hostel, conceut
« si grant fraieur et horreur que, posé qu'elle n'eust pas encores
« acompli sa gésine, néanmoins se fist mectre sur une lictière par
« son frère Loys de Bavière, et aultres de ses gens, et se fist por-
« ter à l'hostel de Saint-Pol, en la chambre prouchaine de la chambre
« du Roy, et là se logea pour plus grant seureté...

« Et après le corps dudit duc d'Orléans mis en terre comme dit
« est, s'assemblèrent tous les princes en l'hostel du Roy Loys [2]
« avec le conseil royal et aultres gens de justice, aulquelz fut com-
« mandé par lesdis seigneurs qu'ils feissent bonne diligence d'en-
« querre se par nulle voye on pourroit parcevoir qui avoit esté l'ac-
« teur, ne les complices de faire ceste besongne. Et avec ce, fut
« ordonné que toutes les portes de Paris, réservé deux, feussent
« fermées, et que icelles deux feussent bien gardées pour savoir qui
« en ystroit.

« Et le lendemain qui fut le vendredi se rassembla ledit conseil

en expiation de l'imprudence dont il avait été coupable lors de cette sinistre masca-
rade du *Bal des Ardents* où plusieurs seigneurs périrent brûlés tout vifs, et qui fail-
lit coûter la vie au roi et détermina une rechute de sa folie. — Inhumé dans cette
chapelle, le 25 novembre 1407, il y attendit près de cent ans le tombeau que son
petit-fils, Louis XII, lui fit élever ainsi qu'à sa femme Valentine et à leurs deux fils.
Charles et Philippe.

1. La femme d'Aubert de Chauny fut Mariette d'Enghien, mère du fameux bâtard
d'Orléans, le comte de Dunois. Nous renvoyons les amateurs d'anecdotes gaillardes
au récit que fit le médisant Brantôme de l'audacieuse façon dont le duc d'Orléans
s'avisa un jour de jouer le mari trompé. (*Vies des dames galantes*, discours 1er.)

2. L'hôtel du roi Louis de Sicile s'appelait l'hôtel d'Anjou et était situé rue de
la Tixeranderie (Sauval, t. III, p. 305).

« en l'hostel du Roy à Saint-Pol, ouquel lieu estoient le Roy Loys
« de Cécile, les ducs de Berry, de Bourgongne et de Bourbon et
« moult d'aultres gens de grant seigneurie. Et tantost après vint
« là le prévost de Paris[1], auquel le duc de Berry demanda quelle
« diligence il avoit faicte sur la mort de si grant seigneur comme
« le seul frère du Roy. Lequel prévost respondi qu'il en avoit faicte
« la plus grande diligence qu'il avoit peu, mais encores n'en povoit
« savoir la vérité ; disant que se on le laissoit entrer dedens les hos-
« telz des serviteurs du Roy et aussi des autres princes, par adven-
« ture, comme il créoit, trouveroit-il la vérité des acteurs ou des
« complices. Et lors, le Roy Loys, le duc de Berry et le duc de
« Bourbon lui donnèrent congié et licence de entrer partout où bon
« lui semblerait. Et adonc, le duc Jehan de Bourgongne oyant la
« licence octroiée par iceulx seigneurs au prévost de Paris, eut doub-
« tance et crainte, et pour ce, tira à part le roy Loys et le duc de
« Berry son oncle, en brief leur confessa et dist que, par l'introduc-
« tion du dyable, il avoit fait faire cet homicide par Raoulet d'Ac-
« tonville et ses complices. Lesquelz seigneurs, oyans ceste con-
« fession, eurent si grant admiracion et tristesse au cuer, qu'à peine
« lui porent ils donner response. Et ce qu'ils lui en donnèrent, ce
« fust en lui très grandement réprouvant la condition et manière
« du très cruel homicide ainsi par lui perpétré en la personne de son
« propre cousin germain. Et après qu'ils eurent oÿ la cognoissance
« dudit duc de Bourgongne retournèrent devers le conseil et ne des-
« claireront point prestement ce qu'il leur avoit dit...

« Lendemain qui fust le samedi, environ dix heures devant nonne,
« furent les seigneurs devantdiz assemblés en l'hostel de Neele, où
« estoit logié le duc de Berry, pour tenir le conseil royal. Ouquel
« lieu, pour estre à icellui conseil, vint le duc de Bourgongne, ainsi
« qu'il avoit acoustumé, en sa compaignie, le conte Waleran de
« Saint-Pol. Mais quant il vint pour entrer dedens, son oncle le
« duc de Berry lui dist : « Beau nepveu ! n'entrez point au conseil
« pour ceste fois. Il ne plaist mie bien a chascun que vous y soiez. »

1. Guillaume de Tignonville.

« Et sur ce, le dit duc de Berry rentra dedens, et fist tenir les huis
« fermez ainsi qu'il avoit esté ordonné par le dit conseil... Le dit
« duc de Bourgongne, en grant doubtance, retourna en son hostel
« d'Artois. Et afin qu'il ne feust prins ne arrêté, sans délay monta à
« cheval avec six de ses hommes seulement en sa compaignie, et se
« parti par la porte Saint-Denys, et hastivement chevaucha en pre-
« nans auscuns chevaulx nouveaulx, sans arrêter en nulle place,
« jusques à son hostel de Bapeaumes. Et quant il eust ung petit
« dormy, il s'en ala sans délay à Lisle en Flandres. Et ses gens qu'il
« avoit laissez oudit lieu de Paris, le suivirent le plus tost qu'ils
« porent, doubtans d'estre arrestés et prins. Et pareillement, Raou-
« let d'Actonville et ses complices, leurs vestements changez et
« déguisez, se partirent de Paris par divers lieux, et tous ensemble
« s'en alèrent loger dedens le chastel de Lens en Artois, par
« l'ordonnance dudit Jehan de Bourgongne, leur maistre et sei-
« gneur...

« Si fut lors dénoncé par toute la cité de Paris et tout commun,
« que le dit duc de Bourgongne avoit fait faire cest homicide. Dont
« le peuple de Paris, qui n'estoit pas bien content du dit duc d'Or-
« léans, et point ne l'avoient en grâce pour ce qu'ilz entendoient que
« par son moien les tailles et aultres subsides s'entretenoient,
« commencèrent à dire l'un à l'autre, en secret : « *Le baston noueux*
« *est plané !...* »

Martial d'Auvergne, dans ses *Vigiles de la mort du roi Charles
VII*, a présenté une relation rimée très sommaire de l'assassinat
du duc d'Orléans [1] ; en voici le texte, il est remarquable par sa froide
et naïve simplicité :

> Ce an, la veille Saint-Clément.
> Sur la nuyt qu'on ne voyait goutte,
> Le duc d'Orléans chaudement
> Eut quatre coups mortelz de route:

1. Martial d'Auvergne, littérateur et poëte, né à Paris en 1440 et mort en 1503 ; ses *Vigiles de la mort du roi Charles VII* ont été publiées pour la première fois à Paris en 1493, in-f° ; on les retrouve dans le *Recueil des poésies* de cet auteur, imprimé à Paris en 1724, 2 vol. in-8°.

Auprès de la porte Barbette
Qu'il ne s'en doubtoit nullement ;
Si fut sa sépulture faitte
Et mourut bien piteusement.
Le lendemain y eut grant deuil
Et fut à Paris inhumé
En grant service et appareil
Ainsi qu'il est accoustumé.

———

CHAPITRE IV

Jusqu'à présent, les causes de l'assassinat du duc d'Orléans,
aussi bien que les circonstances qui l'accompagnèrent, paraissent
trop bien établies et suffisamment connues pour nous permettre d'y
revenir plus longuement. Mais pour ce qui est du lieu exact, précis, où
ce tragique événement s'accomplit, il nous a semblé qu'il était nécessaire d'apporter un supplément de lumière et d'information. A première vue, cette question de cadre et de lieu peut n'offrir qu'un
bien faible intérêt; elle a cependant une réelle importance en ce
qui concerne tout particulièrement la restitution topographique
d'un coin de notre vieux Paris.

Nous avons vu, dans le récit de Monstrelet, que, le soir même
du crime, dès que la nouvelle en parvint en haut lieu, le prévôt de
Paris, Guillaume de Tignonville, fut chargé par le conseil des
princes d'ouvrir aussitôt une prompte enquête afin de découvrir les
meurtriers au plus tôt, lorsque, le surlendemain, les aveux inatten-
dus du duc de Bourgogne vinrent couper court à ces recherches,
devenues désormais inutiles.

Les dépositions qu'avaient déjà recueillies les examinateurs du

Châtelet commis à cet effet, n'en furent pas moins l'objet d'un rapport que le prévôt de Paris remit au connétable Charles d'Albret, qui le conserva sans avoir l'occasion d'y donner suite [1]. Ce n'est réellement que vers le milieu du siècle dernier que ce document, resté jusqu'alors oublié, a été mis en lumière pour la première fois : cette intéressante exhumation a été faite par le savant académicien Bonamy dans son *Mémoire sur le lieu, les circonstances et les suites de l'assassinat du duc d'Orléans*, qu'il lut à l'Académie des Inscriptions et Belles-Lettres le 3 septembre 1748 [2].

Or, d'après le mémoire de Bonamy, ce lugubre événement se serait passé en face du logis du maréchal de Rieux, dont l'emplacement est aujourd'hui marqué par l'ancien hôtel de Hollande qui a son entrée au numéro 47 actuel de la rue Vieille-du-Temple ; tandis que, suivant nous, le fait aurait eu lieu dans l'endroit qui sert à présent de passage au numéro 38 de la rue des Francs-Bourgeois. Mais la version de Bonamy a fait tellement autorité qu'elle a été adoptée par tous les historiens qui ont traité après lui du même sujet, notamment Millin, Henri Martin, Michelet, Vallet de Viriville, etc.

Dans la démonstration de sa thèse, Bonamy s'appuie tout d'abord sur un récit écrit le jour même du crime, ou tout au moins le lendemain, et reproduites parmi les pièces justificatives de l'*Histoire de la Ville de Paris*, de Félibien et Lobineau, qui sont intitulées *Extraits de différents registres du Parlement* [3]. Le registre d'où ce document est tiré n'est autre que le *Journal* du greffier Nicolas de Baye publié, il y a quelques années par M. Alexandre Tuetey [4]. Voici, en partie, ce que dit ce récit :

« Mercredy, xxiij[e] jour de novembre [1407], ce jour, au soir,

1. Le manuscrit original du rapport d'enquête du prévôt de Paris se trouve aux Archives de la préfecture des Basses-Pyrénées (série E, *famille d'Albret*). Dans la *Bibl. de l'École des Chartes*, VIe série, t. I, pp. 215 à 249, M. P. Raymond a publié *in extenso* ce curieux document dont il existait déjà à Paris deux copies manuscrites : l'une à la Bibl. Nat., collection Doat, qui a été prise sur l'original ; l'autre à la bibl. de l'Institut, prise sur la copie de Doat.

2. *Mémoires de l'Académie des Inscriptions et Belles-Lettres*, série ancienne, t. XXI, p. 515.

3. Félibien et Lobineau, *Hist. de la ville de Paris*, t. IV, pp. 551-552.

4. *Journal de Nicolas de Baye* (édit. A. Tuetey pour la Soc. de l'Hist. de France). Paris, 1885, 2 vol. in-8°, t. I, pp. 206-207.

« environ huit heures, messire Loïz, fils du roi Charles V[e] et frère
« germain du roy Charles régnant de présent, duc d'Orléans, comte
« de Valois, etc., en revenant de l'hostel de la Royne, qui est prés
« de la porte Barbette, vers l'église des Blancs-Manteaus, accom-
« paigné moult piteusement selon son estat, c'est assavoir de trois
« hommes à cheval et de deux à piet à une ou deux torches, devant
« l'ostel du mareschal de Rieux, en son aage de trente-six ans ou
« environ, fust par huict ou dix hommes armez qui estoient mussez
« en une maison appelée l'ymage Nostre-Dame, estant devant
« l'hostel dudit mareschal, et où les diz hommes avoient habité et
« conversé repostement [1] par huit ou quinze jours, tué et murtri…
« etc… » Ce qui signifie à nos yeux que, comme le corps du duc
d'Orléans avait été transporté à l'hôtel de Rieux, on a bien pu croire,
dans le moment, que le meurtre avait été commis à sa porte.

Bonamy invoque enfin, et tout particulièrement, les témoignages
contenus dans le rapport d'enquête du prévôt, notamment les dépositions de deux personnes logeant à l'hôtel de Rieux : Jacquette
Griffart, la femme d'un cordonnier, et Drouet, serviteur de Henri
du Chastelier, échanson du duc d'Orléans. Mais Bonamy confesse
son étonnement de ne point trouver, parmi toutes les dépositions,
celle de Henri du Chastelier ni celle de l'écuyer Jean de Rouvray,
habitant aussi, l'un et l'autre, l'hôtel de Rieux, puisque, suivant le
témoignage de Drouet, ces deux personnages étaient avec lui à
une fenêtre, à regarder ce qui se passait au dehors. Peut-être ne
voulurent-ils point déposer, ou, ce qui est plus probable, n'avaient-
ils rien à déposer, pour la bonne raison qu'ils n'avaient rien pu voir.

Quoi qu'il en soit, le rapport d'enquête du prévôt ne contient que
des dépositions incohérentes et confuses de petites gens, faciles à
intimider, tout autant qu'à se gonfler d'importance, paraissant dire
ce qu'on a voulu leur faire dire, ou grossissant à plaisir, sinon ima-
ginant, les racontars et les commérages de la rue. Pourquoi n'avoir
pas aussi bien recueilli les témoignages de gens plus élevés en
situation ? Leurs dépositions eussent-elles été compromettantes et

---

1. Repostement, en cachette.

dangereuses pour le parti qu'on désirait ménager? Redoutait-on donc de se heurter à la preuve des graves soupçons que la rumeur publique avait déjà répandus? Savait-on déjà en haut lieu à quoi s'en tenir sur les conclusions auxquelles devait aboutir l'enquête? Enfin, soupçonnait-on déjà la main qui avait conduit les coups des assassins, et craignait-on de le révéler ? C'est très probable, tant le duc de Bourgogne s'était rendu redoutable par la puissance de son parti et la popularité qu'il s'était acquise en dénonçant publiquement, sans cesse, les ruineuses prodigalités du duc d'Orléans, son rival politique.

Mais cette enquête ne devait point aboutir, puisque le vendredi 25 novembre, c'est-à-dire le surlendemain de son crime, entendant au conseil des princes qu'on venait enfin d'octroyer au prévôt l'autorisation de poursuivre ses instigations jusque dans les hôtels des principaux officiers de la couronne et même jusque dans ceux des princes, et prévoyant ainsi que tout allait être bientôt découvert, le duc de Bourgogne faisait les aveux les plus complets. Ces aveux rendaient donc entièrement inutile toute nouvelle poursuite d'enquête ; aussi trouve-t-on le rapport du prévôt interrompu justement à la date même du 25 novembre. Ainsi tronquées, les informations de cette enquête deviennent pour l'histoire des documents inexacts par leur insuffisance même : et, quelque circonstanciés qu'en paraissent certains détails, on ne saurait accorder à ces informations le même degré d'authenticité, la même valeur de précision qu'au récit d'Enguerrand de Monstrelet, établi d'après des sources mieux choisies, plus certaines, d'après des investigations moins hâtives et plus complètes.

Écrivain du parti bourguignon, Enguerrand de Monstrelet devait être, en effet, très bien renseigné sur le lieu et les circonstances de la mort du duc d'Orléans, si bien que Bonamy déclare qu'il faut s'en tenir à cet égard au récit de ce chroniqueur. Mais alors, pourquoi Bonamy n'a-t-il pas prêché d'exemple en adoptant le récit de Monstrelet de préférence à tout autre?

Or, suivant le conseil de Bonamy plutôt que son exemple, si l'on s'en tient au récit de Monstrelet, on y trouve justement que c'est

avant d'avoir atteint la porte Barbette, que le duc d'Orléans fut
assailli par ses meurtriers, témoin ce passage : « Et quant il vint
« assez près de celle porte Barbète, les dix-huit hommes dessusdiz,
« qui estoient couvertement armez l'attendoient auprès d'une mai-
« son... Et lors, incontinent, iceulx meuz de hardie et oultrageuse
« voulenté, saillirent tous ensemble à l'encontre du dit duc, et en y
« eut ung qui s'escria : « A mort! à mort! » et le féry d'une hache,
« tellement qu'il lui coppa le poing tout jus, etc., etc... » Sur ce
point, comme sur bien d'autres d'ailleurs, Monstrelet est bien d'accord avec le Religieux de Saint-Denis. En effet, voici comment, en
cette circonstance, s'exprime ce dernier : « La veille donc de la
« Saint-Clément, comme le duc sortait vers le soir de chez la Reine,
« où il avait soupé joyeusement, et s'en retournait accompagné de
« cinq personnes seulement, à l'hôtel Saint-Paul... *A peine le duc*
« *fut-il dans la rue* qu'il se vit enveloppé tout à coup par dix-sept
« assassins. Au même instant, Raoul, leur chef, transporté d'une
« rage vraiment diabolique, lui abattit la main gauche d'un seul
« coup de sa hache, puis lui asséna sur le crâne un autre coup qui
« donna la mort à cet illustre prince... [1] »

Dans aucun de ces deux récits, pas plus que dans bien d'autres
chroniques de ce temps, telles que celles de Juvénal des Ursins [2] et
de Cabaret d'Oronville [3], il n'est dit que le duc d'Orléans fut assassiné devant l'hôtel de Rieux. Monstrelet dit seulement que son corps
fut transporté à l'hôtel du maréchal de Rieux par les serviteurs de
la maison de cet infortuné prince, qui n'apprirent la nouvelle du
meurtre qu'environ une demi-heure après sa perpétration. Quant au
lieu même de l'embuscade où vint tomber le duc d'Orléans, le récit
de Monstrelet vient bien de nous indiquer, sans plus de désigna-
tion, que c'est en arrivant près de la porte Barbette que ce prince
fut assailli par ses assassins qui « l'attendoient auprès d'une maison. » Si cette maison avait été aussi bien celle de l'Image Notre-

1. *Chronique du religieux de Saint-Denis*, traduite et publiée par L. Bellaguet,
t. III, p. 732.
2. Jean Juvénal des Ursins, *Histoire de Charles VI* (Panthéon littéraire), p. 437.
3. Cabaret d'Oronville, *Vie de Louis de Bourbon* (Ibid.), p. 192.

Dame, située en deçà de la porte Barbette et vis-à-vis de l'hôtel de Rieux. Monstrelet n'aurait pas manqué de l'indiquer, puisqu'il en parle un peu plus loin, pour dire que, suivant le plan que les meurtriers y avaient arrêté d'avance, l'un d'eux y mit le feu pendant que les autres accomplissaient plus loin leur homicide : habile stratagème de diversion, du reste, ayant pour but de détourner l'attention publique du lieu du meurtre et de la direction de la retraite des coupables.

Il est bien exact que la maison à l'Image Notre-Dame se trouvait juste en face de l'hôtel de Rieux ; mais pour cette raison seule, l'endroit eut été bien mal choisi pour y tendre une embuscade. Que les assassins aient occupé cette maison pour se tenir plus à portée des allées et venues de celui qu'ils guettaient, cela ne fait point l'ombre d'un doute. Il paraît, d'ailleurs, qu'ils n'eurent guère le choix en cette occurrence, car d'après le rapport d'enquête du prévôt, ils n'auraient guère trouvé, dans le quartier, que cette maison de disponible pour les loger tous ensemble et abriter leurs conciliabules.

Mais ce qu'on ne saurait comprendre ni admettre, c'est que les assassins aient choisi précisément cet endroit pour exécuter leur criminelle besogne : c'est-à-dire ostensiblement, sous les fenêtres mêmes du maréchal de Rieux, un allié fidèle et dévoué du duc d'Orléans, à une heure aussi peu avancée de la nuit, car il était à peine huit heures du soir et les boutiques de la rue n'étaient point encore closes ; tandis que un lieu désert, écarté, où ils étaient certains que devait passer la victime désignée à leurs coups, leur convenait beaucoup mieux pour l'attendre dans l'ombre et la frapper plus sûrement. Cet endroit propice à leur abominable entreprise, ils l'avaient donc trouvé et mis à profit : il était situé non pas contre la maison à l'Image Notre-Dame, mais à quelques pas en dehors de la porte Barbette, à l'extérieur de la vieille enceinte de la ville.

Il y avait alors, en sortant de la porte Barbette et en tournant immédiatement à main droite, un chemin assez désert, conduisant à la Culture-Sainte-Catherine. Là ne s'élevaient encore que les maisons dites d'aumône, qu'habitaient de pauvres gens appelés francs-bourgeois, avec lesquels nous ferons plus ample connaissance dans un prochain chapitre. Enfin, ce chemin était précisément la rue des Poulies dont nous avons précédemment expliqué le vocable, et que traversait alors la ruelle ou allée des Poulies dont nous avons aussi parlé. Au xvᵉ siècle, on retrouve celle-ci sous le nom d'*allée aux Arbalétriers* parce qu'elle conduisait à un champ qui longeait les vieux murs de Philippe-Auguste et servait de lieu d'exercice aux Arbalétriers de la ville. Aussi, appelait-on cet endroit le *champ aux Arbalétriers*; il s'étendait depuis le derrière des maisons de la Vieille-rue-du-Temple, jusqu'à la culture Sainte-Catherine. Cet emplacement fut donné aux arbalétriers de la ville par Charles V en 1379 [1].

Dans un autre titre du Temple en date du 13 décembre 1414, il est dit que c'est par cette allée qu'on allait à la porte du bout des jardins de l'hôtel du vicomte de Melun, comte de Tancarville, grand chambellan de Charles VI [2]. Il ne nous parait pas douteux que le mur, dans l'épaisseur duquel cette porte était pratiquée, n'était autre que la dite vieille muraille d'enceinte.

Ainsi coupée en deux tronçons par la rue des Poulies, l'allée des Arbalétriers aurait aujourd'hui sa direction indiquée, d'une part, par la rue des Hospitalières-Saint-Gervais ; d'autre part, par l'impasse du nᵒ 38 de la rue des Francs-Bourgeois.

Mais d'autres titres du xvᵉ siècle nous apprennent aussi que l'allée des Arbalétriers aboutissait justement à certaine issue de l'hôtel Barbette, qu'on appelait la porte aux Arbalétriers [3]. Ainsi, pour gagner cette issue, fallait-il, après être entré rue des Poulies,

---

1. Sauval, *loc. cit.*, t. Iᵉʳ, p. 170; t. II, p. 693 ; t. III, p. 659. — Jaillot, *loc. cit.*, t. III, Quartier Saint-Antoine, p. 123. — Bouquet, *Mémoire historique et critique sur la topographie de Paris*, Paris, 1771, in-4, p. 212. — Bonnardot, *Dissertations sur les enceintes de Paris*. Paris, 1852, in-4. p. 81. — *Arch. nat.*, S 5072ᵃ, nᵒ 19 de la 65ᵉ liasse (1449). — *Arch. nat.*, S 5073ᵇ, nᵒ 39 (1414). — En 1390, les arbalétriers furent transférés entre les rues Saint-Denis et Montorgueil, à l'extérieur et au long du vieux rempart de Philippe-Auguste, où ils restèrent jusqu'en 1604. Ils s'établirent dès lors près de la porte Saint-Antoine sur les nouveaux remparts, au bastion d'Ardoise.

2. *Arch. nat.*, S 508²ᵃ, fᵒ 86 vᵒ. — L'hôtel de Tancarville, auparavant hôtel du roi de Sicile, puis de Longueville, comte de Saint-Pol, puis de Chavigni, de Bosmelet, de La Force, enfin prisons de la Grande et de la Petite Force ; détruit et traversé par la rue Malher.

3. *Arch. nat.*, MM 134 (1447), S 5082ᵃ, fᵒ 41 vᵒ (1467) ; S 5544, fᵒ 146 vᵒ (1466).

prendre à main gauche l'allée des Arbalétriers ; puis on laissait à droite les maisonnettes des Francs-Bourgeois, tandis qu'on longeait à gauche les jardins et les derrières de plusieurs logis qui avaient leurs pignons tournés sur la partie extra-muros de la Vieille rue du Temple, alors désignée, comme nous l'avons déjà dit, sous le nom de rue Barbette. Voici, suivant leur ordre d'emplacement, quels étaient ces logis au temps d'Isabeau de Bavière. Pour commencer, c'étaient les deux anciennes maisons de Bernard de Bonnieres, dont l'une faisait le coin de la rue des Poulies, auquel coin devait être accrochée, près d'un siècle plus tard, la jolie tourelle qu'on y peut encore admirer : les deux maisons de Bernard de Bonnières étaient, par voie d'acquisition, passées aux mains du bourgeois Fleuret Carré, depuis 1401 [1]. Puis, venaient, immédiatement après, trois masures contiguës, qui avaient appartenu, en 1376, la première à Raoul Fouques, la suivante à Ysembert le Chou, et la dernière à Robin-le-Sorcier [2]. Puis, toujours en suivant, c'était la maison à l'enseigne de la Faulx, que détenait alors un chambellan maître-d'hôtel de la reine Isabeau, le chevalier Loys de Villiers [3]. Enfin, c'était la vieille hôtellerie du Moulinet que le drapier Jehan Auclou avait acquise de Jehan Lombart, le 14 février 1390, moyennant 25 francs d'or, pour y tenir profession d'hôtellier [4]. Cette hôtellerie tenait d'une part à la maison de Loys de Villiers, et d'autre part à une « masure » qui faisait partie de l'hôtel Barbette ; par derrière il y avait un jardin qui dépendait de la dite hôtellerie et attenait au mur où se trouvait « la grand' porte du chemin des Arbalétriers [5] ».

Il est maintenant facile d'établir sûrement que c'est par cette porte même de derrière et son allée d'accès que le duc d'Orléans passait de préférence, par mesure de prudence et de discrétion, lors-

<hr>

1. *Arch. nat.*, S 5544 f° 144 v°.

2. *Ibid.*, S 5586.

3. *Ibid.*, S 5082¹, f° 129 et S 5072ᵃ, n° 11 de la 65ᵉ liasse. — La maison de Loys de Villiers figure dans les comptes des confiscations faites à Paris, en 1421, par les Anglais : les comptes de confiscations de 1423 à 1427 indiquent cette maison comme appartenant au fils de Loys de Villiers (Sauval, t. III, p. 288 et 303).

4. *Arch. nat.*, S 5595, f° 142 r°.

5. *Ibid.*, S 5082¹, f° 129 ; S 5072ᵃ, n° 11 de la 65ᵉ liasse ; et S 5586.

qu'il se rendait à l'hôtel de la reine ou qu'il en sortait. Pour se dérober aux regards des curieux, cet itinéraire convenait beaucoup mieux au galant prince, que la vieille rue Barbette, alors très fréquentée. Aussi, les assassins qui, depuis plusieurs jours, épiaient ses allées et venues, pour l'atteindre et le frapper dans l'ombre, ne pouvaient-ils choisir d'endroit plus favorable que cette allée des Arbalétriers, ordinairement déserte, et dont aucune lumière pendant la nuit ne venait troubler les ténèbres. En effet, c'est bien là que, dans la soirée du 23 novembre 1407, quittant presque sans escorte l'hôtel de la reine pour se rendre à l'hôtel Saint-Pol, le duc d'Orléans tomba sous les coups de ses meurtriers, au moment où, pour atteindre la porte Barbette, il allait tourner à droite par la rue des Poulies. Cet horrible assassinat n'eut donc pas lieu, ainsi qu'on l'a prétendu jusqu'à présent, dans la Vieille-rue-du-Temple, pas plus que dans la rue Barbette, bordées alors, l'une et l'autre, de riches hôtels qu'habitaient des officiers de la maison du roi, et dont le proche voisinage ne pouvait que gêner les projets des assassins.

Il y avait notamment, dans ces parages, l'hôtel de sire Hervé de Mauny, chevalier, seigneur de Thorigny, chambellan du roi et du duc d'Orléans, qui était situé au coin de la vieille rue Barbette et d'une ruelle allant à la culture Sainte-Catherine [1], et dont le jardin attenait à l'hôtel de la reine [2]. A partir du coin de la rue de Paradis, plusieurs corps de logis, s'étendant le long de la rue Barbette jusqu'en face même de l'hôtel d'Isabeau de Bavière, étaient occupés

---

1. Cette ruelle reçut, depuis lors, le nom de rue de Thorigny qu'elle échangea, au XVIᵉ siècle, contre celui de rue de la Perle, emprunté à l'enseigne d'un tripot fameux ; elle a été aussi appelée rue de Paradis, ou plutôt du petit Paradis, du nom d'une enseigne ; mais cette dernière dénomination a été plus longtemps portée par la rue du Parc-royal, qui forme presque le prolongement de la rue de la Perle. Quant au nom de Thorigny, il est resté attaché à la petite rue qui forme un retour d'équerre avec la rue de la Perle pour joindre la rue de Belleyme.

2. En disant, d'après les comptes de confiscations anglaises de 1423 à 1427, que ce jardin attenait à l'hôtel de la reine Blanche, Sauval (t. II, p. 244 et t. III, p. 203) entend parler d'Isabeau de Bavière et de son hôtel : car Isabeau étant veuve depuis 1422, on lui donnait suivant l'usage le nom de reine Blanche : les reines de France veuves portaient le deuil de leurs époux en blanc. D'ailleurs, Sauval désigne encore l'hôtel Barbette sous le nom d'hôtel du duc de Bretagne (t. III, p. 288 et 653). Or, nous verrons plus loin que le duc de Bretagne fut en effet le successeur d'Isabeau de Bavière à l'hôtel Barbette.

Le quartier Barbette. 5

par messire Henry de Lisaac, valet de chambre de Charles VI et garde de son épargne [1]. A l'angle opposé de la rue de Paradis, Hémon Ragnier, argentier de la reine, possédait une maison dont les dépendances touchaient les Blancs-Manteaux [2]. Au coin de la rue des Poulies et de la rue Barbette, vis-à-vis des maisons de Bernard de Bonnières, le dit Hemon Raguier détenait encore une maison dite à la Fleur-de-Lys, que sept ans plus tard il vendit au trésorier Jehan Le Blanc [3]. La maison à la Fleur de Lys aboutissait, par derrière, au tronçon de la petite allée des Arbalétriers qui conduisait à la porte du bout des jardins de l'hôtel de Tancarville [4]. Tout près de là, nous venons de dire que la demeure du chevalier Loÿs de Villiers, jadis la maison à l'enseigne de la Faulx n'était séparée de l'hôtel Barbette que par l'hôtellerie du Moulinet. Indépendamment de l'hôtel du maréchal de Rieux, il faut encore mentionner les fastueux hôtels de Novion et de La Rivière qui s'ouvraient sur la rue de Paradis, non loin de l'hôtel de Clisson et dont la proximité contribuait, pour une grande part, à l'animation habituelle qui régnait aux abords de la porte Barbette.

Or, en établissant que le duc d'Orléans a été assassiné dans cette partie de l'allée des Arbalétriers qui attenait à l'hôtel Barbette et est devenue l'impasse qui s'ouvre aujourd'hui au numéro 38 de la rue des Francs-Bourgeois, nous restons donc en parfaite concordance avec le récit de Monstrelet, où il est dit que ce prince fut assailli par ses meurtriers avant d'avoir atteint la porte Barbette, et le récit de Monstrelet est bien, sur ce point, d'accord avec la chronique du religieux de Saint-Denis, racontant que c'est, étant à peine sorti de l'hôtel Barbette, que le duc d'Orléans trouva la mort. Il devient même évident que, pour se rendre au lieu désigné pour l'exécution de ce meurtre et ne point donner l'éveil aux gens de la rue, les assassins sortirent de la maison à l'Image Notre-Dame non point par le devant, mais par les jardins qui y aboutissaient derrière,

1. *Arch. nat.*, S 5586 et 5587 [1], et MM 133.
2. Sauval, *loc. cit.*, t. III, p. 302.
3. *Arch. nat.*, S 5082 [1], f° 86 v°.
4. *Ibid.*, id.

effectuant cette sortie par escalade ou au moyen d'échelles, pour franchir les murs qui leur faisaient obstacle : c'est-à-dire de la même façon qu'ils y seraient entrés, pour les mêmes raisons de prudence et de précaution, ainsi que l'insinue d'ailleurs le rapport d'enquête du prévôt d'après la déposition du boulanger Simon Cayn, voisin de cette maison [1].

Enfin, nous ne craignons pas de le déclarer, nos conjectures se trouvent en rapport avec la tradition du quartier, où les bonnes gens ne parlent de l'impasse du numéro 38 de la rue des Francs-Bourgeois que comme d'un lieu mystérieux, où dans le temps jadis se serait accompli un lamentable et tragique événement. Ceux qui prétendent en savoir un peu plus long disent bien que c'est là que le duc d'Orléans fut occis par Jean-sans-Peur; mais il ne faut pas leur en demander davantage. D'aucuns affirment, enfin, avoir vu cela imprimé quelque part, sans pouvoir cependant, désigner le livre précieux où ils ont lu cette révélation [2].

A côté de cette tradition, en voici une autre qui trouve ici sa place ; mais bien que la mort d'un prince illustre en soit, dit-on, également résultée, cette dernière tient néanmoins beaucoup moins de l'histoire que de la légende ou du roman ; elle a bien l'avantage d'avoir été imprimée plusieurs fois, malheureusement les différents auteurs qui l'ont publiée n'ont produit à l'appui aucune indication de source et d'origine. Or, cette anecdote, que prudemment nous enregistrons seulement sous bénéfice d'inventaire, rapporte qu'il y avait vers cette partie de la rue Vieille-du-Temple, qui alors s'ap-

---

1. *Bibliothèque de l'École des Chartes*, VIe série, t. I, p. 240.

2. Pour notre part, nous ne connaissons encore qu'un seul document imprimé affirmant, sans indication de source, il est vrai, que le duc d'Orléans fut assassiné dans l'impasse de la rue des Francs-Bourgeois ; il existe dans l'ouvrage intitulé *Les rues de Paris* (Paris, Nadaud, 1891, in-f°, 3e livraison, p. 121), actuellement en cours de publication ; malheureusement l'auteur fait confusion en faisant passer cette impasse pour une dépendance de l'hôtellerie Notre-Dame. Il aurait été moins dans l'erreur s'il avait dit hôtel de Notre-Dame, parce qu'on a appelé aussi l'hôtel d'Isabeau de Bavière, l'hôtel de Notre-Dame, abbréviation de l'hôtel de la reine Notre-Dame ; car de même qu'on disait le roi Notre Sire, on disait la reine Notre-Dame. Quant à placer là l'hôtellerie de l'Image Notre-Dame, ce serait une plus grande erreur, puisqu'il est indubitablement établi, preuves et documents à l'appui, que cette hôtellerie se trouvait en face de l'hôtel de Rieux, dont l'emplacement est actuellement marqué au n° 47 de la rue Vieille-du-Temple.

pelait Barbette, certaine maison à l'Image Notre-Dame (c'est-à-dire ornée d'une statuette de la Vierge), où brûlait perpétuellement une lampe votive, en expiation du meurtre du duc d'Orléans, et que cette lampe, placée vis-à-vis du lieu où le duc d'Orléans était tombé sous les coups de ses assassins, y avait été mise par Brulart, l'un de ceux-ci. Toujours suivant l'anecdote, l'œuvre du pieux repentir s'accomplissait encore sous François Ier, et ce quartier sombre lui devait sa seule clarté, si bien que ce trop galant prince, dont les courses nocturnes s'accommodaient des ténèbres, se trouva mal un soir du faible éclat jeté par la lampe de Brûlart. Comme il se glissait de nuit tout près de l'hôtel Barbette, chez la belle Féronnière, il fut trahi par cette clarté. Le mari l'aperçut et l'on sait ce qu'il en advint.

Quelle que soit la maladie dont mourut François Ier, la prétendue vengeance de Féron ne manque pas d'historiens : citons, entre autres, Mézeray [1], Garnier [2], Le Bas [3], Girault de Saint-Fargeau [4], etc. ; nous croyons même que le premier récit en aurait été fait par Louis Guyon, qui était presque contemporain de la belle Féronnière, car il en a connu les enfants « gens de bonne renommée, dit-il, et pourvus de hauts emplois [5] ». Quant à la lampe de Brulart, prétendue cause de cette incroyable vengeance, nous ne connaissons que deux auteurs qui en aient parlé : ce sont Édouard Fournier et de Ménorval ; malheureusement ces auteurs, contrairement à leur habitude précieuse, ont omis, dans ce cas, d'indiquer la source où ils ont puisé leur dire [6]. Mais peu importe, comme toute légende comporte un certain fond de vérité, qu'on finit tôt ou tard par découvrir, admettons que cette histoire de lampe expiatoire soit une légende, et n'envisageons que ce que nous aurons pu élucider pour l'utilité de notre thèse.

---

1. Mézeray, *Hist. de France*, t. II, p. 1005.

2. Garnier (continuateur de Velly et Villaret), *Hist. de France*, Paris, 1772, in-4°, t. XIII, p. 196.

3. Le Bas, *Dictionnaire encyclopédique de la France*, Paris, 1842.

4. Girault de Saint-Fargeau, *Les 48 quartiers de Paris*, Paris, 1850, in-12, p. 334.

5. Louis Guyon, *Les diverses leçons*, Lyon, 1603-1617, in-8°, t. II, p. 110.

6. Édouard Fournier, *Les Lanternes*, Paris, 1854, in-8°, p. 15. — E. de Ménorval, *Paris depuis ses origines jusqu'à nos jours*, Paris, 1889-1897, in-16, t. II, p. 30.

Ainsi, à propos de cette maison ornée de la madone qu'illuminait la lampe votive de Brulart, un titre du Temple du 23 août 1426 nous apprend qu'il existait rue des Poulies (autrement des Francs-Bourgeois) une maison à l'enseigne de l'Image de Notre-Dame, avec un jardin, que Raoulin Petit, courtier en vins, avait cédée à son cousin Jehan Grenon. Elle était « assise dans la rue des Poulies, « près de la porte Barbette..., tenant d'une part à Jehan Colé « et d'autre part à Perrin Constant, aboutissant par derrière aux « jardins qui furent ou sont au comte de Tancarville [1]. » Or, cette maison est bien différente de celle qui fut également à l'enseigne de l'Image Notre-Dame et qui était située Vieille-rue-du-Temple, en deçà de la porte Barbette et vis-à-vis de l'hôtel de Rieux [2] ; laquelle maison appartenant à Robert Fouchier, maître charpentier du roi, abrita comme on sait, pendant plusieurs jours, les assassins du duc d'Orléans.

Pour nous, il n'est pas douteux et c'est bien en rapport avec ces temps de naïve dévotion, que cette image Notre-Dame ne peut être autre chose qu'un simple *ex-voto*, mis là tout exprès en mémoire du meurtre du duc d'Orléans, tout comme la lampe perpétuelle qu'y aurait allumée Brulart. Ainsi placée vis-à-vis de l'allée des Arbalétriers, cette enseigne expiatoire, avec son pieux luminaire, désigne donc suffisamment le lieu précis du crime.

Seulement, il y a dans cette histoire de lampe votive, un point que nous croyons devoir révoquer en doute. Est-il bien exact, comme le prétend la légende, que Brulart soit l'un des assassins du duc d'Orléans ? Nous ne le pensons pas. D'ailleurs son nom ne figure point sur la liste des meurtriers et de leurs complices, que l'on connaît et que nous avons reproduite précédemment [3]. On voit, au contraire, ce nom figurer avec certaine distinction parmi ceux des serviteurs fidèles de la royauté. En effet, on en peut citer toute une honorable lignée, en tête de laquelle on remarque Pierre Brulart, notaire et secrétaire du roi, qui vivait en 1437 et mourut en 1483

1. *Arch. Nat.*, S 5073[b], n° 49.
2. *Ibid.*, S 5586 et 5887 ; MM 133.
3. Voir p. 50, note 2.

dans un âge très avancé ; il avait été particulièrement attaché à Louis XI comme secrétaire principal ; il eut un fils, Jean Brulart, qui fut prévôt des marchands en 1514 et 1515, un petit-fils, Pierre Brulart, seigneur de Berni, qui fut président des enquêtes, et un arrière-petit-fils, Nicolas Brulart, marquis de Sillery, seigneur de Puisieux, qui fut chancelier sous Henri IV et Louis XIII [1]. Ce serait donc grand dommage de voir un nom, aussi bien porté que celui de Brulart, entaché d'un forfait tel que l'assassinat du frère d'un de nos rois.

Quoi qu'il en soit, un censier du Temple de 1438 fait mention d'une « masure » avec jardin et petite grange, située au coin de la rue des Poulies et de la rue Barbette (c'est-à-dire vis-à-vis des anciennes maisons de Bernard de Bonnières) ; ladite masure appartenant cette année là à Jehan Leblanc, qui avait eu pour avant dernier prédécesseur un certain Jehan Brulart [2]. Or, il y a justement un acte du Châtelet, en date du 22 octobre 1411, par lequel on voit un personnage, nommé aussi Jehan Brulart, revendiquer ses droits à l'office de garde du château et de la Tour du Bois, près du Louvre. De plus, un généalogiste du siècle dernier donne à ce Jehan Brulart un fils, du nom de Pierre Brulart, vivant en 1439, avec les qualités et fonctions de clerc du receveur de la ville de Paris et de gouverneur de la régale de cette ville, et ayant pour fils ce Pierre Brulart que nous avons mentionné ci-dessus avec le titre de secrétaire principal du roi Louis XI [3]. S'il est possible que le Jehan Brulart, garde du château et de la Tour du Bois, et le Jehan Brûlart de la rue des Poulies ne soient qu'un seul et même personnage, rien n'empêche aussi que ce personnage ne soit celui de la légende, non plus un assassin repenti, expiant publiquement son crime par un simple *ex-voto*, ce qui nous semble une peine vraiment bien douce pour venger la victime, sinon une façon bien candide de se dénoncer à la justice ; mais bien un brave et honnête bourgeois, désolé du meurtre

---

1. La Chesnaye des Bois, *Dictionnaire de la noblesse*.

2. *Arch. Nat.*, S 5586.

3. Bibl. Nat., *Manuscrits, Pièces originales*, vol. 537, pièce n° 714. — On peut encore citer Germain Brulart, marchand de drap, demeurant à Blois en 1491, fournisseur de la chambre de Comptes du duc d'Orléans (*Ibid.*, *id.*, vol. 535, pièce n° 2).

d'un prince bien aimé, et qui, par un double sentiment de regret et de piété, dote sa rue de cette madone expiatoire, dont un voisin, le courtier Raoulin Petit, fera l'enseigne de sa maison, à l'image Notre-Dame.

Si le savant Bonamy et tous ceux qui ont adopté ses conjectures avaient connu les circonstances et les documents que nous venons de rapporter, il est évident qu'ils ne s'en seraient point tenus aux dépositions confuses et incomplètes de l'enquête du prévôt, et que, tenant mieux compte du texte si clair et si précis de Monstrelet, ils auraient abouti aux mêmes conclusions que nous.

Une des principales erreurs de Bonamy et de ses imitateurs c'est, méconnaissant l'emplacement exact de l'hôtel Barbette, de l'avoir placé à l'angle des rues Vieille-du-Temple et des Francs-Bourgeois, alors qu'il est à présent prouvé que la gracieuse tourelle, qui marque cet angle depuis quatre siècles, faisait partie d'un hôtel tout différent, tandis que l'hôtel Barbette était, de plus, séparé de celui-ci par plusieurs autres maisons et occupait l'emplacement à travers lequel la rue Barbette actuelle a été ouverte au xvi⁰ siècle, ainsi que nous le dirons plus loin.

La porte couronnée d'un écusson fleurdelysé que Bonamy signale, comme existant encore de son temps, à trente pas de la tourelle en question, et qu'il croit être l'ancienne porte de l'hôtel Barbette, n'est autre assurément que l'entrée de l'ancien logis du chevalier Loys de Villiers, le chambellan maître d'hôtel d'Isabeau de Bavière ; lequel logis remplaça, avons-nous vu, l'ancienne maison à l'enseigne de *la Faulx*. En sa qualité d'officier de la couronne, aussi bien qu'en bon serviteur du roi et de la reine, Loys de Villiers pouvait bien porter les armes de son souverain et maître, c'est-à-dire les fleurs de lys, encore sans nombre, comme le mentionne Bonamy [1]. Nous verrons du reste au chapitre suivant que la reine Isabeau avait orné son petit séjour particulier de ses propres armoiries de

---

1. « Sur le haut de cette porte, dit Bonamy, on voit sculpté un écu chargé de « fleurs de lys sans nombre, surmonté d'un heaume ou casque, au-dessus duquel est « une grande fleur de lys, et ayant pour supports deux lions : cet écu ressemble à « celui d'une monnaie de Charles VI, appelée écu au heaume. » Bonamy. *Mém. de l'Acad. des Insc. et B.-L.*, déjà cité.

Bavière, et que le nom en était resté à cette royale demeure. De même, nous pourrons indiquer, par la suite, où était véritablement la porte d'entrée de l'hôtel Barbette.

Pour nous, la cause de l'erreur de Bonamy réside dans les terriers mêmes du Temple du XVIII⁰ siècle où, pour toutes les maisons comprises entre les rues de la Perle, des Trois-Pavillons, des Francs-Bourgeois et la Vieille-rue-du-Temple, les déclarations qui en établissent les cens respectifs, débutent indistinctement en ces termes : « Cette maison a été construite sur une partie de l'ancien « hôtel qui appartenait, en 1306, à Étienne Barbette, maître de la « monnaie sous Philippe-le-Bel. Cet hôtel passa à Jean de Montagu, « qui l'a vendu en 1403 à Isabeau de Bavière, qui en fit son petit « séjour ; il passa ensuite à la famille de Brézé ; depuis, il appar- « tint à Diane de Poitiers, duchesse de Valentinois, puis à ses « filles les duchesses d'Aumale et de Bouillon, qui le vendirent, en « 1561, à des particuliers qui y construisirent différentes mai- « sons... [1] »

Il est évident, que dans cette mention générale d'origine censitaire, la courtille Barbette a été confondue avec l'hôtel du même nom, qui lui a succédé sur une partie de son emplacement. La cause de cette confusion réside enfin dans la persistance même de ce nom de « Barbette » appliqué à des lieux différents et qu'on voit, par une étrange fatalité, se perpétuer à travers les siècles jusqu'à nous, en dépit du souvenir maudit qui s'y rattache et malgré les noms de « petit séjour », d' « hôtel de la reine », d' « hôtel Notre-Dame », etc., qu'on tenta de lui substituer au temps de Charles VI. Or, comme la susdite mention d'origine englobe aussi bien la maison à la tourelle qui décore le coin de la rue Vieille-du-Temple et de la rue des Francs-Bourgeois, et comme cette maison est justement la seule de l'endroit qui soit d'un style gothique, on a cru en conclure que ce devait être un reste du fameux hôtel disparu. Seulement on a omis de remarquer que la tourelle est de la fin du XV⁰

---

1. *Arch. Nat.*, S. 5638 (papier terrier de 1779 à 1789). — Voir aussi dans les titres de propriété de M. Coutela, la déclaration de Mᵉ Henry-Nicolas Le Baillif du 3 juin 1780 (cote 44).

siècle, alors que l'hôtel de Montagu et d'Isabeau lui est antérieur d'au moins cent ans.

En rapprochant ainsi cet hôtel de la porte Barbette, Bonamy modifiait sans s'en apercevoir, d'une façon sensible, la situation véritable des lieux, et ne pouvait conséquemment faire autrement que d'admettre la version de l'enquête du prévôt, qui fait accomplir le meurtre du duc d'Orléans dans la Vieille-rue-du-Temple, devant l'hôtel de Rieux ; tandis que, en remettant les choses en leur vraie place, on reste d'accord avec les récits contemporains de Monstrelet et du religieux de Saint-Denis, qui placent la scène du drame en dehors de la porte Barbette, et l'on justifie ainsi d'une manière définitive l'inscription du numéro 38 de la rue des Francs-Bourgeois.

Nous pouvons à présent clore la discussion. Le lieu où fut assassiné le duc d'Orléans étant désormais suffisamment déterminé, il ne nous reste plus qu'à rappeler brièvement quelques-unes des suites de ce sombre événement, dont les plus funestes furent d'abord cette longue et terrible guerre civile dite des Armagnacs et des Bourguignons, puis l'odieux abandon du royaume de France aux Anglais.

Ces suites, il faut le dire, furent loin de répondre au premier mouvement d'indignation qu'avait produit un crime aussi atroce : le meurtre du duc d'Orléans devait rester impuni. Le duc de Bourgogne, qui ne voyait de salut pour lui que dans son audace, menaçait déjà ses adversaires du fond de ses possessions de Flandre où il s'était réfugié, et leur faisait éprouver toutes les craintes dont il avait été un moment lui-même frappé. Après avoir rassemblé toutes ses forces, il fit dire, prêcher, publier, qu'il n'avait fait que prévenir les embûches du duc d'Orléans en le faisant mettre à mort. Le roi éprouvait alors des crises très violentes de folie qui menaçaient à chaque instant de l'emporter. Déjà les princes redoutaient les conséquences funestes de sa mort ; ils n'avaient point de troupes à opposer à Jean-sans-Peur, et voyaient avec douleur que les Parisiens, satisfaits de son crime, étaient disposés à favoriser ses entreprises, tant ses déclamations contre les impôts l'avaient rendu cher au peuple.

Le 10 décembre 1407, au milieu d'un des hivers les plus rigou-

reux dont on ait gardé la mémoire, Paris vit arriver à l'hôtel de
Saint-Pol, sur une litière couverte de drap noir et traînée par
quatre chevaux blancs, la triste Valentine de Milan « atournée de
noirs atours »[1], accompagnée du plus jeune de ses fils, Jean, et de
sa belle-fille Isabelle de France[2], pour solliciter de son beau-frère
Charles VI et de son conseil la punition des assassins de son
époux. Elle venait de Château-Thierry, où elle se trouvait en résidence lorsqu'elle apprit la fatale nouvelle. Après qu'elle eut fait
bien inutilement sa « complaincte » à ce pauvre sire, dont l'esprit
était inconscient de tout ce qui se passait autour de lui, elle s'en
retourna presque aussitôt à Blois, au comble de la plus amère
déception, en apprenant le retour prochain de Jean-sans-Peur. En
effet, le duc de Bourgogne revenait à Paris, à la tête de mille
hommes d'armes, disant au peuple qui se précipitait et l'acclamait
sur son passage, qu'il était mandé par le roi, et qu'il allait se justifier.

Le 8 mars 1408, dans une assemblée solennelle tenue à l'hôtel
Saint-Pol, où toute la cour s'était réunie, un moine cordelier, Jean
Petit, docteur en théologie, se présenta au nom du duc Jean et
n'hésita pas à démontrer par une longue plaidoirie, véritable tissu
de mensonges et de perfidies, que si le duc d'Orléans avait été tué,
c'était pour Dieu, parce qu'il était hérétique ; pour le roi, car il
voulait usurper et était cause de sa démence, de complicité avec
les sorciers ; pour la chose publique, car l'État aurait eu en lui un
tyran qui l'aurait ruiné par une multitude d'impôts. Puis il conclut
que le roi était tenu d'avoir le duc de Bourgogne et son fait pour
agréables et qu'il devait le rémunérer en biens et en honneur. L'assemblée surprise et confondue par tant d'audace resta muette et se
retira sans protester. Le lendemain, Jean Petit répéta cette étrange

1. Voir la *Chronique* de Cousinot publiée par Vallet de Virville dans le volume
intitulé *Chronique de la Pucelle*. Paris, A. Delahays, 1859, in-16, p. 118.

2. Valentine de Milan eut trois fils de Louis d'Orléans : 1° Charles, duc d'Orléans,
célèbre par la longue captivité qu'il subit en Angleterre après la bataille d'Azincourt
et par ses poésies pleines de grâce ; il avait épousé sa cousine germaine Isabelle de
France, fille de Charles VI, veuve de son premier mari, Richard II, roi d'Angleterre ;
Charles d'Orléans fut père de Louis XII ; 2° Philippe comte des Vertus-en-Champagne,
mort sans postérité ; 3° Jean, comte d'Angoulême grand-père de François 1er.

apologie, sur une tribune élevée au milieu du parvis de la cathédrale ; et ce discours, prononcé devant une multitude gagnée d'avance, fut couvert d'applaudissements [1].

Le duc de Bourgogne, ainsi justifié par la faveur populaire, était devenu maître de Paris, lorsqu'il fut obligé de repartir aussitôt en Flandre pour réduire les Liégeois révoltés contre son beau-frère, leur évêque. Ses adversaires considérèrent ce brusque départ comme une fuite ; la reine, qui s'était retirée à Melun avec le dauphin, revint immédiatement à Paris et ressaisit le pouvoir. Le même jour, 20 septembre 1408, Valentine de Milan et ses enfants revenaient de Blois et se présentaient comme suppliants devant le conseil des princes et le parlement réunis tout exprès en une même assemblée. L'abbé de Saint-Denis prononça une apologie du duc d'Orléans où la culpabilité du duc Jean fut prouvée sans peine ; puis l'avocat Cousinot chargé de la « complaincte » des suppliants, requit de la haute assemblée que le duc de Bourgogne fût tenu de demander pardon à Valentine et à ses enfants, tête découverte, sans ceinture et à genoux ; qu'il allât ensuite passer vingt ans en Terre-Sainte ; « et que, afin que de ce soit mémoire pardurable ..., ou lieu où « Monseigneur d'Orléans fut occis, soit faicte une haulte et notable « croix de pierre gravée en laquelle soit mis ung tableau où sera « escript ce que dict est... [2] ». Ces conclusions furent adoptées et la condamnation fut prononcée. Malheureusement ce jugement n'eut pas de suite. Seule, l'inscription placée de nos jours au-dessus de la porte du numéro 38 de la rue des Francs-Bourgeois, semble réaliser à cinq siècles de distance cette clause particulière de la condamnation qui ordonne qu'un écriteau, planté sur le lieu même du crime, rappelle au passant et le meurtre et le nom du meurtrier.

Au moment où Jean-sans-Peur était ainsi condamné à Paris, il

---

1. Jean Petit s'était déjà acquis quelque réputation par son savoir, son éloquence et par les harangues qu'il prononça au nom de l'Université. Il fut de la célèbre ambassade que la France envoya en 1407 pour la pacification du schisme papal ; mais il perdit bientôt le peu de gloire qu'il avait gagnée, en se faisant l'apologiste de Jean-sans-Peur. Il mourut en 1411 poursuivi par les anathèmes de ses contemporains.

2. Voir la *Chronique* d'Enguerrand de Monstrelet, édition Douët d'Arcq, t. I, p. 343.

remportait à Tongres, sur les Liégeois, une victoire signalée, après laquelle il s'empressa de revenir à Paris. A son approche victorieuse, la reine Isabeau s'enfuit de nouveau et se retira à Tours, emmenant avec elle le malheureux Charles VI. Le départ du roi déconcerta le duc Jean ; il avait besoin de la présence du monarque pour donner à sa conduite toutes les apparences de la légitimité. Cette circonstance le rendit disposé à écouter les propositions qui lui furent faites par ses ennemis, non moins embarrassés que lui ; et, malgré les réclamations de la veuve du duc d'Orléans, des négociations furent entamées.

N'espérant plus la vengeance que du temps, Valentine de Milan s'en était retournée de nouveau à Blois, où, consumée d'amertume et de chagrin, elle traîna quelques mois encore une existence désolée, si mélancoliquement dépeinte par cette touchante et naïve devise qu'elle portait depuis la mort de son époux : « Plus ne m'est rien, rien ne m'est plus [1] ». Sa vie n'avait pas été heureuse ; les charmes de sa beauté, la grâce de son esprit n'avaient réussi qu'à exciter les haineuses jalousies de la duchesse de Bourgogne et de la reine. Les tendres soins qu'elle avait pris du roi avaient accrédité encore plus la réputation de magie et de sortiléges qu'elle avait parmi le vulgaire. Elle avait aimé son mari, et il lui avait sans cesse et publiquement préféré d'autres femmes, un horrible assassinat le lui avait enlevé, et toute justice lui était refusée ; son bon droit et sa douleur étaient repoussés par la violence. Elle expira « de courroux et de deuil », en son château de Blois, le 4 décembre 1408, entourée de ses trois fils et d'un quatrième, le bâtard Jehan de Dunois, presque sien, puisqu'elle disait « qu'il lui avoit esté emblé [2] ». Ainsi finit celle qui fut « la plus belle, la plus honnête et « la plus charmante femme de son temps », comme l'a si bien qualifiée l'un de nos plus doctes et de nos plus aimables érudits, le regretté Montaiglon [3].

<hr>

1. Claude Paradis, *Les devises héroïques*, Anvers, 1561 ; — Brantôme, *Les dames illustres*, Discours II.

2. Juvénal des Ursins.

3. A. de Montaiglon, *Notices sur les poètes des XIVe et XVe siècles*, au t. I de l'ouvrage de Crépet, les *Poètes français*, Paris, 1861, p. 401.

Parmi les victimes des déplorables événements qui résultèrent de la mort du duc d'Orléans, l'ancien hôte du logis Barbette, le fameux surintendant des finances, Jean de Montagu, doit figurer au premier rang. Un instant, la reine Isabeau le soutint ; mais il se perdit en voulant trop ménager tout le monde et chacun. Profitant de la mort de Valentine de Milan, il négocia, en mars 1409, entre le duc de Bourgogne et les princes d'Orléans, la paix de Chartres, pacte sans loyauté surpris aux parties contractantes et appelé pour cela une « paix fourrée », suivant un mot du temps. Son malencontreux projet de mariage entre l'un des fils du duc d'Orléans et la fille du meurtrier acheva de le rendre impopulaire. Le dégoût public rompit cette alliance impie. Cette rupture, jointe au rôle humiliant qu'il fit remplir à l'orgueilleux duc de Bourgogne dans la comédie publique du traité de Chartres, fit concevoir à ce dernier une rancune secrète et mortelle contre le surintendant ; si bien que Jean de Montagu ne tarda pas à expier ses cauteleuses négociations par une tragique disgrâce. Arrêté par ordre de Jean-sans-Peur, accusé d'avoir dilapidé à son profit les finances de l'État, puis d'avoir été complice avec le duc d'Orléans pour « envoûter » le roi et ensorceler le dauphin, il fut soumis aux tortures de la question, et la douleur lui arracha tous les aveux qu'on exigea de lui. Condamné à mort, il fut décapité aux Halles, le 17 octobre 1409, et son corps fut accroché par les pieds au gibet de Montfaucon.

Trois ans après, sa famille obtint du roi sa réhabilitation et la permission de décrocher son squelette du gibet, ce qui fut fait avec une grande solennité. La tête, qui était demeurée au bout d'une lance aux Halles, fut rapprochée du corps ; on lui fit de superbes funérailles dans l'église Saint-Pol, puis ses restes mortels furent portés à Marcoussis où les Célestins les inhumèrent, et ses biens furent restitués à ses héritiers.

CHAPITRE V

Ainsi que nous allons le rapporter, une des conséquences de l'assassinat du duc d'Orléans fut, pour l'hôtel Barbette, un changement de possesseur.

On a pu voir, par le récit de Monstrelet, que, du sein de sa chère
résidence, la reine fut, pour ainsi dire, presque témoin de l'affreux
drame, accompli si près de sa porte qu'elle en dut certainement
entendre les sinistres clameurs. Peut-être, comme l'un de ses voisins, le boulanger Symon Cayn de l'enquête du Prévôt [1], crut-elle,
sur le moment, percevoir le tumulte d'une de ces rixes nocturnes,
dont ses pages bruyants et batailleurs n'étaient que trop coutumiers.
Mais elle ne tarda pas à connaître la vérité dans toute son horreur
par ceux mêmes des serviteurs du duc d'Orléans, que Monstrelet
nous montre ramenant la mule de l'infortuné prince « et s'en allant
hastivement à l'hôtel Barbette en criant au meurtre ! »

Isabeau de Bavière ne fit pas preuve en cette circonstance d'une
bien grande force d'âme. En effet, si l'on s'en rapporte encore au
dire de Monstrelet, dès qu'elle eut connaissance du triste événement qui venait d'avoir lieu, elle s'empressa de pourvoir immédiatement à sa propre sûreté, sans même s'inquiéter, dans sa hâte,

1. *Bibliothèque de l'École des Chartes*, VI⁰ série, t. I, p. 238-239.

de l'état dangereux de santé où elle se trouvait ; et sans autre souci que sa terreur, elle se fit aussitôt porter en litière à l'hôtel Saint-Pol, son domicile conjugal, se sentant mieux gardée et défendue auprès de son royal époux. On ne la voit plus dès lors retourner à l'hôtel Barbette.

Il est vrai que, pour remplacer son cher petit séjour, d'autres résidences non moins fastueuses restent encore à sa disposition ; car lorsqu'elle sera lasse de l'hôtel Saint-Pol, elle se retirera, suivant les circonstances et les événements, tantôt au château-fort de Melun, tantôt à Vincennes ; ou bien elle ira à Bagnolet, où, moyennant 4.000 livres, elle acquit du prévôt Pierre des Essarts un hôtel avec jardin, vivier, colombier, plâtrière, pressoir, moulin à vent, vignes et terres labourables, le tout contenant environ 72 arpents. Elle avait encore une autre maison de plaisance près de Pouilli, nommée l'hôtel du Val-la-Reine, et qui était assortie de toutes les commodités et superfluités désirables à la campagne. Elle avait reçu le Val-la Reine en 1390 du duc de Touraine, depuis duc d'Orléans, en échange de l'hôtel qu'elle possédait à Paris, dans le faubourg Saint-Marcel, et qu'elle tenait en don du duc Jean de Berri depuis 1387[1].

Après Isabeau de Bavière, c'est au jeune duc de Bretagne Jean VI qu'échut l'hôtel Barbette. Un ensaisinement du Temple, en date du 13 avril 1412, indique en effet que, avant le 3 février 1411, l'hôtel Barbette fut à la reine, puis au dit duc de Bretagne[2].

Nous n'avons rien trouvé concernant la cession de l'hôtel Barbette au duc de Bretagne par la reine Isabeau. Cette cession dut probablement avoir lieu en 1408, lors des éminents services que le duc Jean VI[3] rendit en ce temps-là à la famille royale menacée par le duc de Bourgogne. Jean VI, qui comptait alors à peine dix-neuf ans, était venu dès sa plus tendre enfance à la cour de France ; il avait été élevé, pour ainsi dire, à l'hôtel Saint-Pol, où, dès l'âge de

1. Sauval, t. II, p. 185.
2. *Arch. nat.*, S 5082¹ fⁿˢ 30 et 31.
3. Jean VI était fils de Jean V, l'ancien ennemi du connétable Olivier de Clisson, avec qui il avait cependant fini par se réconcilier.

sept ans, il épousa une fille de Charles VI. Aussi le roi et la reine pouvaient-ils compter sur lui à plus d'un titre.

Nous avons vu comment, trois jours après son crime, apprenant que l'impunité allait lui échapper, Jean-sans-Peur s'était aussitôt enfui pour aller dans ses états de Flandre, rassembler une armée et préparer son premier retour offensif dans Paris. C'est alors que le roi et la reine, redoutant qu'il ne vînt par un coup de force, s'emparer du pouvoir, s'empressèrent de mander à leur jeune allié, le duc de Bretagne, de venir à leur aide. Devant les embarras de Charles VI et de sa cour, Jean VI n'hésita point ; le 4 février 1408, il partit de Bretagne accompagné de prélats, de barons, de chevaliers et de gens de son conseil pour se mettre à la disposition du roi et de la reine, qui lui surent bon gré de cette marque de dévouement, et lui firent grande chère. Quelques jours après, le duc de Bourgogne arrivait à Paris escorté de mille hommes d'armes et allait se renfermer en son hôtel d'Artois. La reine et le dauphin, ne se croyant plus en sûreté à Paris, prièrent le duc de Bretagne de les conduire à Melun, ce qu'il fit de la meilleure grâce, avec la plus grande habileté, le 9 avril suivant. Après avoir laissé une bonne garnison à Melun, il se retira dans ses États dans l'attente des événements, non sans s'être auparavant assuré de l'alliance de Valentine de Milan et du comte d'Alençon [1], afin de mieux résister au duc de Bourgogne, qui avait profité de l'absence de la reine pour gagner le faible Charles VI.

Afin de tirer vengeance du duc de Bourgogne et des Parisiens qui s'étaient déclarés pour lui, Isabeau de Bavière réclama de nouveau le puissant appui de Jean VI et lui écrivit de vouloir bien la venir trouver à Melun et la ramener à Paris. Le duc de Bretagne accourut à Melun avec une partie de sa noblesse et repartit pour Paris avec la reine le 25 août. Il avait partagé ses troupes en trois corps : le premier était conduit par le sire de Château-Giron, qui avait sous sa bannière plus de six cents chevaliers et écuyers ; le duc était à la tête du second, dans lequel étaient plusieurs de ses barons, avec la reine et ses enfants qui marchaient au milieu d'eux ; le

<hr>

1. Dom Morice, *Histoire ecclésiastique et civile de Bretagne*, Paris, 1750, in-f°, t. I, p. 441.

troisième corps était commandé par Jean, sire de Malestroit. L'armée bretonne entra ainsi dans Paris, portant ses bannières déployées jusqu'au château du Louvre, où elle conduisit la reine et ses enfants. Les Parisiens murmurèrent beaucoup de cette entrée. Jamais, disaient-ils, aucun prince n'avait osé porter ainsi ses bannières dans Paris. Les partisans du duc de Bourgogne échauffèrent tellement à ce sujet les esprits des Parisiens, qu'une nuit ils tendirent les chaînes des rues, dans le dessein d'attaquer le lendemain le duc de Bretagne ; mais, ce prince, ayant été averti du complot, rassembla toutes ses troupes autour de lui. Les Parisiens, confus d'avoir manqué leur coup, retirèrent les chaînes qu'ils avaient tendues, et envoyèrent le Prévôt de Paris vers le duc pour lui faire excuse. Néanmoins, par suite des succès et du pouvoir toujours grandissant du duc de Bourgogne, la reine se crut encore obligée de fuir Paris trois mois après ; et, toujours sous la garde du duc de Bretagne, c'est à Tours, cette fois, qu'elle se fit conduire avec le roi et ses enfants.

Nous pensons avoir suffisamment établi les motifs et les circonstances de la présence à Paris du duc de Bretagne, ce gendre dévoué d'Isabeau de Bavière, pour ne pas insister davantage sur les causes probables de sa résidence à l'hôtel Barbette.

La fidélité du duc de Bretagne à la cause du roi et de la reine ne fut cependant pas de trop longue durée, car, deux ans après, attaqué par le comte de Penthièvre, protégé de Jean-sans-Peur, il s'empressa de faire sa paix avec le duc de Bourgogne, en attendant d'embrasser son parti et de s'allier aux Anglais. Malheureusement la défection du duc de Bretagne ne fut pas la seule ni la moindre de cette époque si profondément troublée, où l'exemple de la versatilité politique venait souvent des princes, de ceux-là mêmes, qui, par les liens sacrés du sang ou du mariage, approchaient le plus près de la couronne : témoin cette trop étrange Isabeau de Bavière, qui finit par s'allier avec le meurtrier même du duc d'Orléans, cet implacable Jean-sans-Peur, son plus dangereux adversaire, et mit le comble à ses turpitudes en signant l'infâme traité de Troyes, où elle déshéritait du trône de France son propre fils, le dauphin Charles, au profit d'un de ses gendres, Henri V, roi d'Angleterre.

Le duc de Bretagne flotta longtemps entre le parti anglais et celui de l'indépendance nationale ; l'épée de connétable donnée en 1425, à son frère, le comte Arthur de Richemont, par Charles VII, le réconcilia définitivement avec la France, et ramena au service du roi cette pépinière de bons soldats et d'habiles capitaines que la belliqueuse province fournissait depuis si longtemps. Jean VI avait la réputation d'un prince beau, bien fait, magnifique dans ses habits, dans ses meubles et dans sa dépense, mais trop facile et trop bon ; il fut le père de ses sujets, et mourut en 1442, âgé de cinquante-quatre ans.

C'est vers 1410, à l'époque de sa première défection, que Jean VI dut abandonner l'hôtel Barbette. Son successeur dans cette royale résidence ne pouvait être encore qu'un personnage de marque, figurant aussi dans les événements de ce temps avec une certaine importance. Mais, cette fois, le nouvel hôte de l'hôtel Barbette fut un prélat, Jean de Château-Giron de Malestroit, plus connu sous le nom de Jean de Malestroit, évêque de Saint-Brieux, conseiller du roi et chancelier du duc de Bretagne. Issu d'une famille éminente qui avait produit déjà plus d'un personnage célèbre dans les fastes de la chevalerie bretonne, Jean de Malestroit avait été sacré évêque de Saint-Brieux en 1405. Comme chancelier du duc de Bretagne, il accompagna certainement Jean VI dans cette fameuse expédition de 1408, où l'on vit les sires de Malestroit et de Château-Giron, à la tête de leurs chevaliers, et bannières déployées, ramener à Paris la reine et ses enfants au grand émoi des bourgeois parisiens. Transféré, en août 1419, au siège épiscopal de Nantes, Jean de Malestroit fut, l'année suivante, chargé par le duc de Bretagne de négocier, auprès du roi d'Angleterre, la mise en liberté du comte de Richemont, fait prisonnier à Azincourt. Mais ses fonctions de chancelier ne furent point pour lui dépourvues de dangers et de mésaventures. Accusé, par suite du retard apporté dans l'envoi des subsides nécessaires, d'avoir fait manquer le siège de Saint-James de Beuvron, en Normandie, que tentait sur les Anglais, en 1425, Richemont devenu conné able, il fut, su   s ordres de celui-ci, arrêté et conduit en prison à Chinon. L'anne uivante, il fut mis en liberté, sur sa promesse d'amener la conclusion de la paix entre le roi de France et le duc de Bourgogne. Cinq ans après, il devait être de nouveau victime des vicissitudes qu'entraînaient ses responsabilités. Le duc d'Alençon étant venu, en 1431, en Bretagne pour se faire payer 30.000 livres qui lui étaient encore dues sur la dot de sa mère Marie de Bretagne, n'avait reçu qu'une partie de cette somme ; mais il revint sur la fin de la même année pour réclamer le reste, et n'ayant pu obtenir satisfaction à sa demande, il fit enlever le chancelier de Bretagne et conduire à la Flèche, puis enfermer au château de Pouencé. Le duc Jean VI, irrité de l'affront fait à son ministre, vint faire le siège de Pouencé, dont la mère et la femme du duc d'Alençon faisaient justement leur résidence ; il pressa si vivement la place qu'il força son adversaire, le 21 février suivant, à lui demander la paix, à rendre le chancelier, et à payer tous les frais de la guerre. Après sa délivrance, Jean de Malestroit fut commis par le concile de Bâle pour la levée de quelques impôts sur le clergé de Bretagne. Il mourut le 14 septembre 1443 après avoir résigné son évêché à son neveu, Guillaume de Malestroit [1].

Nous ignorons à quel titre l'hôtel Barbette était passé des mains du duc de Bretagne à celles de Jean de Malestroit. Selon toute probabilité, le duc de Bretagne octroya cette résidence à son chancelier, l'évêque de Saint-Brieux, en raison de ses services importants, et sans doute avec l'assentiment de la reine. Quoi qu'il en soit, on peut sûrement établir, à l'aide de deux titres de la maison du Temple, qu'il était déjà détenteur de l'hôtel Barbette au commencement de l'année 1411, puisque, aux dates des 3 et 17 février de cette année, on le voit, par ces deux titres, en aliéner gratuitement quelques dépendances en faveur de Guillaume Barrau, premier secrétaire du roi [2].

1. Dom Morice, t. I, p. 514 et 515 ; t. II, p. xix.
2. Guillaume Barrau, secrétaire du roi, figure parmi les séditieux et Cabochiens qui, le 4 août 1413, lors du triomphe des Armagnacs, furent obligés de se cacher et de sortir de Paris. Il avait signé, dans la période précédente, contre les Armagnacs : « certaines lettres appelées *Edicts*, subrepticement et obrepticement impétrées et

Cependant Jean de Malestroit ne garda pas l'hôtel Barbette jusqu'à sa mort ; il en avait, depuis longtemps déjà, fait don au couvent des Blancs-Manteaux, ainsi qu'il appert du *Procès verbal des*

non duement en conseil, etc. » Le fait est que le roi passait sa triste existence à rendre les édits les plus contraires, selon qu'il était entre les mains de l'un ou l'autre des deux partis qui se disputaient le pouvoir. (E. de Ménorval, *Paris*, t. II, p. 53.) — [On trouve les deux titres en question dans le registre des saisines de la commanderie du Temple des années 1410 à 1421 (*Arch. Nat.* S. 5082¹ fᵒˢ 30-31 et 31-32 ; et, comme les quelques détails topographiques qu'ils renferment nous semblent avoir quelque intérêt, nous croyons qu'il importe d'en reproduire les textes :

« Le 13ᵉ jour d'avril l'an 1412 (a. s.), vint Mᵉ Jehanin Pelart, ou nom et comme pro-
« cureur et porteur des lettres de Révérend père en Dieu Mons. Jehan de Malestroit,
« evesque de Sᵗ Brioud-des-Vaulx, en Bretaigne, Conseiller du Roy nostre Sire, et
« chancelier de Mgr le duc de Bretaigne. Lequel procureur se dessaisit en mes mains,
« comme en mains de seigneur, d'une pièce de terre ou jardin, ou il a de présent plu-
« sieurs arbres, fermée partie de murs, si comme se comporte, que le dit Reverend
« Père en Dieu disoit avoir et à luy appartenir de son conquest des appartenances
« de son hostel nommé *Barbette qui jadis fust et appartinst à la Royne et depuis au dit*
« *Mgr le Duc*, icelle pièce de terre ou jardin contenant environ de 11 à 12 toises de
« large et 23 toises ou environ de long, tenant d'un costé devers ledit hostel Barbette
« à une aultre pièce de terre ou jardin qui est audit Mons. l'evesque et des apparte-
« nances de sondit hostel. Et de l'autre costé tenant aux maisons et louaiges et à une
« vieille place ou court appartenant aux religieux de Sᵗᵉ Catherine-du-Val-des-Esco-
« liers à Paris, aboutissant d'un bout devers la rue Barbette à ung jardin appartenant
« à ung nommé Jehan Sausson et Jehanne sa femme, dite la Belme, et de l'autre bout
« au chemin qui est entre les murs de ladite pièce de terre ou jardin et la cousture
« Sᵗᵉ Catherine, en la censive des religieux du Temple à Paris et chargée de telles
« charges comme icelle pièce de terre ou jardin peut debvoir par an. Laquelle pièce
« de terre ou jardin, ledit Révérend Père en Dieu a donnée, cédée, quictée, transpor-
« tée, octroyée et délaissée dès maintenant à toujours, par don irrévocable fait entre
« vifs, sans jamais rappeler ne venir contre, à honorable home et saige maistre Guil-
« laume Barreau, premier secrétaire du Roy nostre Sire, et à damoiselle Marguerite
« Boiscelles sa femme, pour eulx, leurs hoirs et aians cause. Et ce présent don et
« transport ainsi faitz d'icelle pièce de terre ou jardin, à la charge dessus dite pour la
« bonne et vraie aimour que icellui Mons. l'evesque avoit et a aux ditz maistre Guil-
« laume et damoiselle Marguerite sa femme, et pour l'accroissement de leur estat et
« de leurs hoirs et aians cause. Sy comme plus à plain nous est apparu par lettres de
« don du Chastellet de Paris, sur ce fait et passé le mercredi tiers jours de février
« 1411. (a. s) Et pour ce, nous, à la requeste dudit procureur, avons mis les ditz
« maistre Guillaume et damoiselle Marguerite sa femme en saisine et possession des
« choses dessus dictes, sauf en ce nostre droict et l'autruy ; payé saisines, etc., etc... »

« L'an et jour dessus diz (13 avril 1412), vint Mᵉ Jehanin Pelart, ou nom et comme
« procureur et porteur des lettres de Révérend Père en Dieu Mons. Jehan de Males-
« troit, evesque de St Brioud-des-Vaulx, en Bretaigne, conseiller du Roy nostre Sire,
« et chancelier de Mgr le duc de Bretaigne, si comme il disoit et affirmoit par ces
« lettres en bonne vérité que, comme dés le mercredi troisiesme jour de ce présent
« mois de febvrier, il eust et ait donné à toujours par don irrévocable à honorable et
« saige maistre Guillaume Barrau, premier secrétaire du Roy nostre Sire et damoi-
« selle Marguerite Boiscelles sa femme, pour eulx, leurs hoirs et aians cause, une
« pièce de terre ou jardin plus à plain desclairée ès lettres cy-dessus transcriptes, et

criées, oppositions, etc., *du 14 mai 1464* [1], que nous avons déjà eu l'occasion de citer plusieurs fois, et qui mentionne tout au long un contrat du 26 mai 1438, conservé aussi parmi les titres du Temple [2], par lequel les religieux des Blancs-Manteaux constituent à ceux du Temple une rente de 50 sols parisis à prendre sur l'hôtel Barbette :

.....qui naguières fust et appartinst à Révérend Père en Dieu, Mgr Jehan de Malestroit, evesque de Nantes, chancellier de Bretaigne, et de

« passée par le dit Mons. l'evesque au susdit maistre Guillaume et sa femme, aux
« charges pour les causes qui y sont contenues. Le dit Révérend Père en Dieu, de
« son vouloir d'abandon et en augmentant sa grâce et courtoisie, a donné, transporté
« et délaissé dès maintenant à toujours audit maistre Guillaume Barrau et damoiselle
« Marguerite Boiscelles sa femme, pour eulx, leurs hoirs et aians cause, une aultre
« pièce de terre ou jardin en laquelle a ung puis fait de pierre de taille, tenant et
« joignant d'une part au long de ladite pièce de terre ou jardin dessus desclairée, et
« de l'aultre part de la longueur d'icelle, si comme elle se comporte de largeur jusques
« à treize pieds près ou environ, tout au long des murs des grands jardins du dit
« hostel dudit Mons. l'evesque, nommé Barbette. Lesquels 13 pieds de large ou envi-
« ron qui sont tenans au long d'icelle dernière pièce donnée d'une part, et a long des
« ditz murs desditz grands jardins d'aultre, ledit Mons. l'evesque a réservez et rete-
« nus à luy et à ses aians cause pour y faire, se bon luy semble et quant il lui plaira,
« une alée par laquelle on yra et venra d'une aultre place estant devant la dite place
« ou alée a une porte qui à présent est au bout d'icelle alée ou place et des ditz murs
« d'iceulx jardins, par laquelle porte on a yssue en une rue qui est entre et lelong la
« cousture Ste Catherine et les murs des dites places ou jardins données comme dit
« est, aboutissant d'un bout icelle place donnée aux sus ditz murs, au coing desquels
« est la dite porte par devers la dite cousture, et de l'aultre bout à une place qui est
« devant ladite place donnée, et au travers d'icelle les ditz mariés sont tenus faire
« ung mur à leurs despens pour eulx cloure du coing de ladite première place
« desclairée ès dites lettres de don jusques au dit grant mur des jardins du dit hostel
« Barbette. Et nonobstant ladite réservation et retenue d'icelle alée de 13 pieds ou
« environ, et la ticignent et possèdent paisiblement sans contredit jusques au
« plaisir d'icelui Mons. l'evesque, pourveu que quant il luy plaira il pourra faire
« percer le dit mur ou closture que les ditz mariés y auront fait au bout d'icelle et
« joignant au dit mur desditz grands jardins pour faire sa dite alée de ladite largeur
« jusques à ladite porte faisant yssue sur ledit chemin de lez la dite cousture Ste
« Catherine, et quant il luy plaira au dit Mons. l'evesque faire ainsi percier ledit mur
« pour faire la dite alée jusques vers et lez la dite porte à leurs despens pour eulx
« cloure entre la dite alée et ladite dernière place à eulx donnée qui est en la censive
« des religieux du Temple à Paris, chargée de telz et charges qu'elle peut debvoir. Ce
« don fait pour la bonne et vraie aimour et amistié que le dit Mons. l'evesque avoit
« et a aux susditz mariés et pour l'accroissement de leur bon estat, de leurs hoirs et
« aians cause. Sy comme plus a plain nous est apparu par lettres du Chastellet de
« Paris sur ce faites et passées le jeudi 17e jour de fébvrier l'an mille quatre cens et
« unze. Et pour ce nous, à la requeste dudit procureur, avons mis les ditz mariés en
« saisine et possession des choses dessus dites, sauf en ce nostre droit et l'autruy...,
« etc., etc... »

1. *Arch. Nat.*, S 5072ᵃ, 19ᵉ nᵒ de la 65ᵉ liasse.

2. *Ibid.*, S 5068ᵃ, nᵒ 2.

present à nous [les Blancs-Manteaux] appartenant, par don et octroy à nous faict par icelui evesque ; ledit hostel assis à Paris en la rue Barbette, tenant d'une part, par devers la porte Barbette, en partie à une masure et place, où jadis souloit avoir maison en laquelle pendoit pour enseigne le Molinet, qui fust Jehan Auclou et de présent appartenant aux susdits commandeur et religieux du Temple ; et en aultre partie tenant et aiant yssue en l'alée des Arbalétriers qui passe devant les maisons des Poulies ; et tenant aussi de ce costé au long des jardins et des maisons d'aumosne et aux maisons et jardins appartenant aux religieux de Saincte-Katherine-du-Val-des-Escoliers ; aboutissant par derrière à la cousture Ste Katherine... »

Le même *Procès-verbal des criées de 1464* nous apprend aussi que Jean de Malestroit possédait encore l'hôtel Barbette en 1413 et 1417, où, sur un extrait des registres censiers du Temple, il figure au même titre censitaire que la reine Isabeau, avec cette différence qu'on voit, en 1413, l'hôtel Barbette accru de la partie occupée en 1401 par Adam Day et chargée de 28 sols 6 deniers parisis de cens annuel, ce qui faisait pour l'évêque de Saint-Brieux une redevance censitaire annuelle de 6 livres 1 sol 4 deniers parisis à payer au Temple, alors que la reine n'en payait, en 1401, que 4 livres 11 sols et 8 deniers parisis.

Le même document nous informe en outre que Jean de Malestroit était encore « seigneur, propriétaire et détenteur des hôtels, jardins et dépendances de Barbette » le 1er décembre 1423, lors de la vente faite par lui, solidairement avec plusieurs hauts personnages de Bretagne [1], à Guillaume Sanguin [2], d'une rente annuelle de 225 livres tournois à prendre sur leurs biens, terres et seigneuries, et notamment sur l'hôtel Barbette.

---

1. Ces personnages étaient, suivant le *Procès-verbal des criées de 1464* : Artus de Bretagne, comte de Richemont ; Jean de Malestroit, évêque de Nantes ; Jacques de Dinan, seigneur de Beaumanoir ; Guillaume Giffart, seigneur du Bois-Rond ; Pierre, seigneur de Blechebon ; Jean de Châteaugiron ; Chavannes de Nantes ; Jamet Lamoureux, trésorier du comte de Richemont ; Henri Camus et Jean Paris, procureur au parlement.

2. Guillaume Sanguin, prévôt des marchands en 1429, était seigneur de Meudon. La famille Sanguin était d'ancienneté connue à Paris ; bourgeoise, mais très riche, elle prêta tant d'argent aux nobles qu'elle prit comme un vernis de noblesse. Guillaume Sanguin figure parmi les officiers de la maison de Charles VI au titre d'échanson du roi, en 1410.

Enfin, il est probable que Jean de Malestroit donna l'hôtel Barbette aux religieux des Blancs-Manteaux, environ deux mois après, c'est-à-dire en même temps qu'il leur céda également au même titre de donation son hôtel, cour, grange, colombier, jardin, etc., de « la Grange-Bateliere », suivant acte du 11 février 1424 [1].

Il est à remarquer que l'hôtel Barbette ne figure point sur les comptes de confiscations faites, de 1417 à 1424, par les Anglais sur les Parisiens, bourgeois ou nobles, restés fidèles à la cause de la royauté française : cela tient assurément à ce que ce royal logis, cependant bien fait pour tenter l'avidité des vainqueurs, appartenait encore en ce temps-là à Jean de Malestroit, chancelier du duc de Bretagne, le versatile Jean VI, alors allié des Anglais.

En 1438, les religieux des Blancs-Manteaux sont encore propriétaires de l'hôtel Barbette ; mais, par suite d'une nouvelle constitution de 50 sols parisis de rente annuelle qu'ils ont vendu aux religieux du Temple, la redevance annuelle de cet hôtel se trouve augmentée d'autant et s'élève désormais à la somme de 8 livres 11 sols 4 deniers parisis, ainsi qu'il est dit dans le cueilloir du mois de juin 1438 [2].

Dans un autre registre des recettes de la même année [3], le compte des redevances annuelles des Blancs-Manteaux, pour l'hôtel Barbette et ses dépendances, est ainsi détaillé :

Les religieux des Blancs-Manteaux pour un grant jardin que tiennent Jehan Turquam [4], procureur au Chastellet, et Guillaume Porchier, qui fust à l'evesque de St Brioul, et par avant à la Royne et jadis à Adam Daÿ et ou temps où souloient estre poulies, et les souloient tenir plusieurs personnes, qui sont des appartenances de l'ostel appelé Barbette, tenant aux petites maisons d'aumosne, dessus desclairées et aux jardins des religieux de Ste Katherine, et d'autre part à la voie des Arbalétriers, aboutissant d'un bout sur la voie devers la cousture Ste Katherine, et de l'aultre à une

1. Jaillot, *Recherches sur Paris*, t. II, quartier Montmartre, p. 2.
2. *Arch. Nat.*, S 5587 [1].
3. *Ibid.*, S 5586.
4. Jehan Turquam, procureur au Châtelet, seigneur de Clignancourt. Voir notre notice : les Seigneurs de Clignancourt dans le *Bulletin de la Société de l'Histoire de Paris et de l'Ile-de-France*, année 1891, t. XVIII, p. 102.

maison qui fust Jehan Auclou, appelée l'ostel du Moulinet, qui siet en la rue Barbette, par an de fons de terre et rente aux 4 termes.   17 s. 4 d.

Item, les dits religieux pour une poulie comprinse ou champ et en la cousture des susdites poulies, joingnant aux murs du costé des grants jardins de Barbette qui furent Jehan de la Treille, par an de fons de terre à la Saint-Remy.   5 sols p.

Tous les ditz jardins et lieux dessus ditz qui souloient estre poulies, souloient debvoir au dit hospital (du Temple) par chacun an 7 liv. 11 sols par., lesquels pour le présent ne paient que la rente et fons de terre dessus ditz et par ainsi reste 4 liv. 8 s., 8 d. parisis, lesquels ne sont poinct mis en somme et sont à pourchassier.

Item, les dits religieux pour une masure et ses appartenances, où jadis a une maison qui fust à l'évesque de St Brioul et paravant à la Royne et à Mr de Montagu et jadis à Adam Daÿ, tenant à une maison où souloit avoir l'ostel du Moulinet d'une part, et d'autre part à une autre masure qui est de l'ostel Barbette, aboutissant au chemin des Arbalétriers, par an de fons de terre aux quatre termes.   8 sols p.

Item, les dits religieux des Blancs-Manteaux pour une masure et ses appartenances joignant, où jadis a une maison qui fust aux dessus dits, et jadis y avoit Henry Le Breton, tenant d'une part et d'autre aux dits religieux et aboutissant, ou dit chemin (des Arbalétriers), par an de fons de terre à la St Remy.   3 sols p.

Item, les dits religieux des Blancs-Manteaux pour l'ostel de Barbette contenant plusieurs ediffices avec un grant jardin derrière ou quel a une fontaine et tuyaulx qui fust aux dessus ditz, par an de fons de terre aux 4 termes.   48 sols.

Et tenant d'une part aux masures dessus dites, et d'autre à la poulie joignant Michel Mignon, aboutissant à la voie qui est sur la cousture Ste Katherine, et souloit en ledit ostel jadis plusieurs maisons et fust la première où est la grande porte à Jehan de la Treille, et doibt par an.

                                                              2 sols 6 den. p.

Item, les maisons en suivant, qui furent Nicolas Martin, et doivent par an de fons de terre.   13 sols 6 den. p.

Item, pour aultres maisons en suivant, qui furent Robert Langlois, par an de fons de terre doibvent.   2 sols p.

Item, pour les aultres maisons ensuivant et derrenières les jardins où souloit avoir vignes, qui furent Pierre Poncet, par an doivent de fons de terre.   30 sols p.

Et cy endroit fault le fons de terre de l'hospital, et commence le fons de terre de Mr Michel Mignon en venant vers la cousture du Temple.

De ce qui précède, on voit que le total de la redevance annuelle des Blancs-Manteaux pour l'hôtel Barbette s'élevait bien envers le Temple à la somme de 6 livres 1 sol. 4 den. p.

En y joignant les 50 sols de rente constitués sur l'hôtel Barbette par les religieux des Blancs-Manteaux à la maison du Temple, suivant lettres du 26 mai 1438, on voit bien, en effet, que la redevance totale annuelle dudit hôtel est désormais de 8 livres, 11 sols, 4 deniers parisis.

Sur le *Procès-verbal des criées de 1464*, on trouve que, au terme de Pâques de l'année 1440, un magistrat, président de la Chambre des Comptes, du nom de Mre Symon Charles, détient l'hôtel Barbette à la place des Blancs-Manteaux, et est aussi redevable au Temple de 8 livres, 11 sols, 4 deniers parisis de cens annuel. Ce nouveau propriétaire de l'hôtel Barbette est encore un personnage assez important. Attaché de bonne heure au parti de Charles VII, il portait déjà, en 1429, le titre de maître des requêtes, et fut, au commencement de cette année-là, envoyé en ambassade par le roi près la République de Venise ; de retour en France au mois de mars, il reprit auprès du roi ses fonctions de conseiller, et les continua pendant le reste du règne de Charles VII. Il devint successivement chevalier et président de la Chambre des Comptes, et c'est à ce double titre qu'il fut, en 1446, nommé commissaire avec le comte de Dunois et d'autres éminents personnages, pour régler la prolongation des trêves en Normandie et la préparation d'une paix définitive avec les Anglais. En 1455, il fut entendu comme témoin dans l'enquête qui précéda la réhabilitation de Jeanne d'Arc, et son témoignage favorable à cette réhabilitation fait connaître quelques particularités intéressantes sur la mission de cette héroïne. Il mourut après 1456, âgé de plus de soixante ans [1].

Symon Charles ne resta pas de bien longues années possesseur de l'hôtel Barbette, car un cueilloir du Temple de 1443 [2] y indique à sa place le prince Charles d'Anjou, taxé de la même redevance de 8 livres 11 sols 6 deniers parisis. Dans ce cueilloir on voit qu'un jar-

1. Voir *Nouvelle Biographie générale* de Didot.
2. *Arch. Nat.*, MM 133.

din des appartenances de l'hôtel Barbette est détenu par un avocat
devenu examinateur au Châtelet, du nom de Pierre Turquam [1] :
ledit jardin, compris dans la redevance totale ci-dessus énoncée

« tenant d'une part à une masure qui fust Jehan Auclou, aux maisons
« d'aumosne et aux maisons et jardins des religieux de sainte Katerine, et
« d'aultre part à ung mur qui est fait de neuf par devers la cousture du
« Temple, et en partie au dit ostel (Barbette) et jardins, aboutissant par
« derrière sur la cousture sainte Katerine. »

Arrière petit-fils de Jean-le-Bon, cousin germain de Charles VI
et beau-frère de Charles VII par sa sœur, Marie d'Anjou, le nouveau
propriétaire de l'hôtel Barbette, Charles d'Anjou était le troisième fils
de Louis II d'Anjou, roi de Naples et de Sicile, et joignait à son nom le
titre de comte du Maine. Il fut tout d'abord un des princes les plus
dévoués à la royauté française. En 1432, il succéda, dans la faveur
du roi, à Georges de la Trémouille, qui lui dut une disgrâce écla-
tante et complète. Il fit rappeler le connétable Arthur de Richemont
que l'ancien favori avait si mal à propos éloigné de la cour et de
l'armée. Avec ses deux frères, Louis, duc d'Anjou et le roi de Sicile,
le bon roi René, il contribua puissamment à la reprise de la Normandie et de la Guyenne sur les Anglais.

Charles d'Anjou fut un des rares favoris de Charles VII que Louis
XI garda près de lui à son avènement au trône. Lorsque la Ligue du
Bien public commença à se former, le comte du Maine se déclara
pour le roi, qui l'envoya, en 1465, défendre la Normandie menacée
par le duc de Bretagne. Supérieur en forces à celui-ci, il lui était
facile de le battre ; il en trouva l'occasion et la laissa échapper. Sa
conduite fut encore plus équivoque à la bataille de Montlhéry ; il
déserta pendant le combat, entraînant avec lui le tiers de l'armée et
abandonnant ainsi le roi qui luttait avec courage et succès. Lâche
ou traître, et peut-être l'un et l'autre, il osa rejoindre Louis XI et
rentrer avec lui dans Paris. Le roi dissimula son ressentiment, car
il était dans une position critique : il lui fallait une paix quelconque

1. Ce Pierre Turquam est le fils de Jehan Turquam, précédemment mentionné ; il
était aussi seigneur du fief de Clignancourt. (Voir notre notice : Les Seigneurs de Clignancourt).

à tout prix, et Charles d'Anjou fut chargé de la négocier. Mais les
traités de Conflans et de Saint-Maur furent si humiliants pour le roi,
réduit à céder à toutes les exigences de ses grands vassaux, que le
négociateur passa dans l'opinion publique pour avoir été d'intelligence avec eux ; aussi Louis XI ne fit-il le serment d'une telle paix
que dans l'intention de la violer quand le danger serait passé. Ce
fut par Charles d'Anjou qu'il commença sa vengeance. Mais celui-
ci ne fut puni que par la perte de sa compagnie d'ordonnance et de
son gouvernement du Languedoc, car Louis XI avait à ménager
son frère, le roi de Sicile. Charles d'Anjou mourut justement oublié
en 1472.

Quant à l'hôtel Barbette, sa redevance annuelle, au temps de
Charles d'Anjou, est ainsi mentionnée sur les censiers du Temple,
notamment pour l'année 1447[1] :

« Mgr Charles d'Anjou, au lieu du président de la chambre des
comptes, Mᵉ Symon Charles, 8 livres 11 sols 4 deniers de rente et fons
de terre sur l'ostel Barbette et sur toutes ses appartenances, contenant
plusieurs masures et jardins, comme tous les lieux se comportent ; tenant
d'une part, par devers les anciens murs (de la Ville), à une masure appelée l'ostel du Moulinet, assise en la rue Barbette, à la porte des Arbalétriers, aux maisons d'aumosne et aux maisons et jardins des religieux de
Sainte-Katherine ; et d'autre part, par devers les champs, tenant à l'hostel
et jardins de la petite Barbette, tout au long, lequel hostel de la petite
Barbette est chargé de 40 sols parisis, compris èz ditz 8 livres 11 sols 4
deniers parisis ».

Mais, avec Charles d'Anjou, ainsi qu'il appert du *Procès-verbal
des criées, oppositions, etc., du 14 may 1464*, l'hôtel Barbette paraît
entrer dans une phase de difficultés contentieuses. En effet, une
sentence du prévôt de Paris du 20 décembre 1449 ordonne, par
provision de justice, la saisie et mise en criées de cette propriété, à
la requête des religieux du Temple, pour la conservation de 8 livres
11 sols et 4 deniers parisis de cens et de six années et un terme
d'arrérages échus. La dite sentence décrit les lieux de la façon suivante[2] :

1. *Arch. Nat.*, MM 134.
2. *Ibid.* S 5072ᵃ, 19ᵉ nᵒ de la 65ᵉ liasse.

« En la rue Barbette... ung grand ostel, appelé l'ostel de Barbette, et ung aultre petit ostel joignant, appelé la petite Barbette, esquels a plusieurs édiffices avecques leurs appartenancs, masures et jardins, tous les lieux entretenans, qui furent derrenièrement aux religieux des Blancs-Manteaux, assis à Paris en la rue Barbette, tenant d'une part tout au long, par devers la porte Barbette, à une masure appelée l'ostel du Moulinet, à l'allée des Arbalétriers, aux maisons d'aumosne, et aux maisons et jardins appartenans à Sainte-Katherine ; et d'autre part, par devers les champs, à certains ostelz, masures et jardins que on dit estre en la censive de Culdoë ; aboutissant, par derrière, à la cousture Sainte-Katherine. »

Après quoi, suit l'énumération détaillée des oppositions. En tête des opposants, parut, le 22 avril 1450, Me Jehan Calet, au nom et comme procureur de noble et puissant seigneur, Monseigneur Charles d'Anjou, comte du Maine, pour lui conserver la propriété des dits lieux criés.

Le deuxième opposant est Me Michel Culdoë, bourgeois de Paris[1] ; il présente opposition, le 21 mai 1450, en son nom et comme héritier en partie de feu Michel Mignon[2], afin de se conserver 100 sols parisis de fons de terre et 29 années d'arrérages échus, qu'il a droit de prendre sur partie de dits lieux criés : partie naguère composée de plusieurs maisons et ne formant plus alors qu'un tout, à partir notamment de la maison qui fut à Étienne de Bettencourt, puis à Pierre le Duc, ensuite à Montagu, tenant, devers Paris, à une maison qui fut à Robert Langlois et aboutissant à la couture Sainte-Katherine, jusqu'à un hôtel qui fut à Robert Villequart.

Un troisième opposant parut, le 28 mai 1450, en la personne de Nicaise de Bailly[3], greffier du trésorier du roi, commis par la cour de parlement au gouvernement de la succession de feu Guillaume Sanguin, pour conserver au fait de sa commission 200 saluts d'or[4] de rente sur les dits lieux criés, et pour être payé de 23 années d'arrérages : la dite rente constituée suivant lettres de la prévôté du

1. Michel Culdoë fut deux fois élu échevin, en 1446, puis en 1447.
2. Michel Mignon, en son vivant procureur au parlement. Cf. Tuetey, *Journal de Nicolas de Baye*, publié dans la collection de la Société de l'hist. de France (11 mai 1405.)
3. Nicaise de Bailly, échevin en 1439 et 1450.
4. Monnaie frappée à la fin du règne de Charles VI, qui valait 15 sous tournois ou environ, et portait l'effigie de la Vierge recevant la salutation angélique.

1er décembre 1423, par lesquelles Artus de Bretagne comte de Richemont, Jehan de Malestroit évêque de Nantes, Jacques de Dinan, seigneur de Beaumanoir, Jehan de Châteaugiron et autres garantissent à feu Guillaume Sanguin, ses hoirs et ayant cause, la dite rente à prendre sur les propriétés, terres et seigneuries des dits garants.

Enfin, un quatrième opposant, le procureur des frères et sœurs de Saint-Ladre-lès-Paris, parut au nom de ceux-ci le 1er juin 1450, pour leur conserver tels droits seigneuriaux et fons de terre auxquels ils pouvaient prétendre, en vertu de la constitution de leur dotation primitive, sur certaines parties des dits lieux criés, notamment sur trois pièces de terre s'entretenant et joignant, vers Paris, l'ancienne maison de Robert Langlois : l'une, appelée la « couture Boyvin » et la plus rapprochée de la porte Barbette ; la deuxième en suivant et y attenante, dite le « Closeau-lès-le-clos Saint-Ladre » ; et la troisième, le « Clos-Saint-Ladre » joignant la grange de Raoul Farcy[1], par derrière l'enclos du Temple, et sur laquelle existaient déjà plusieurs maisons avec jardins. Les frères de l'hôtel-Dieu-Saint-Gervais en avaient fait l'acquisition en 1233. Nous avons déjà vu le fils d'Étienne Barbette vendre, en 1324, le cens et la rente que, par héritage, il prenait annuellement sur le clos Saint-Ladre.

Le litige, qui pèse ainsi sur l'hôtel Barbette, paraît durer un certain nombre d'années sans amener de changement de propriétaire, car les registres censiers des années 1460 à 1466 désignent encore Charles d'Anjou comme censitaire du Temple pour l'hôtel Barbette, à raison, toujours, de 8 livres 11 sols 4 deniers, mais dont on ne perçoit rien, parce que les lieux sont restés en criées, et que le procès est encore à juger[2].

Trois ans avant la mort de Charles d'Anjou, c'est-à-dire en 1469, les registres du Temple nous montrent l'hôtel Barbette passé aux

---

1. A part cette indication du procès-verbal du 14 mai 1464, nous ne connaissions, jusqu'à présent, de la grange de Raoul Farcy, que ce qu'en dit Sauval, à savoir que c'était l'une des granges qui, avec la Grange-Batelière, existaient au XIIIe siècle dans les anciens marais de Sainte-Opportune, et qu'elle appartenait, en 1252, à Raoul Farcy (t. I, p. 76).

2. *Arch. Nat.*, MM 137, 138, 139, 140, 141.

mains de Jacques de Brézé, sénéchal de Normandie ; mais on n'en percevait encore rien pour les mêmes motifs[1]. Cependant le litige ne traînera plus de bien longues années. Une sentence des requêtes du palais, du 6 mars 1474, condamne Jacques de Brézé « détenteur et propriétaire de l'hôtel Barbette », à payer tous les arrérages échus pour les 8 livres 11 sols 4 deniers parisis de cens et rente dus annuellement au Temple, les dits arrérages liquidés à la somme de 200 livres tournois, et à cause desquels le dit hôtel a été déclaré saisi et mis en criées, autant que pour la continuation du payement des dits cens et rente[2]. Jacques de Brézé ayant interjeté appel contre cette sentence, un arrêt de la cour du parlement de Paris, du 3 juin 1475, le déclara mal appelé et le condamna aux dépens[3]. Mais de plus graves soucis ne devaient pas tarder à l'assaillir et le livrer à des démêlés judiciaires autrement sérieux.

La maison de Brézé était une famille très ancienne qui tirait son nom d'une seigneurie de l'Anjou[4]; elle ne commença à être connue qu'au XIVe siècle et s'illustra au siècle suivant en la personne du père même de Jacques de Brézé, le vaillant capitaine Pierre de Brézé, comte de Maulevrier, qui aida puissamment Charles VII à reconquérir la Normandie sur les Anglais, ce dont il fut récompensé par la charge héréditaire de maréchal et grand sénéchal de Normandie, sans compter d'importantes donations domaniales parmi lesquelles se trouvaient les terres d'Anet. Pierre de Brézé était déjà grand sénéchal d'Anjou et de Poitou et chancelier du roi de Sicile, le Roi René. Malheureusement ce fidèle et valeureux serviteur de Charles VII avait eu à combattre cet étrange dauphin qui conspirait contre son père en attendant de lui succéder. Aussi Louis XI s'empressat-il, à son avènement, de lui faire sentir durement sa vengeance : il le fit enfermer au château de Loches. Pierre de Brézé ne recouvrit sa liberté qu'à la condition de se rendre en Sicile, au service du duc d'Anjou, et de consentir au mariage de son fils Jacques avec Char-

---

1. *Arch. Nat.*, MM 142, 143, et S 5587³.
2. *Ibid.*, S 5072ᵃ, n° 22 de la 65ᵉ liasse.
3. *Ibid.*, S 5544, fᵒ 145 vᵒ.
4. La seigneurie de Brézé, à 19 kilomètres de Saumur.

lotte de France, fille aînée d'Agnès Sorel et de Charles VII. On verra comment cette royale bâtarde fit honneur à la maison de Brézé. Quoique resté toujours suspect à Louis XI, Pierre de Brézé reparut enfin à la cour et y jouit même de beaucoup de considération. Sa fin fut celle d'un soldat : il fut tué, le 16 juillet 1465, à la bataille de Montlhéry, au moment où il chargeait en tête de l'avant-garde de l'armée royale. Louis XI passa, non sans de grandes apparences de probabilité, pour avoir été le promoteur volontaire de cette mort.

Quant à notre dit Jacques de Brézé, qu'allait-il résulter du mariage politique et forcé qu'il avait contracté sous de si fâcheux auspices avec Charlotte de France? Quoique cette union eût déjà donné naissance à cinq enfants, elle aboutit, quinze années après sa célébration, à la catastrophe que nous allons laisser raconter par un chroniqueur contemporain [1].

« En ce temps, le samedi XIII° jour du moys de juing mil CCCC
« LXXVI, le séneschal de Normandie, conte de Maulevrier, fils de
« feu messire Pierre de Breszé, qui fust tué à la rencontre de Mont-
« lehéry, lequel monseigneur le séneschal qui s'en estoit alé à la
« chace près d'un village nommé Rouvres lez Dourdan [2], à luy appar-
« tenant, et avecques lui y avoit amené madame Charlote de France,
« sa femme, fille naturelle dudit feu roy Charles et de damoiselle
« Agnès Sorel, advint par male fortune après que la dicte chasse
« fut faicte et qu'ilz furént retournez au souper et au giste au dit
« lieu de Rouvres, le dit séneschal se retray seul en une chambre,
« pour ilec prendre son repos de la nuit, et pareillement sa dite
« femme se retrahy en une autre chambre. Laquelle meuë de leche-

_____

1. Voir le *Journal de Jean de Roye* connu sous le nom de *Chronique scandaleuse*, publié par M. B. de Mandrot pour la Soc. de l'Histoire de France, 1896, 2 vol. in-8 Cette chronique a été faussement attribuée à Jehan de Troyes, greffier de l'hôtel de Ville ; ce n'est que depuis quelques années seulement que l'on connaît son véritable auteur qui est Jehan de Roye, secrétaire du duc de Bourbon, Jean II (Cf. A. Vitu, *La chronique scandaleuse de Louis XI...*, Paris, Jouaust, in-8° de 92 pages; et M. B. de Mandrot, *Bibl. de l'École des Chartes*, t. LII, pp. 130-133).

En ce qui concerne l'affaire de Jacques de Brézé, le récit de la *Chronique scandaleuse* est à peu près conforme à celui qui se trouve contenu dans la requête que, dix ans après son crime, il présenta pour obtenir sa rémission (Cf. *Bibl. de l'Éc. des Chartes*, 2° série, t. V, p. 220, et *Mémoires de l'Académie des Inscriptions et Belles-Lettres*, t. XLIII, p. 684).

2. *Rouvres*, village situé à une demi-lieue d'Anet.

« rie [1] désordonnée, comme disoit son dit mary, tira et mena
« avecques elle ung gentilhomme du pays de Poictou, nommé
« Pierre de la Vergne, lequel estoit veneur de la chasse du dit sénes-
« chal, et lequel elle fist couscher avecques elle. Laquelle chose fust
« dicte au dit séneschal par un sien serviteur et maistre d'hostel,
« nommé Pierre l'Apoticaire. Lequel séneschal incontinent print
« son espée et vint faire rompre l'uys où estoient les dictes
« dame et veneur. Lequel de la Vergne il trouva en chemise en
« pourpoint auquel il bailla de son espée dessus la teste et au tra-
« vers du corps, et, depuis qu'il le eut veu mort, lui bailla cent cops
« d'espée et plus. Et après s'en ala en une chambre, ou retrait au
« joignant de la dite chambre il trouva sa dite femme mucée des-
« soubs la couste [2] d'ung lict où avoient couché ses enfans ; laquelle
« il print et tirant à bas lui bailla de la dicte espée au travers
« d'entre deux espaules, et puis, elle descendue à terre et est.nt à
« deux genoilz, lui traversa ladicte espée par deux fois parmy les
« tétins et l'estomac, dont incontinent elle ala de vie à trespas. Et
« puis l'envoya enterrer en l'abbaye de Coulons et y fist faire un
« service, et le dit Pierre de la Vergne fist enterrer en ung jardin au
« joignant de l'ostel où il avoit ainsi esté murdry. »

Si la vengeance du grand séneschal fut terrible, elle ne tarda pas
à lui coûter cher. La chambre du Conseil du Parlement, ayant été
aussitôt saisie de l'affaire, ordonna à Jacques de Brézé de se rendre
immédiatement prisonnier à la Conciergerie du Palais de Paris.
Néanmoins, au dire de Sauval, il fut élargi pour six semaines, à la
condition qu'il jurerait entre les mains du prévôt de Paris, ou de
ses lieutenants, et de l'un des quatre notaires de la Cour, de se
représenter, à l'expiration de ce temps, en personne avec ses complices, sous peine de bannissement et de confiscation de tous ses
biens ; et c'est justement dans son hôtel Barbette qu'il se consigna
pour obéir à l'arrêt du Parlement [3]. Réintégré à la Conciergerie, on
commença son procès, qui traîna en longueur, et la Cour ne rendit

1. Libertinage.
2. Lit de plume.
3. Sauval, *Amours des rois de France*, pp. 5 et 6 de l'édition in-f° publiée à la
suite du t. II de l'Histoire des Antiquités de Paris.

aucun jugement. Louis XI le fit ensuite transférer dans la grosse tour du château de Vernon, où il resta trois ans. De là, il passa en différentes prisons pendant l'espace d'environ un an ; puis le roi nomma des commissaires pour lui faire définitivement son procès ; ceux-ci le condamnèrent en cent mille écus envers le roi et à garder prison jusqu'à parfait payement. « Pour le paiement d'icelle somme et « pour yssir des dites prisons, icelui suppliant fust contrainct ced- « der et transporter au Roy toutes ses terres et héritaiges, se réser- « vant seulement deux milles livres de rente sa vie durant. » Mais le roi rendit aussitôt tous ses biens à Louis de Brézé, son fils aîné, et à ses quatre autres enfants par substitutions successives. Le père fit des protestations contre le jugement des commissaires et se réserva d'en appeler au Parlement de Paris ; mais tant que Louis XI vécut, Brézé craignit d'être accablé par la vengeance implacable de ce prince. Se sentant plus libre sous Charles VIII, qui ne deman- dait pas mieux que de faire oublier les torts de son père, il inter- jeta en effet appel du jugement des commissaires au Parlement de Paris, et obtint enfin ses lettres de rémission en août 1486. Rentré ainsi en possession de tous ses biens et offices, il vécut encore huit années. Amateur passionné de la chasse, il fut aussi quelque peu poète : on a conservé de lui deux opuscules en vers intitulés : *Le Livre de chasse du grand seneschal de Normandye*, et *les Ditz du bon chien Souillard* [1], ainsi qu'une ballade en l'honneur d'Anne de Beaujeu [2].

Après la mort de Jacques de Brézé, arrivée en 1494, son fils aîné Louis de Brézé, avec le titre de comte de Maulevrier et la charge de grand sénéchal de Normandie, hérita aussi de l'hôtel Barbette. Il exerça longtemps la charge de grand veneur de France et mourut à Anet en 1531. Il avait été marié d'abord à Catherine de Dreux, dont il n'eut pas d'enfants, puis à Diane de Poitiers, fille de Jean, seigneur de Saint-Vallier ; de ce second mariage il n'eut que deux

1. *Le Livre de chasse du grand seneschal de Normandye et les Ditz du bon chien Souillard*, s. l. n. d. [Paris, Pierre Le Caron], petit in-4° gothique de 12 feuillets ; a été réimprimé dans le *Trésor des pièces rares ou inédites* (13° vol.), Paris, Aubry, 1848, pet. in-8.

2. Cette ballade se trouve parmi les poésies manuscrites recueillies par Robertet, *Bibl. nat.*, ms. fr. supplément 208.

filles : Françoise de Brézé, morte en 1594, qui épousa Robert de La Marck, duc de Bouillon, et Louise de Brézé, dame d'Anet, qui épousa, en 1547, Claude de Lorraine, duc d'Aumale. Comme son père, fervent disciple de saint Hubert, il a aussi laissé quelques écrits sur le « noble et recommandable art de la vénerie » : ce sont des lettres, datant de 1518 à 1530, mais qui n'ont été mises en lumière et publiées pour la première fois que depuis une vingtaine d'années environ [1]. Cependant, malgré ses brillants services et ses prouesses cynégétiques, Louis de Brézé, comte de Maulevrier, grand sénéchal de Normandie, n'a conservé qu'un titre auprès de la postérité, c'est d'avoir été le mari de Diane de Poitiers.

Après la mort de Louis de Brézé, l'hôtel Barbette resta en la possession de son illustre et « honneste » veuve. Cependant Diane de Poitiers ne paraît pas y avoir souvent ni longtemps séjourné, car il est probable qu'il commençait alors à être fort délabré et à n'être plus du goût d'une aussi grande et puissante dame. Quoi qu'il en fût, il importe de signaler que les censiers du Temple des années 1528 à 1550 [2], ainsi qu'un titre du 23 février 1545 [3], désignent sous le nom d'hôtel des Fusées l'ancienne petite Barbette que nous avons vue indiquée, sur le *Procès-verbal des criées de 1464*, comme joignant le grand hôtel Barbette et située sur la censive qui fut à Michel Mignon, puis à son héritier Michel Culdoë.

Or, cette dénomination de « *fusées* » dont, à première vue, l'origine semble énigmatique, doit tout simplement évoquer le souvenir personnel de la reine Isabeau, dont le blason était *fuselé en bande d'argent et d'azur*, c'est-à-dire de Bavière [4]. On n'ignore pas non plus que, en terme héraldique, les fusées étaient des losanges allongés en forme de fuseaux : c'est ce qui a fait aussi employer le mot losangé pour fuselé, par plusieurs héraldistes, en blasonnant les armoiries des anciens ducs de Bavière [5].

1. *Les chasses de François Ier racontées par Louis de Brézé* et publiées par le comte de la Ferrière, Paris, Auguste Aubry, 1873, petit in-8.

2. *Arch. Nat.*, MM 156 à 169.

3. *Ibid.*, S 5073b, n° 7 de la 66e liasse ; — S 5544, f° 147 v°.

4. P. Ménétrier, *Nouvelle méthode raisonnée du blason*, Lyon, 1770, in-8 ; — Lorédan Larchey, *Armorial de la Toison d'or*, Nancy, 1892, in-f°, p 100.

5. P. Anselme, *Hist. généalogique*, t. I, p. 112 ; — Rietstap, *Armorial général*.

Suivant l'usage de son temps, la reine Isabeau avait fait répéter ses armoiries un peu partout, soit en émail sur des hanaps, ou peintes en tapisserie sur les tentures de ses salles, à la grande fureur, a-t-on dit, de son pauvre époux Charles VI, qui, dans sa démence, ne pouvait en supporter la vue, sans entrer aussitôt dans un accès de frénésie [1]. Aussi, quelque destination qu'elle ait donnée à cette partie de l'ancien hôtel de Montagu, appelée la petite Barbette, soit en l'adoptant pour son habitation particulière, ou bien en l'affectant au logement de ses serviteurs et de ses officiers, il paraît certain que, suivant la même raison d'usage, les fusées de Bavière, peintes ou sculptées, devaient orner la porte de ce séjour et lui servir d'enseigne.

Le souvenir des fusées d'Isabeau est resté pendant quelque temps attaché au nom d'une rue, qui est à peu près dans le prolongement de la rue de la Perle et qui aboutissait au derrière de l'hôtel des Fusées. Cette rue, qui s'était appelée d'abord rue de Thorigny à cause du voisinage d'un hôtel de ce nom, puis rue du Petit Paradis, à cause d'une enseigne, portant ce vocable, qui y était pendue, est devenue, depuis au moins trois siècles, la rue du Parc-Royal parce qu'elle conduisait jadis au parc de l'hôtel royal des Tournelles. De cette rue, le nom de fusées aurait passé quelque temps à un hôtel qui y a été bâti dans la première moitié du dix-septième siècle, et qu'on voit encore vis-à-vis la rue de Sévigné [2]. Enfin ce souvenir héraldique est resté si vivace dans ces parages que nous l'avons retrouvé sur le Plan général de la censive du Temple en 1789 [3], servant de dénomination au petit fief qui longeait alors la rue de la Perle et occupait la moitié environ de l'espace compris entre cette rue et la rue Barbette actuelle : il s'agit du fief des Fusées, dont nous avons eu déjà occasion de parler ailleurs [4].

Avec Diane de Poitiers, l'antique et vénérable logis de Barbette

1. Vallet de Viriville, *Isabeau de Bavière*, pp. 10 et 32.
2. Lefeuve, *Les anciennes maisons de Paris*, t. IV, p. 439.
3. Arch. Nat., N⁴ — 14 (Seine).
4. Voir notre article sur l'Hôtel de Thorigny (*Bulletin de la Soc. de l'Hist. de Paris et de l'Ile-de-France*, 22ᵉ année, 1895, pp. 72 et 73.)

jouit peut-être encore de quelque lustre ; mais ce ne dut être, assurément, qu'un dernier reflet de ses splendeurs d'antan. Quant à l'histoire de cette illustre favorite, elle est trop connue pour tenter seulement d'en présenter ici la moindre esquisse. Il nous suffira de rappeler qu'elle était de sang royal par sa grand'mère, une bâtarde de
Louis XI, qui avait été mariée au sire de Saint-Vallier, son grand-
père. Cependant le nom de Saint-Vallier nous ramène malgré nous
au souvenir des prétendus rapports de galanterie qui auraient existé
entre Diane de Poitiers et François Ier. C'est une légende, ou pour
mieux dire un mensonge historique, que ne font pas même pardonner les beaux vers qu'y a consacrés Victor Hugo dans *le Roi
s'amuse*. Rien ne prouve d'ailleurs cet amour du père avec celle qui
devait être plus tard la maîtresse de son fils. Il semble plutôt que cette
légende n'a été inventée que pour flétrir l'acte de clémence du roi
pour le père de Diane, en disant que celle-ci l'avait payé de son dés-
honneur. Si le roi n'eût pardonné qu'à ce prix honteux, il eût pardonné tout à fait, car des grâces achetées à ce prix ne se donnent
pas à demi, et il n'eût pas gardé le malheureux de Saint-Vallier en
prison plus de quatre ans après. Si François Ier fut clément, c'est à
cause du gendre, mari de Diane, M. de Brézé, fidèle et dévoué serviteur, que son zèle pour le roi avait conduit à dénoncer M. de Saint-
Vallier, mais sans nul doute avec l'espoir du pardon : le châtiment
de celui qu'il livrait l'eût trop puni lui-même [1].

Née en 1499, Diane de Poitiers était déjà quadragénaire et veuve
depuis sept ou huit ans, lorsqu'elle devint la maîtresse de Henri II,
alors dauphin, qui n'avait que dix-huit ans. Malgré une telle dis-
proportion d'âge, elle sut toujours conserver le même empire sur le
cœur de ce prince, tant ses grâces et sa rare beauté restèrent à
l'épreuve du temps. Après la mort si tragique de son royal amant,
elle se retira en son château d'Anet qu'elle avait fait construire par
Philibert de l'Orme ; elle y mourut en 1566, depuis longtemps
abandonnée de ses anciens courtisans, et ne devant sans doute
d'avoir échappé aux terribles rancunes de Catherine de Médicis

---

1. Édouard Fournier. *L'Esprit dans l'histoire*, pp. 159, 160.

qu'en lui abandonnant le château de Chenonceaux. Son titre de duchesse de Valentinois date de la deuxième année du règne de Henri II.

Si l'hôtel Barbette servit peu ou point d'habitation à Diane de Poitiers, elle n'en fut pas moins « propriétaire et détempteresse », ainsi qu'elle le reconnut suivant déclaration par devant notaires au Châtelet de Paris, le 23 février 1545 [1], pour les 8 livres 11 sols 4 deniers parisis de cens et rente à payer et continuer de payer chaque année au Temple pour le dit hôtel : mention de cette redevance est encore faite, sur deux cueilloirs des années 1549 et 1550, de la façon suivante [2] :

« Madame la duchesse de Valentinois, pour plusieurs grandes maisons, cours, jardins et appartenances, tenant, d'une part, à Monseigneur Jehan de la Ballue, et d'autre part à l'hôtel des Fusées, appelé l'hôtel Barbette, doit par an de fons de terre, cens et rente

8 livres 11 sols 4 deniers parisis ».

A partir de 1553, cette redevance ne fut plus que de 12 deniers tournois, parce que, suivant un édit du roi de la même année concernant les rentes foncières de Paris, le cens de l'hôtel Barbette était payé au Temple par le prévôt et les échevins de la ville de Paris, à raison de 13 livres 6 sols 5 deniers tournois chaque année, Diane de Poitiers s'étant rachetée de cette rente foncière suivant acte passé par devant notaires du Châtelet le 24 janvier 1553 [3].

1. *Arch. Nat.*, S 5073b, n° 7 de la 66e liasse ; et S 5544 f° 147 r°.
2. *Ibid.*, MM 168 et 169.
3. *Ibid.*, MM 170.

CHAPITRE VI

Diane de Poitiers ne garda pas le vieil hôtel de la reine Isabeau jusqu'à sa mort ; car, en 1561, c'est-à-dire cinq années auparavant, ses deux filles, Françoise de Brézé, veuve de Robert de La Marck, duc de Bouillon, et Loyse de Brézé, femme du prince Claude de Lorraine duc d'Aumale, en étaient déjà propriétaires par indivis, et pouvaient en disposer pour le morceler et le vendre lot par lot.

C'était encore « ung grand hostel consistant en plusieurs places,
« maisons, estables, édifices, courts, jardins et lieux nommés et
« appelés autrement l'hostel de Barbette, assis en cette ville de
« Paris, en la Vieille-rue-du-Temple ; les dits lieux comme ils se
« poursuivent, comportent et estendent de toutes parts et de fonds
« en comble ; ayant issue par derrière en la rue de Dianne [1] et en
« la rue des Poullyes, autrement dicte des Francs-Bourgeois, tenant
« d'une part au jardin de feu Mgr. Jehan Bertrand, en son vivant
« cardinal de Sens, d'autre part à M. l'évesque de Mende [2], abou-

---

1. Cette rue a été plus tard appelée rue *des Trois Pavillons*, à cause d'une maison, dite des Trois Pavillons, située au coin de la rue des Francs-Bourgeois et de celle-ci, qui appartint à Anne Châtelain, femme du fermier des gabelles, Aubert de Fontenay, celui qui fit construire l'hôtel Salé rue Thorigny. Quant au nom de Diane que cette rue a d'abord porté, c'est évidemment en souvenir de Diane de Poitiers. C'est à tort que Sauval a dit qu'elle a été ouverte sur l'emplacement de l'hôtel Barbette, car elle existait déjà sous le nom de rue Culture Sainte Catherine en 1545 (Jaillot, t. III, quartier Saint-Antoine, p. 99). C'est aujourd'hui la rue Elzévir.

2. En ce temps-là, l'évêque de Mende était Nicolas Dangu. (Voir notre notice sur

« tissant d'un bout par derrière aux susdites rues Dyanne et des Poul-
« lyes, et d'autre bout par devant à la dicte Vieille-rue-du-Temple...

« Et pour ce que les lieux estoient en grand ruyne et décadence,
« et que les dictes dames n'en faisoient leur profflict, et qu'ils en
« pourroient tenir grands deniers en les vendant et aliénant, icelles
« dames en auroient faict faire plusieurs places et partitions à ce
« cognoissans, et auroient faict asscavoir à plusieurs personnes que
« les dictes places et lieux estoient à vendre [1]..... »

C'est la fin de ce fameux logis qui abrita de si hauts personnages, dont une reine de France, et qui, depuis un siècle, appartenait à la famille de Brézé. De nouveaux hôtels s'élèveront bientôt
sur l'emplacement de ses anciens bâtiments démolis, de ses cours et
de ses jardins abandonnés, au travers desquels une rue sera
ouverte en 1563, et perpétuera par sa dénomination le souvenir de
la célèbre et royale résidence disparue.

Nous voulons parler de la rue qu'on devait d'abord appeler la
la grande rue de Barbette [2], mais qui fut en réalité baptisée rue
Neuve de Barbette, en attendant d'être la rue Barbette tout court.
Quant au prolongement de la Vieille-rue-du-Temple, qui, dans ces
parages, avait été jadis dénommée rue de la Poterne Barbette ou
bien rue de la Courtille Barbette, puis rue Barbette, il devint alors
la rue Vieille Barbette ou la Vieille rue Barbette ; le nom de
Vieille rue du Temple ne lui fut donné qu'au commencement du
xviie siècle. Cependant, de ces différentes dénominations, il n'en est
point, au dire de Sauval, que l'on ait autant tâché de conserver que
celui de Barbette. « car, en 1596 et en 1608, les grands prieurs du
« Temple firent réformer les enchères de deux maisons de cette
« rue, où l'on avoit mis qu'elles étoient assîses dans la Vieille-rue-
« du-Temple... ; et, par deux sentences du Châtelet, ils firent ordon-
« ner qu'à la place il seroit écrit qu'elles étoient situées dans la
« Vieille rue Barbette, et cela dans un temps qu'on commençoit à
« oublier son nom et se lasser de la nommer [3]. »

l'Hôtel de Thorigny, dans le *Bulletin de la Société de l'histoire de Paris et de l'Ile-de-
France*, 1895, p. 72.]
   1. Titre de propriété de M. Coutela du 9 novembre 1561 (cote n° 40).
   2. *Ibid.*
   3. Sauval, t. I, pp. 163, 164.

Afin de compléter l'étude que nous avons entreprise sur ce coin de notre vieux Paris, nous allons rapporter succinctement l'histoire de chacune des maisons qui ont été construites sur l'emplacement de l'hôtel Barbette, et dont l'ensemble délimite exactement, par son contour, le périmètre véritable de cet ancien et royal pourpris. Pour cela, nous adopterons l'ordre topographique indiqué par la feuille n° 18 du Plan terrier du Temple de 1789 [1], où chacune de ces maisons se trouve figurée et désignée par une sorte de numéro cadastral.

N° 24. — *La Maison « du Petit Paradis »*. — Cette maison représentée actuellement par le n° 11 *bis* de la rue Elzévir, et située à l'angle de la rue du Parc-Royal, vers l'entrée de la rue de Thorigny, occupait l'emplacement de la parcelle de terrain achetée, le 8 octobre 1561, aux filles de Diane de Poitiers, les duchesses de Bouillon et d'Aumale, par Jean d'Alimaire et sa femme Nicole Marchand, qui y firent construire une maison appelée le Petit Paradis [2]. Après eux, cette maison appartint à Jean Després, bourgeois de Paris, puis à Jean de Donon, s[r] de Montpéroult, trésorier des bâtiments du roi [3], qui en fit déclaration le 3 janvier 1601, et la vendit, le 22 décembre 1628, à M. Aimé Péronnet de Siron, trésorier de France. La veuve de ce dernier, dame Élisabeth Le Sergent, la revendit, le 16 février 1647, à Jean Doublet, dont le fils Jean Doublet, avocat au parlement, hérita ; celui-ci, par testament du 8 juillet 1715, légua l'immeuble à Bernard Garnier, procureur en la cour de parlement, et à son épouse Madeleine Deshayes. Enfin, par sentence de licitation du 8 juillet 1758, rendue, aux requêtes du Palais, entre les héritiers dudit Garnier et de son épouse, Me Jacques de Commines, écuyer, s[r] de La Borde et de Marsilly, s'en rendit

---

1. *Arch. Nat.*, N[4] 14 (Seine). — Nous reproduisons ce plan à la suite du présent volume.

2. *Ibid.*, MM 172 ; S 5591, 5596 et 5081 [5]. — C'est à cause de l'enseigne de cette maison que la rue du Parc Royal a été appelée pendant quelque temps la rue du Petit Paradis.

3. Jean de Donon, s[r] de Montpéroult, était en 1590 concierge du château de Fontainebleau et contrôleur des bâtiments dudit château ; en 1608, il était concierge du Louvre, et il visitait, l'année suivante, les quais de Paris, comme contrôleur général des bâtiments de S. M. (Bauchal, *Nouveau dictionnaire des Architectes français*).

adjudicataire : il en était encore propriétaire en 1789 [1], et il y avait pour locataire M. de Saint-Laurent, grand-maître des eaux et forêts [2].

N° 23. — *Hôtel d'Estrées ou de Corberon* (aujourd'hui n°ˢ 2, 4, 6, 8 et 10 de la rue Barbette). — Parmi les pièces qui établissent le cens de cet hôtel, le « Procès verbal des criées et oppositions du Châtelet du 14 mai 1464 » et un « titre nouvel » de Diane de Poitiers du 23 février 1545 sont mentionnés [3].

En 1571, Guillaume Lottin, conseiller du Roi et maître ordinaire de la chambre des comptes, succédait en ce lieu, d'une part, à la veuve d'un maître-étuvier, Pierre Lenoir, pour une maison correspondant à présent au n° 8 de la rue, et, d'autre part, à Simon Bellanger, médecin ordinaire du Roi, pour un jardin correspondant aux n°ˢ 2, 4 et 6 actuels. Au dit Lottin succéda Gilles de Montpéroult, sʳ de La Bleige, maître des requêtes, qui vendit la propriété, le 13 décembre 1635, à Léonard Goulas, conseiller du Roi en ses conseils d'État et privé, secrétaire des commandements de Monsieur, frère du Roi ; lequel (au droit du n° 6 actuel) augmenta en profondeur ladite propriété d'une superficie de 24 toises qu'il acheta au sʳ Péronnet de Siron, trésorier de France, le 25 mars suivant, pour y bâtir une annexe à la maison qu'il avait auparavant acquise du sʳ de Montpéroult [4]. Quant à la partie correspondant au n° 10 actuel, elle avait d'abord été achetée aux filles de Diane de Poitiers par Jehan Foucault, concierge de l'hôtel neuf de Montmorency ; la veuve de celui-ci en hérita ; elle passa ensuite à Jean Duhamel en 1596 [5], puis à Marie Legrand, puis à Étienne Perriquet, receveur des gabelles de Lyon [6].

Enfin, le tout (n°ˢ 2, 4, 6, 8 et 10 actuels) appartint à un frère de la belle Gabrielle, François-Annibal d'Estrées, maréchal de France qui en fit déclaration le 16 décembre 1663 et le 24 mai 1668 ; il y

1. *Arch. Nat.*, S 3638, pp. 435 à 438.
2. Watin fils, *État actuel de Paris, ou le provincial à Paris*, 1789, Le Temple, p. 104.
3. *Arch. Nat.*, S 3638, p. 600.
4. *Ibid.*, MM 171 et 172 ; S 5591 et 5596.
5. *Ibid.*, S 5591 et 5396.
6. *Ibid.*, S 5081 ⁵ et 5081 ⁴.

mourut deux ans après, le 5 mai 1670, âgé de 98 ou 102 ans. C'est assurément lui qui fit construire l'hôtel qui existe encore. Son petit-fils François-Annibal III d'Estrées en hérita, et le vendit, le 10 février 1689, au s^r de La Briffe, procureur général du Roi au parlement de Paris. Les héritiers de ce dernier, entre autres, Louis Bonnet, maître des requêtes, et sa femme, Marguerite de La Briffe, vendirent à leur tour la propriété, le 29 octobre 1709, à Henry Pajot, s^r du Bouchet, écuyer, conseiller, secrétaire du roi. Le fils de celui-ci, Henry Pajot du Bouchet, grand-maître des eaux et forêts de France au département de Champagne, la céda, le 15 juin 1742, à J.-B. René Moulle, écuyer, ancien trésorier de l'extraordinaire des guerres; lequel la revendit, le 12 juin 1750, à M. Pierre-Daniel Bourrée de Corberon, chevalier, conseiller au parlement, et plus tard président à mortier, lequel en était encore propriétaire en 1789 [1], alors que M. Michel Masson de Meslay, président de la chambre des comptes, et M. du Brié, ancien trésorier de la guerre, y étaient ses locataires [2].

Devenu propriété nationale à la Révolution, cet hôtel fut alors aliéné au profit d'un sieur Balime, qui le revendit à l'Etat, le 22 novembre 1810, pour en faire la première succursale des établissements d'éducation de la Légion d'Honneur, dont la maison mère était alors à Ecouen [3]. Supprimée en 1850, cette succursale fut transférée à Ecouen, dont l'établissement était resté fermé depuis 1814;

1. *Arch. Nat.*, S. 5638, pp. 600 à 604.

2. Watin fils, *loc. cit.* Le Temple, p. 12; *changements et additions*, p. 26.

3. Un chapitre, peu connu, de l'histoire de l'art sous le régime révolutionnaire se rattache à l'hôtel de Corberon. Pendant ces temps troublés, il avait été occupé par un collectionneur courageux qui avait réussi à recueillir une partie des plus importants tableaux des églises de Paris, que le gouvernement mettait journellement en vente au dépôt de l'hôtel de Nesle, accomplissant pour la peinture ce qu'Alexandre Lenoir faisait pour les monuments de la peinture. Cet amateur intrépide — nous pensons que c'était le peintre expert Lebrun, auquel ses fonctions de membre de la commission des Arts donnaient des facilités toutes particulières — mit à son tour cette collection en vente à l'hôtel de Corberon, dans l'année 1810, en annonçant que la vente en détail n'aurait lieu que s'il n'y avait pas acquéreur pour la totalité. Le catalogue imprimé à cette occasion comprend 162 peinture. La Grande Aumônerie Impériale comprit que ces tableaux, sauvés presque miraculeusement, ne devaient pas être dispersés à nouveau; elle acquit la collection et renvoya les toiles dans-les églises pour lesquelles elles avaient été peintes ou dans les paroisses qui les remplaçaient. (Voir A. de Champeaux, *L'art décoratif dans le vieux Paris*, Paris, 1898, 1 vol. in-4, pp. 190-191.)

puis, le 22 novembre 1851, les anciens bâtiments de l'hôtel de Corberon furent vendus à M. Charles Camus, commissionnaire en produits chimiques. Depuis lors, le commerce n'a pas cessé d'occuper cette vaste demeure. Le jardin a été sacrifié pour faire place à des magasins ; les appartements aussi ont subi les transformations nécessaires à leur nouvelle destination ; mais ils gardent encore quelques traces de leur ancienne ornementation ; quelques frises et quelques corniches, magnifiques spécimens du XVIIᵉ siècle, ont été respectées et même réparées avec assez de goût. Un escalier superbe et spacieux, de l'époque de Louis XV, à rampe en fer forgé, aux murs décorés de panneaux peints en marbre, aux encoignures dorées et chargés d'attributs guerriers en relief, conduit à ces appartements dont la plus belle pièce était un salon qu'éclairaient cinq hautes fenêtres, et dont les portes étaient surmontées de cadres où s'ébattaient des jeux d'enfants qu'on aurait dit sortis du pinceau de Watteau ou de Lancret ; malheureusement ces peintures en ont disparu depuis plusieurs années. Au-dessus de la grand'porte, sur la rue, deux C enlacés gardent encore le souvenir du président de Corberon.

Nº 27. — *La Maison du Dᵣ Missa* (nº 12 de la rue Barbette). — Le plus ancien titre censitaire de cette partie de l'ancien hôtel Barbette remonte à l'an 1219, lors de l'abandon que les religieux de Saint-Ladre firent aux Templiers du cens que ceux-ci étaient obligés de leur payer. Cet endroit faisait, à l'origine, partie de la culture appelée anciennement la « terre à Pierre le Maréchal », et depuis « culture Barbette ». Le terrain fut vendu, en 1561, par les filles de Diane de Poitiers à Guillaume d'Abaucourt, tapissier du roi et concierge de l'hôtel de Guise, et passa ensuite à Guillaume Brissonnet, maître des requêtes, puis à Pierre Millesant, conseiller du roi, maître de la chambre des comptes, qui en était détenteur en 1596 [1]. Après celui-ci, la propriété passa à Charles Lemaître, puis à ses enfants, Charles et Jean-Jacques Lemaître, mineurs d'ans, dont le tuteur, Jérôme de La Robie, écuyer, sᵣ de Grandchamp, fit déclaration le 7 avril 1633. La maison n'appartenait plus qu'à Charles Lemaître, lorsque

---

1. *Arch. Nat.*, S 5073ᵇ, 9ᵉ nº de la 66ᵉ liasse ; S 5596.

dame Charlotte Cochin de Rozeaux, épouse non commune en biens de M. Louis Dumée de Sacq-Epée, conseiller d'Etat, la lui acheta, le 25 juin 1661, pour la revendre, le 7 septembre de l'année suivante, à Jean Le Normand, écuyer, payeur des rentes de l'Hôtel de Ville, et à dame Marie Mauger, son épouse, dont le fils, J.-B. Le Normand, écuyer, commissaire de la gendarmerie de France, hérita. Les filles de celui-ci, MM^mes Néret et Labouret, la possédèrent après lui par indivis, jusqu'à ce que l'une d'elles, Marie-Mathieu Le Normand, épouse de Noël-François-Julien Néret, acquit, le 9 juillet 1737, par voie de licitation, la part de sa sœur, Jeanne Le Normand, veuve de François Labouret, lieutenant particulier au bourg de Soissons. Après la mort de Mme Néret, la maison passa tout entière aux mains de son fils, Jean-François Néret, qui la vendit enfin, le 31 janvier 1774, à M. Michel Missa, docteur régent de la faculté de médecine de Paris, ancien médecin des camps et armées du roi, qui la possédait et y demeurait encore en 1789 [1] ayant pour locataires, Mme la marquise de Trion et M. le comte de Trion, son fils [2].

N° 28. — *Hôtel Biqot de Chorelle* (n° 14 de la rue Barbette). — Comme pour la maison précédente, les titres du cens remontent, pour celle-ci, à l'an 1219, alors que son emplacement faisait partie de l'ancienne terre à Pierre le Maréchal, devenue la culture Barbette. Le lieu appartint d'abord à Jehan Maugrin, procureur en la chambre des comptes, par suite de l'acquisition qu'il en fit, le 17 novembre 1561, des filles de Diane de Poitiers par l'intermédiaire de Guillaume Dugué, organiste du roi [3], puis à Guillaume de Longueville, qui le vendit, le 1er août 1577, à Pierre Lhermitte, secrétaire du roi. Le 19 décembre 1609, la veuve de ce dernier, Anne Lesueur, vendit à son tour la propriété à Jean Palot, secrétaire du roi, dont la veuve, Louise Hurault, fit déclaration le 20 janvier 1650; leur fille, qui en avait hérité, en fit cession, le 30 octobre 1685, à Louis Raymond, notaire; lequel la mit en adjudication pour en purger les

---

1. *Arch. Nat.*, S 5638, pp. 454 à 458.
2. Watin fils, *loc. cit.*, le Temple, *changements et additions*, p. 26.
3. *Arch. Nat.*, S 5591 et 5596; MM 172; S 5073^b, n° 9 de la 66e liasse.

hypothèques ; et, par décret du Châtelet du 4 décembre 1688, dame Geneviève Poucet de la Rivière, épouse séparée de biens de M. François Glué, s^r d'Epainville, conseiller du roi, en devint adjudicataire. Le 26 juin 1700, Isaac Bigot, écuyer, s^r de Morognes, la lui acheta à son tour et la légua à son neveu Jacques Bigot de La Motte, chevalier conseiller d'Etat, intendant de la marine de Bretagne, qui en hérita le 8 mars 1713. Le fils de celui-ci, Pierre-Samuel Bigot de Chorelle, chevalier, s^r d'Acmorillon, auquel cet héritage échut le 19 février 1754, la vendit enfin, le 15 février 1779, à Pierre Lebastier, marchand épicier, qui en était encore propriétaire en 1789 [1], et y logeait M. le marquis de Romé et sa femme, et Mme Dionis de Carrière [2].

N° 29. — *Hôtel de Choissy* (n° 16 de la rue Barbette). — Cette maison appartint : d'abord à Jean Le Peuple, bourgeois de Paris, qui en avait acquis le terrain des filles de Diane de Poitiers ; puis à son fils, Pierre Le Peuple, après qui vinrent Claude Oudet, maître d'hôtel du roi, puis la fille de celui-ci, Adrienne Oudet, qui avait épousé Louis de Bragelonne, conseiller du roi au grand conseil [3], lequel fit déclaration de la propriété le 8 avril 1633 ; son fils, Charles de Bragelonne, la vendit, le 6 janvier 1672, à Jeanne Gargan, veuve de Charles Berthe, s^r de Clermont. La fille de celle-ci, Jeanne Berthe de Clermont, épouse de Thomas de Choissy, marquis de Mongeville, seigneur de Vernay et autres lieux, en hérita le 7 juillet 1717. Le petit-fils de ce dernier, M. Charles-Jean de Choissy, marquis de Mongeville, ancien capitaine de cavalerie, chevalier de Saint-Louis, demeurant ordinairement à Nancy, était propriétaire de la maison en 1789 [4], et y avait pour locataires, M. le marquis de Ferrière et sa femme [5]. Elle fut vendue, à la Révolution, comme bien national à M. de Vallienne, allié à la famille de Joinville. Depuis, M. Brière de Valigny, conseiller à la cour de cassation, y a longtemps habité [6].

1. *Arch. Nat.*, S 5638, pp. 451 à 454.
2. Watin fils, *loc. cit.*, Le Temple, *changements et additions*, p. 26.
3. *Arch. Nat.*, S 5081^b et 5081ⁱ.
4. *Arch. Nat.*, S 5638, pp. 448 à 451.
5. Watin fils, *loc. cit.*, le Temple, *changements et additions*, p. 26.
6. Lefeuve, t. I, p. 119.

N° 3o. — *Hôtel Massu* (n° 18 de la rue Barbette). — Cet immeuble ne formait, à l'origine, qu'une seule propriété avec le précédent (n° 29) ; il était de même provenance et subit les mêmes mutations jusqu'à la mort d'Adrienne Oudet, veuve de Louis de Bragelonne, laquelle en avait encore fait déclaration le 4 novembre 1650. Elle y eut pour successeurs Guillaume Barbe et Marie-Anne Sauval, son épouse, puis le fils de ceux-ci, Pierre Barbe, écuyer, qui vendit la maison à Isaac Bigot de la Touanne, le 12 février 1677 ; le fils de celui-ci, Jacques Bigot, chevalier, seigneur de la Mothe, conseiller d'Etat, en hérita le 19 février 1744 et fit déclaration le 29 juillet 1753 ; ses héritiers en firent cession, le 22 novembre 1786, à J.-B.-Edouard Massu, ancien conseiller du Roi, receveur des tailles en l'élection des Andelys, et à son frère, Louis Massu, écuyer, conseiller, secrétaire du Roi, qui en étaient encore propriétaires par indivis en 1789 [1], ayant pour locataires, M. le marquis de Ternay et son épouse, et M. de Varennes des Carrières, secrétaire du Roi [2].

N° 3r. — *Hôtel de Migien* (n° 20 de la rue Barbette). — L'emplacement de cet hôtel fut acquis des filles de Diane de Poitiers par Jean Le Peuple, bourgeois de Paris, pour y construire ; après lui, l'immeuble passa aux mains de sa veuve, Jean Lyard, et de son fils, Pierre Le Peuple, qui le vendirent, le 25 novembre 1586, à Michel Simon, conseiller du Roi, et payeur général du grenier à sel de la généralité de Soissons ; celui-ci le revendit, le 5 mars 1601, à Etienne Guérin, secrétaire de la chambre du Roi, dont la veuve fit déclaration le 7 février 1632 [3]. Leur fils, Louis Guérin, les y remplaça, puis Jean Ménard et sa femme, Marguerite Guérin, lui succédèrent ; enfin, par contrat d'échange du 4 septembre 1665, Anne de Marle, veuve de Pierre Malasève, s'y trouvait aux droits de ces deux derniers, et vendit la propriété, le 23 décembre 1676, à Antoine Justin de Cherrière, sr de Joulape, dont le fils, Claude de Cherrière, maître des comptes, hérita. La veuve de celui-ci, Marguerite Meliand, épouse en secondes noces de M. de Saint-Père, en

1. *Arch. Nat.*, S 5638, pp. 445-448.
2. Watin fils, *loc. cit.*, le Temple, *changements et additions*, p. 26.
3. *Arch. Nat.*, S 5596 ; S 5073ᵃ, n° 8 de la 67ᵉ liasse.

fit déclaration les 2 mars et 4 août 1736 ; ses petits-enfants, Barbe-Charlotte de Migien et son frère, Anselme-Michel-Laurent de Migien, chevalier, officier au régiment des gardes françaises, en héritèrent à leur tour et en firent déclaration le 2 janvier 1753. Enfin, le 8 mai 1762, ladite demoiselle de Migien en restait seule propriétaire par suite de la vente par licitation faite entre elle et son frère ; elle y figurait encore au même titre en 1789 [1].

N° 32 (n° 22 de la rue Barbette). — Cette maison possédait un titre de cens de l'an 1219, analogue à celui des n°s 27 et 28 dont nous avons parlé précédemment, et qui concerne également l'ancienne culture Barbette, auparavant la terre à Pierre le Maréchal [2]. Elle faisait, à l'origine, partie des six maisons que Jehan Le Peuple, marchand et bourgeois de Paris, avait fait bâtir de neuf sur une place acquise par lui aux filles de Diane de Poitiers [3] ; son fils en fit déclaration le 18 novembre 1566 et le 27 mai 1595. La fille ou la sœur de celui-ci, Marie Le Peuple, épouse de Jean Dufaÿ, en hérita, et, après eux, leur fils, Jean Dufaÿ, écuyer, la vendit, le 3 juin 1639, à Christophe Demoire. Le fils de ce dernier, Adrien Demoire, en hérita à son tour et la vendit, le 8 juin 1653, à Nicolas Huet, dont la fille Andrée-Charlotte Huet, épouse de M. Flavy, s^r de l'Essart, trésorier de France, hérita également et la revendit, le 1er août 1690, à Jean-Adam Ronden, qui la transmit à son fils Michel Ronden. La veuve de celui-ci en fit déclaration le 19 juin 1752 et la laissa après elle à son fils, Michel Ronden, sur la succession vacante duquel elle fut adjugée, le 3 juin 1780, à Louis-Marin Bonnet, graveur [4].

N° 33 (n° 72 de la rue Vieille-du-Temple). — Cette maison, comme la précédente, possédait un titre de cens remontant à l'an 1219 et concernant la culture Barbette, auparavant la terre à Pierre le Maréchal. Elle faisait partie, au même titre, des six maisons de

<hr>

1. *Arch. Nat.*, S 5638, pp. 442 à 445.
2. *Ibid.*, p. 419.
3. *Ibid.*, S 5594 et 5596, et MM 172.
4. *Ibid.*, S 5638, pp. 419 à 422.

Jehan Le Peuple dont nous avons parlé au numéro précédent ; puis elle se trouva comprise dans les trois maisons qui furent l'objet de la déclaration faite par Jean et Madeleine Dufay, et par Pierre et Marie Dufaÿ le 17 février 1632 ; elle est enfin celle que Jehan Dufaÿ vendit, le 3 février 1639, à Christophe Demoiré, contrôleur provincial des guerres, et à sa femme, Anne Sauval, dont le fils, Adrien Demoiré, conseiller du Roi et contrôleur des guerres hérita. Celui-ci la vendit, le 21 avril 1686, à Marguerite Roussin, épouse d'Étienne Renou, laquelle étant devenue veuve la revendit, le 2 juillet 1706, à sa fille Marguerite Renou, alors épouse de Pierre Chicoylet de Corbigny, écuyer, secrétaire du Roi. Cette dernière, devenue épouse en secondes noces et non commune en biens de Denis Virtois, conseiller du Roi, président honoraire au présidial de Troyes, vendit la maison, le 31 août 1734, à Pierre-François Bergeret, écuyer, secrétaire du Roi et fermier général, qui la donna en dot, le 7 janvier 1737, à sa fille, Marie-Suzanne-Éléonore Bergeret, lors de son mariage avec Louis-Jacques-Charles Hocquart, trésorier de l'artillerie. Celui-ci, enfin, la céda le 21 février 1756, à Pierre Payen, marchand bourgeois de Paris [1].

N° 34. — *Hôtel Bigot de Morognes* (n° 74 de la rue Vieille-du-Temple). — En tête des titres du cens de cette maison, on trouve la mention de la donation que Jehan Gehennis et sa femme Héloïse firent du revenu de leurs poulies à la maison du Temple en 1271 [2]. Le 7 avril 1567, Guy Février, contrôleur des aides et tailles en l'élection de Rouen, fit déclaration en ce lieu d'une maison de 8 toises et demie en largeur sur la rue et de 22 toises et demie en profondeur, tenant au jeu de paume de « la sphère » qui dépendait de l'hôtel des Fusées [3]. Le 3 octobre 1595, Étienne Pujet, trésorier général de l'artillerie, en fit à son tour déclaration ; il était là au lieu de Rolland Février, qui avait succédé à Guy Février [4]. Après eux vint Jean Pallot, secrétaire du roi, qui fit déclaration de cette mai-

1. *Arch. Nat.*, S 5638, pp. 424 à 427.
2. *Ibid.*, id., p. 427.
3. *Ibid.*, MM 172 ; S 5591.
4. *Ibid.*, S 5596.

son le 14 février 1632 ; puis la veuve de celui-ci, Louise Hurault, qui en fit aussi déclaration le 21 janvier 1654 ; puis Marie Lyonne, veuve de Charles Perrochel, sr de Grande, qui la vendit, le 13 juillet 1676, à Pierre Bigot, écuyer, conseiller du roi, contrôleur des gardes-suisses, dont le fils, Jacques Bigot de la Motte, chevalier conseiller d'État, hérita. Elle échut ensuite en partage, le 19 février 1754, au fils du précédent, Sébastien-François Bigot, sr de Morognes, chevalier de Saint-Louis, chef des escadres des armées navales du roi, qui la vendit, le 4 août 1764, à Marie Bernard, veuve de François Bailly, ancien marchand de vin ; laquelle la revendit, le 28 juin 1783, à Claude Menant, conseiller du roi, ancien payeur des rentes sur l'Hôtel de Ville [1].

No 21. — *Hôtel de Souvré* (no 5 de la rue Elzévir). — Les titres du cens de cette maison mentionnent un « titre nouvel » du 3 janvier 1601 de Jean de Donon, contrôleur des bâtiments du roi, lequel possédait en 1571, en cet endroit, c'est-à-dire à l'angle des rues Diane (Elzévir) et Neuve-Barbette, un lot de 560 toises [2] ; puis une déclaration de Laurent Le Lectier du 8 mai 1655. Louis Longuet, sr de Vernouillet, qui était aux droits des héritiers de celui-ci, en fit aussi déclaration le 14 octobre 1659 et la vendit à titre d'échange, le 27 février 1665, à Marguerite Barentin, veuve en premières noces de Charles de Souvré, marquis de Courtenvaux, puis en deuxièmes noces d'Urbain de Laval, chevalier marquis de Bois-Dauphin. La fille de Marguerite Barentin, la marquise de Louvois, en hérita et la laissa, après sa mort, à son fils Louis Le Tellier de Rabenat, marquis de Souvré et de Louvois, à qui elle échut le 10 mars 1721. Le fils de celui-ci, François-Louis Le Tellier de Rabenat marquis de Souvré et de Louvois, lieutenant général de Navarre et de Béarn et maître de la garde-robe du roi, vendit enfin cette maison à Charles-Jean Guillemin, chevalier marquis de Courchamp, le 2 mars 1740 ; laquelle maison passa par voie d'héritage, le 4 août 1765, aux mains de Louis-Guillaume de Kercadon, chevalier

1. *Arch. Nat.*, S 5638, pp. 427 à 432.
2. *Ibid.*, S 5591 ; MM 172.

comte d'Igny, mestre de camp de cavalerie, chevalier de Saint-Louis, lieutenant des gardes du corps de Mgr le comte d'Artois, qui la possédait encore en 1789 [1].

N° 22. — *Hôtel de Goussainville* (n° 7 de la rue Elzévir). — Cette parcelle de l'ancien hôtel Barbette faisait partie, en 1571, du lot de 560 toises que possédait en cet endroit le contrôleur trésorier des bâtiments du roi, Jean de Donon, et qu'eut après lui Claude Mortier, conseiller du roi et secrétaire de ses finances, puis Josias Mortier [2]; elle fut l'objet d'une déclaration du 20 avril 1633 de Jean de Baugy, écuyer s[r] de Landeville, et d'Isabeau des Vallées, femme séparée de biens de Mesmes Gallet, s[r] de Roches, chacun pour moitié. La propriété passa ensuite à Jean Bazin, écuyer, qui en fit la déclaration le 13 décembre 1663 ; il en était alors possesseur avec sa sœur, dame Bazin, épouse d'Alexandre de Morognes-Bourdin, chevalier seigneur d'Amedan. Le 30 mai 1687, le dit Jean Bazin et sa dite sœur, qui était devenue veuve, vendirent cette propriété à Pierre Berthe, chevalier, s[r] de Clermont, conseiller au grand Conseil, et à Marie-Éléonore de Liesse, son épouse. Les enfants de ceux-ci, François-Edme Berthe de Clermont, chevalier, s[r] de Boinvilliers, et sa sœur Charlotte-Henriette Berthe de Clermont en héritèrent chacun par moitié. Le 23 mars 1720, Clermont de Boinvilliers vendait sa part à Charles Legendre, bourgeois de Paris ; trois ans après, le 9 janvier 1723, sa sœur cédait l'autre moitié à Antoine-Nicolas de Nicolaï, marquis de Goussainville, premier président en survivance de la chambre des comptes ; lequel devenait possesseur de la propriété tout entière en achetant au susdit Charles Legendre la moitié que lui avait cédée, trois ans auparavant, le s[r] de Clermont de Boinvilliers.

Le susdit Nicolas de Goussainville étant venu à mourir avant son père, Jean-Antoine de Nicolaï de Goussainville, premier président de la chambre des comptes, celui-ci hérita de la propriété et en jouit jusqu'à sa mort avec son épouse, Françoise-Élisabeth de Lamoi-

1. *Arch. Nat.*, S 5638, pp. 439 à 442.
2. *Ibid.*, MM 172, S 5591, S 5596, S 5081[5].

gnon. Leur fille Marie-Élisabeth de Nicolaï, épouse de Louis-
Charles, marquis de La Châtre, en hérita le 21 janvier 1738. Enfin
la fille de ces derniers, Louise-Élisabeth de La Châtre, épouse non
commune en biens de Louis-Pierre, comte de Jeaucourt, en hérita à
son tour le 15 mars 1773, et en était encore propriétaire en 1789 [1],
ayant pour locataires M. de Marsilly et son épouse [2].

N° 19. — *Hôtel Le Mayrat de Saint-Cyr* (n° 3 de la rue Barbette
et n° 26 de la rue des Francs-Bourgeois). — Cette propriété ne fit
partie de l'hôtel Barbette qu'en ce qui correspond actuellement au
n° 3 de la rue Barbette; laquelle partie se trouvait comprise dans
le lot de 560 toises que Jehan de Donon, contrôleur des bâtiments
du roi, possédait en cet endroit en 1571. Quant au surplus, nous
verrons plus loin que c'était une portion du jardin du cardinal Jean
Bertrand. Ces deux parties furent réunies de bonne heure en un seul
immeuble, qui s'étendait de la rue Barbette à la rue des Francs-
Bourgeois, et appartenait en 1630 à Alphonse Le Berche, écuyer,
s[r] de Sandreville [3], lequel en fit déclaration le 6 mars 1635. Cet
immeuble passa ensuite aux mains du s[r] Corneille, sur qui il fut
saisi réellement et vendu par adjudication, le 22 janvier 1656, à
Marie Poncet, veuve de Jacques Hubert, maître des comptes;
laquelle fit en donation, suivant contrat de partage du 7 janvier 1657,
à ses deux frères, Michel Poncet, abbé de Venet, qui en eut un tiers,
et Pierre d'Ably, conseiller d'État et maître des requêtes, qui eut
les deux autres tiers et en fit déclaration le 1er mai 1664. Le fils de
ce dernier, Mathias Poncet de La Rivière, maître des requêtes et
président du Grand Conseil, était propriétaire du tout quand, par
testament du 20 août 1693, il le légua à son fils Pierre Poncet de
La Rivière, comte d'Ably, conseiller au Grand Conseil, qui en reçut
le legs le 2 juillet 1698, pour le vendre, vingt jours après, à Guillaume Vallier, président à mortier au parlement de Metz, lequel en
fit déclaration le 7 avril 1703, et dont la fille, Aimée-Geneviève Val-

1. *Arch. Nat.*, S 5638, pp. 26-29 et 138-139.
2. Watin fils, *loc. cit.* Le Temple, p. 104.
3. *Arch. Nat.*, S 5081[5].

lier, épouse de Joachim Le Mayrat, chevalier, s[r] de Bruyères, hérita le 29 mars 1731. Le fils de ceux-ci, Charles Le Mayrat, en hérita à son tour le 29 août 1770. En 1789, la propriété, encore en entier, appartenait par individis à Eudoxie-Thérèse Le Mayrat, épouse d'Alexandre-Charles-Marie Prévost, comte de Saint-Cyr, officier au régiment de la colonelle générale cavalerie, et à Louise-Thérèse-Charlotte Le Mayrat, épouse de Pierre de Gibertès, officier au même régiment ; lesquelles en avaient hérité de leur père, Charles Le Mayrat, le 30 novembre 1774 [1]. La partie, formant aujourd'hui le n° 3 de la rue Barbette, était louée, en 1789, à M. Laurent Desgranges, régisseur des étapes [2] ; tandis que la maison, représentée actuellement par le n° 26 de la rue des Francs-Bourgeois, était occupée par le susdit comte de Saint-Cyr et son épouse [3].

N° 17. — *Hôtel de Thumery* (n° 5 de la rue Barbette). — Cette partie de l'ancien hôtel Barbette appartint d'abord à Pierre Lenoir, maître étuvier, qui en fit déclaration le 5 mars 1565 ; puis à Pierre Gilbaut, prêtre, docteur en droit et chanoine de Reims, qui la bailla à titre de location, le 15 juin 1599, à Robert Chesnau, écuyer, s[r] de Cantilly. Aux termes du bail, c'était une maison consistant « en un corps d'hôtel avec cour, puits, jardin, cuisine, étable, salle basse, cave et grenier [4] ». Le 7 décembre 1610, Martin Lyonne, secrétaire ordinaire de la chambre du Roi, achetait cette maison aux héritiers du chanoine Pierre Gilbaut [5]. Elle passa ensuite aux mains de Pierre Mérault, qui en fit déclaration le 20 août 1665 ; puis à Pierre de Larche, conseiller au parlement, dont hérita, au titre de légataire universelle, Madeleine Le Coigneux, épouse de Germain-Christophe de Thumery, chevalier, s[r] de Boissise ; leur fils, Germain-Christophe de Thumery, marquis de Boissise, président au parlement de Paris, en hérita à son tour le 7 février 1715, et la

---

1. *Arch. Nat.*, S 5638, pp. 493 à 496.
2. Watin fils, *loc. cit.*, Le Temple, *changements et additions*, p. 26.
3. *Ibid.*, p. 6.
4. *Arch. Nat.*, S. 5073[a], 5e n° de la 67 liasse.
5. *Ibid.*, 7e n° id.

laissa aussi à son fils René de Thumery, chevalier, marquis de Boissise, qui en fit déclaration le 31 août 1721. La sœur de celui-ci, Madeleine de Thumery de Boissise, épouse de J.-B. de Flesselles, comte de Brégis, en hérita et la vendit, étant veuve, à François-Octave Souchet, écuyer, s^r de Bisseaux, le 27 mai 1748. La veuve de ce dernier, Françoise-Rose Cormier, en était encore propriétaire en 1789 [1].

N°s 16 et 18. — *Hôtel de Montarran* (n° 7 de la rue Barbette et n° 28 de la rue des Francs-Bourgeois). — Ces deux numéros ne formaient avant la Révolution qu'une seule propriété dont l'entrée principale était rue des Francs-Bourgeois. Ils représentaient cependant deux maisons d'origines bien distinctes. Le n° 16, qui ne communique avec la rue Barbette que par un passage longeant le n° 17 et qui n'était qu'une dépendance du n° 18 dont les bâtiments regardent la rue des Francs-Bourgeois, fit seul partie de l'ancien hôtel Barbette : il avait appartenu, en 1574, à Julien de Morennes, procureur en la chambre des comptes [2].

Quant au n° 18, il avait d'abord fait partie d'un grand jardin ayant appartenu au cardinal Jean Bertrand, puis à son fils, Guillaume Bertrand, s^r de Villemor en Berry, conseiller d'Etat, qui en fit déclaration le 20 février 1568. Après ce dernier, le jardin ayant été divisé en quatre lots, le n° 18 représentait le lot qui appartint d'abord à Anne d'Aquerre, veuve de Ludovic Adjacerto, comte de Châteauvillain [3], puis, vers 1598, aux héritiers de Guillaume Mortier, s^r de Montault, commissaire ordinaire des guerres [4]. Après ceux-ci, les deux propriétés (n°s 16 et 18) n'en formèrent plus qu'une seule, pour laquelle un censier de 1630 désigne, comme

---

1. *Arch. Nat.*, S 5638, pp. 458 à 461.
2. *Ibid.*, S 5591 et MM 172.
3. Le comte de Châteauvillain avait son hôtel dans la Vieille-rue-du-Temple ; après lui, cet hôtel appartint au marquis d'O, surintendant des finances. Les créanciers du marquis d'O ayant fait saisir cet immeuble, il fut vendu par voie d'adjudication, en 1655, aux religieuses de l'hôpital de Sainte-Anastase, dites de Saint-Gervais, qui y transférèrent leur monastère, lequel fut supprimé à la Révolution et remplacé depuis par le marché des Blancs-Manteaux.
4. *Arch. Nat.*, S 5596 et MM 173 et 174.

titulaire, Etienne Briois, s^r de Bagnolet, payant 12 deniers parisis de cens, au lieu du président de Mesmes, et auparavant de Denys Feydeau, s^r de Bois-le-Vicomte [1].

Le 1er août 1639, Guillaume de Bordeaux, s^r de Geneloy, secrétaire d'Etat, s'était rendu adjudicataire de cette propriété sur le curateur de la succession vacante de feu Etienne Briois. Le 8 juin 1650, ledit Guillaume de Bordeaux en fit déclaration ; après lui, elle passa par indivis aux mains de ses deux filles, Marie de Bordeaux, épouse de Jacques Sanguin, chevalier, s^r de Livry, et Catherine de Bordeaux. Après celles-ci, Louis Sanguin, marquis de Livry, qui s'y trouvait aux droits de Marie de Bordeaux, sa mère, et de Catherine de Bordeaux, sa tante, vendit l'immeuble, le 18 mars 1709, à Jean-Jacques Michaud de Montarran, s^r de Beaurepaire, et autres lieux, doyen du Grand Conseil et ci-devant trésorier des états de Bretagne.

La même année, Michaud de Montarran fit changer, par les soins de l'architecte Boffrand, la façade de l'hôtel sur la rue des Francs-Bourgeois et transforma cette maison en une habitation superbe. Cet hôtel eut alors pour locataire le chancelier Voysin, que Mme de Maintenon avait d'abord fait nommer intendant de Saint-Cyr, puis conseiller d'État et ministre de la guerre. Le dernier duc de Roquelaure, petit-fils de celui qui avait conseillé le premier au roi Henri IV de quitter Gabrielle d'Estrées, s'installa dans l'hôtel laissé vacant, en 1717, par le décès du chancelier Voysin. Héritier d'un nom haut placé, tant dans les fastes militaires que dans ceux de la gaieté française, Roquelaure fut nommé maréchal de France en 1724, et mourut en 1738, ne laissant que deux filles [2].

Le susdit Jean-Jacques Michaud de Montarran étant mort, son fils, Jacques-Marie-Jérôme Michaud de Montarran, chevalier, s^r de Beaurepaire et autres lieux, intendant du commerce, hérita de la maison, le 1er avril 1751, pour la vendre, trois années après (le 24 juillet 1754), à J.-B. Thomas, chevalier, marquis de Pange. Le fils de ce dernier, J.-B. Thomas de Domangeville, chevalier, baron

1. *Arch. Nat.*, S 5081^b.
2. Lefeuve, t. V, p. 248.

de Mareuil, s^r de Chouilly et autres lieux, maréchal de camp aux armées du Roi, en hérita le 10 juin 1769. Sa femme, Marie-Pauline de Roche-Monteix de la Roche Vernassal, vendit l'hôtel, par procuration de son mari, le 9 juillet 1774, à Charles Chastel, écuyer, trésorier général de l'artillerie et du génie, qui en était encore possesseur en 1789 [1].

La partie de cet hôtel formant actuellement le n° 7 de la rue Barbette était, en 1789, habitée par M. le marquis de Chabert, inspecteur du dépôt de la marine, et sa femme, et par Madame la présidente de Tachères ; tandis que la partie, représentée aujourd'hui par le n° 28 de la rue des Francs-Bourgeois, était occupée par ledit M. Chastel et par le comte et la comtesse de Pinieux [2]. A partir du commencement de la Restauration, les bâtiments de cette partie servirent de caserne à la gendarmerie du département de la Seine, tandis que les bâtiments s'ouvrant au n° 7 de la rue Barbette furent affectés au logement des officiers de cette gendarmerie. De nos jours une école municipale a remplacé la caserne des gendarmes, jusqu'à ce que les bâtiments sur la rue aient été abattus, il y a quelques années, pour être remplacés, par une maison de rapport de six étages, occupée en partie par un dépôt d'eaux minérales.

N° 15. — *Hôtel Turgot* (n° 9 de la rue Barbette). — Le terrain avait appartenu, après les filles de Diane de Poitiers, à Pierre Thierriat ; puis à Pierre de Saint-Jorre, puis à Julien de Morennes, procureur en la chambre des comptes, qui en fit déclaration le 14 juin 1567 [3]. Il passa ensuite aux mains de Claude Lesueur, trésorier à Metz ; puis au chanoine Pierre Gilbaut, par voie d'adjudication au parc civil du Châtelet, le 6 août 1586 ; Pierre Gilbaut en vendit à son neveu Pierre Lhermitte, bourgeois de Paris, le 24 novembre suivant, une partie qui servait d'écurie [4]. Le 27 mai 1598, Anne Lesueur, veuve dudit Pierre Lhermitte, qui, de son vivant, avait été secrétaire ordinaire de la chambre du Roi, vendit cette

---

1. *Arch. Nat.*, S 5638, pp. 489 à 492.
2. Watin fils, *loc. cit.*, *Le Temple, Changements et additions*, pp. 6, 26 et 27.
3. *Arch. Nat.*, MM 172.
4. *Ibid.*, S 5073^a, n° 3 de la 67e liasse.

partie, qui était devenue une maison composée de deux corps d'hôtel avec cour et jardin, à Jehan Du Metz, conseiller du Roi et trésorier de l'ordinaire des guerres en Ile-de-France. La fille de celui-ci, dame Du Metz, veuve du s' Charles de Martinville, baron de Touteville, en passa déclaration le 22 février 1639. Guillaume de Bordeaux, intendant des finances, devint ensuite propriétaire de cette maison, et sa fille, madame la présidente de Pommereuil, en hérita après lui, et la laissa par indivis, après elle, à ses deux fils : Jacques-Alexandre de Pommereuil, gouverneur de la ville de Douai, et J.-B. de Pommereuil, maître des comptes. Après ceux-ci, la propriété passa à leur héritier, Pierre Boutet de Marivault, premier gentilhomme ordinaire du duc d'Orléans, régent ; il la légua, après sa mort, à Madeleine-Françoise Martineau, épouse de Michel-Etienne Turgot, conseiller d'Etat et ancien prévôt des marchands [1], laquelle en fit déclaration le 3 mars 1753, et dont son fils, Anne-Robert-Jacques Turgot, s' de l'Aulne et autres lieux, ministre d'Etat, hérita le 4 mars 1765 [2]. Celui-ci résidait d'habitude à son hôtel de la rue de Bourbon Saint-Germain ; il mourut en 1781. Son frère, le chevalier Etienne-François Turgot, brigadier des armées du roi en 1764, dut assurément lui succéder dans la propriété ; en tout cas, il avait cessé de vivre en 1789. Cela n'empêche qu'à la Révolution, la maison fut confisquée comme bien d'*émigrés présumés* [3]. Elle avait été habitée, en 1789, par Bertrand de Molleville qui était intendant de Bretagne depuis 1784, et devint ministre de la marine en 1791 [4]. En messidor an III, elle fut vendue par la Nation à M. Deschamps, dont le fils en était encore propriétaire en 1837 [5].

N 14. — *Hôtel Le Mayrat d'Ozembray* (n° 11 de la rue Barbette). — Le terrain, ancienne partie de l'hôtel Barbette, avait appartenu à Julien de Morennes, procureur en la chambre des comptes,

1. Le prévôt des marchands Michel-Etienne Turgot résidait ordinairement à son hôtel de la rue Portefoin n° 12.
2. Arch. Nat., S 5638, pp. 161 à 164.
3. Lefeuve, t. I, p. 115.
4. Watin fils, *loc. cit.*, *Le Temple, Changements et additions*, p. 26.
5. Lefeuve, t. I, p. 116.

puis au chanoine Pierre Gilbaut, avant d'être, en 1630, à Martin
Lyonne, trésorier général des ligues suisses et des Grisons[1] ; lequel
en fit déclaration le 15 février 1632. La maison existait alors ; elle fut
saisie réellement sur ledit Lyonne et son épouse Catherine Alméras,
et fut adjugée, par arrêt de la cour des aides du 20 septembre
1637, à Marie Delaistre, veuve de Denis Legros, qui en fit
déclaration le 28 mai 1647, et dont hérita sa fille, Marie Legros,
épouse de Guillaume Parfait, s' des Tournelles, conseiller en la
grande chambre du Parlement. Cette maison passa ensuite à Marie-
Michelle-Madeleine Parfait, seule héritière de Guillaume Parfait
et plus tard épouse de Louis de Melun, chevalier, s' de Maupertuis,
capitaine des mousquetaires du Roi[2]. Un peu avant son mariage, en
1682, Mlle Parfait avait loué cette maison, suivant un bail de 6 ans,
à Louis Molé, s' de Champlâtreux, Luzarches et autres lieux, conseiller du Roi, président du Parlement, qui était fils de l'illustre
Mathieu Molé, et petit-fils d'Edouard Molé, le négociateur de l'abju-
ration de Henri IV[3]. Les susdits époux de Maupertuis la vendirent,
le 1er septembre 1685, à Antoine Le Mayrat, chevalier, s' de
Nogent, conseiller du Roi et maître en la chambre des comptes.
Celui-ci la légua, par testament du 1er janvier 1705, à son fils, Joachim Le Mayrat, chevalier, marquis de Bruyères-le-Châtel, s' de
Praville, président de la Chambre des comptes, qui en fit déclaration le 30 mars 1733 et le 5 mai 1753. La maison passa ensuite aux
mains de la fille de ce dernier, Marie-Aimée Le Mayrat, épouse de
Léon-François Legendre, comte d'Ozembray, lieutenant général des
armées du Roi[4] ; ils avaient pour locataires, à la fin du règne
de Louis XV, M. de Mareuil, avocat général en la cour des aides.
Sous la première république, cette propriété appartint à M. de Mont-
bel ; puis elle passa aux mains de M. Carouge, juge à la cour

---

1. *Arch. Nat.*, S 5081.
2. Louis de Melun se distingua au siège de Candie en 1669, et conquit, en 1677, sous
les ordres de Turenne, le grade de brigadier de cavalerie que Louis XIV lui donna
sur la brèche de Valenciennes qu'il avait emportée d'assaut. Il défendit, en 1694, la
ville du Havre contre les Anglais et les Hollandais, et mourut lieutenant général en
1721.
3. Lefeuve, t. I, p. 116.
4. *Arch. Nat.*, S 5638, pp. 164 à 167.

d'appel ; puis à Mme la baronne de Septenville qui la vendit à M. de Clermont, lequel en était encore possesseur en 1857 [1].

N° **10** *bis*. — *Hôtel Le Marié d'Aubigny* (n°s 13 et 15 de la rue Barbette). — Le terrain faisait partie de la place, allant jusqu'à la Vieille-rue-du-Temple, qui fut vendue, le 9 novembre 1561, par les filles de Diane de Poitiers, suivant contrat passé devant les notaires Anthoine Becquirel et Guillaume Cothereau, à Jacques Le Gay, greffier de Forest, valet de chambre ordinaire du Roi. Sur ce contrat, la place est ainsi définie : « une place faisant partie des hos-
« tels, courts et jardins de Barbette, contenant, sur la Vieille-rue-du-
« Temple, du costé d'une autre place baillée... à messire René Gazil
« conseiller du Roy et controlleur général de son artillerye..., vers
« la rue qui sera faicte de neuf, appelée la grande rue de Barbette,
« six toises ung pied ou environ de large, sur la profondeur de
« trente-cinq toises ou environ, ayant sur la largeur de derrière
« huict toises ou environ, lequel derrière aboutissoit sur une ruelle
« ou allée de six pieds de largeur appartenant audict Gazil ; le mur
« de laquelle ruelle ou allée ledit Le Gay sera tenu néantmoings
« faire à ses propres compte et despens, et à la charge que icelluy
« Le Gay ses hoirs et ayans cause ne pourront à l'advenir avoir
« aucunes veuës, bées, esgouts, ne servitude, sur icelle ruelle ou
« allée, parce que elle appartient totalement audict s^r Gazil par le
« moyen de la vendition, cession et transport qui luy ont par cy
« devant esté faicts,.... ; tenant d'une part, la totalité de ladicte
« place, au dict Gazil...... d'autre part à ladite rue Neufve qui sera
« faicte de Barbette, aboutissant d'un bout par devant à ladicte
« Vieille-rue-du-Temple, et par derrière à ladicte ruelle ou allée ven-
« due audit Gazil, comme dict est ; tous les dicts lieux contenant
« ensemble en quarré deux cens soixante et trois toises et demye
« ou environ [2].... »
Sur les censiers de 1571 et 1572, cette propriété est indiquée comme appartenant à Pierre Le Goix, marchand de vin et bourgeois

---

1. Lefeuve, t. I, p. 118.
2. Titre de propriété de M. Coutela, Cote n° 40.

de Paris, « au lieu de Jacques Le Gay [1] », celui-ci la lui ayant vendue
le 23 décembre 1567. Elle passa ensuite à Jean Alméras, s[r] de la
Saussaye et de Saint-Rémy, conseiller, notaire et secrétaire du Roy
et audiencier en la chancellerie de Paris [2], qui, après y avoir fait
construire deux corps d'hôtels entre cour et jardin, vendit le tout, le
24 mars 1600, à Claude Leroux, conseiller du Roi et trésorier provincial de l'extraordinaire de la guerre en Champagne [3]. Un censier
de 1630 indique en ces lieux, comme propriétaire, Adam Barthélemy,
s[r] de Bissy, conseiller du Roi en la cour des aides, au lieu de Mlle Leroux [4]. Le 7 décembre 1649, Jean Barthélemy, s[r] de Longperrier,
en fit déclaration. En vertu du testament de Pierre Mérault, s[r] de
Bonnet, du 31 janvier 1668, Pierre de Larche, conseiller au parlement, époux de Perette Gargan, en hérita comme légataire particulier [5], et vendit la propriété, le 26 juin 1675, à Gabriel Choart, s[r]
de Béville. Celui-ci étant mort, la direction de ses créanciers la
revendit, le 30 avril 1715, à Marguerite Lefebvre de La Barre, veuve
de Thierry Sevin, s[r] de Quincy, président aux enquêtes du Parlement. Le 12 juillet 1727, Antoinette Lefebvre de La Barre, sœur de
la précédente et veuve de Charles-Symon Feydeau, s[r] des Ormeaux,
fut adjudicataire de différentes parties, par acte de licitation passé
entre elle et J.-B.-Alexandre Lefèbvre de La Barre, chevalier, son
frère ; le restant appartenait à Olivier Lefèbvre, s[r] d'Ormesson et du
Chéré, par suite de la donation qui lui en avait été faite à son contrat de mariage par la présidente de Quincy, sa tante. En 1736,
Jérôme Le Marié d'Aubigny, conseiller du Roi et maitre ordinaire
en la Chambre des comptes, acheta la totalité de François de Paule
Lefebvre d'Ormesson, conseiller au parlement et commissaire aux
requêtes du Palais, neveu de la présidente de Quincy par sa
mère Jeanne-Marguerite Lefebvre de La Barre, qui avait hérité

1. *Arch. Nat.*, S 5591 et MM 172.
2. *Ibid.*, S 5073ᵃ, n° 2 de la 67ᵉ liasse : S 5544, p. 147 v°.
3. *Ibid.*, S 5073ᵃ, n° 4 de la 67ᵉ liasse ; S 5544, p. 147 v°.
4. *Ibid.*, S 5081⁵.
5. C'est sans doute aussi par voie d'héritage que Pierre de Larche avait succédé,
comme nous avons déjà vu, à Pierre Mérault pour la maison qui devint l'hôtel de
Thumery.

d'Antoinette Lefebvre de La Barre, veuve de Charles-Symon Feydeau, s^r des Ormeaux, laquelle était héritière et fille de François Lefebvre de La Barre, frère et héritier de ladite dame de Quincy. En 1780, cette propriété appartenait à J.-B. Le Marié d'Aubigny, conseiller du Roi en ses conseils et avocat général en la chambre des comptes, en qualité de fils et d'héritier de Jérôme Le Marié d'Aubigny susmentionné : c'était, aux termes du terrier de cette année, « une maison sise en la rue Barbette, tenant, d'une part, vers le « nord, à ladite rue Barbette, d'autre part, vers le midi, aux bâti- « ments et jardins de M. de Pommereu ; d'un bout vers orient à « une *allée de passage* servant de sortie au jardin dudit s^r de Pom- « mereu sur ladite rue Barbette, et d'autre bout au s^r Gallot [1]..... »

Dupuis, l'auteur de l'*Origine des cultes*, ancien membre de la convention et du Conseil des Cinq-Cents, habitait cette maison au commencement de l'Empire [2].

N° 10. — *Hôtel de Brégis* (n° 17 de la rue Barbette et n° 68 de la rue Vieille-du-Temple). — L'emplacement de cette maison fit d'abord partie du n° 10 *bis*, que nous venons de voir successivement appartenir à Jacques Le Gay, à Pierre Le Goix, à Jean Alméras, puis à Claude Le Roux. Parmi les titres du cens de ladite maison, il y a deux déclarations : l'une de Jean et Madeleine Dufaÿ du 17 février 1632 ; l'autre de Jean Barthélemy, écuyer, s^r de Longperrier, du 27 décembre 1640, après lequel la propriété passa, par voie d'héritage, à Adam-Pierre Barthélemy, chevalier, s^r de Bissy, conseiller au parlement, époux de Geneviève-Louise-de Villemonté. Ceux-ci la cédèrent, à titre d'échange, à Christophe de Thumery, s^r de Boissise, par contrat du 25 juin 1666 ; le fils de ce dernier, Germain-Christophe de Thumery, s^r de Boissise, conseiller du Roi et président de la deuxième chambre des enquêtes, en hérita et la donna en dot à sa fille, Madeleine de Thumery, à son contrat de mariage du 14 mars 1695, lorsqu'elle épousa J.-B. de Flesselles, comte de Brégis. Nous avons vu précédemment que les de

---

1. *Arch. Nat.*, S 5638, pp. 467 à 471.
2. Lefeuve, t. I, p. 118.

Thumery possédaient déjà un hôtel au n° 5 de cette même rue Barbette, et que la comtesse de Brégis en avait hérité de son frère. Après la mort de son époux, elle vendit la maison dont il est à présent question, le 14 décembre 1731, à Hélène Garlin, veuve de Jacques Noblot, maître sellier; puis les créanciers de celle-ci la vendirent à leur tour, le 24 juillet 1755, à Marie Fouquet, veuve de Pierre Gallot, marchand de vin, qui la possédait encore en 1789 [1].

N° 9. — *Hôtel de Pommereu* (n°° 64 et 66 de la Rue-Vieille-du-Temple). — Une grande partie du terrain de cet immeuble fut cette parcelle que le sr René Gazil, contrôleur général de l'artillerie, acquit, en 1561, des filles de Diane de Poitiers, et qui longeait la place vendue peu après par celles-ci à Jacques Le Gay. Une petite ruelle de six pieds de large la faisait communiquer, à son extrémité, avec la rue Barbette, ainsi qu'il en a été question précédemment, en parlant de l'hôtel Le Marié d'Aubigny (n° 10 *bis*).

Sur deux censiers de 1571, on voit que l'acquisition de René Gazil était déjà passée aux mains des héritiers de feu Jacques du Mollin, en son vivant seigneur de Briis et de Servon, qui avait déjà succédé au susdit Gazil [2]. Sur les censiers de 1596 à 1599, Jean Aimeret, écuyer, sieur de Velluyre, prend, en cet endroit, la place des héritiers du sieur de Briis [3].

Quant au surplus de l'immeuble qui nous occupe à présent, déclaration en fut faite, le 1er mars 1565, par Loÿse Hérouët, dame de Vaux-la-Reine, et veuve de Jehan Rivière, notaire et secrétaire du roi. Ainsi que nous le verrons plus loin, elle était déjà propriétaire des maisons situées entre l'hôtel Barbette et la rue des Francs-Bourgeois. Elle avait fait acquisition de cette place, peu de temps auparavant, des filles de Diane de Poitiers; laquelle place est ainsi définie sur les censiers des années 1571 et 1572 : « une place en « laquelle il y a escuries, chambres ou galletas, faisant partie des

---

1. *Arch. Nat.*, S 5638, pp. 314 à 318.
2. *Arch. Nat.*, S 5591 et MM 172.
3. *Ibid.*, S 5596 et MM 172, 173 et 174.

« hostels, courts et jardins de Barbette, en laquelle place est la prin-
« cipale porte par laquelle on souloit entrer au dict hostel de Bar-
« bette, tenant d'une part à la maison (de ladite Hérouët), d'autre
« part aux héritiers de feu Jacques Mollin, aboutissant par derrière
« à M. Guillaume Bertrand [1]... » Cette indication est pour nous des
plus intéressantes, car elle précise, d'une façon définitive, l'emplacement de la porte de l'hôtel Barbette, occupé, depuis lors, par la
grand'porte du n° 64 actuel de la rue Vieille-du-Temple.

Loÿse Hérouët posséda cette place jusqu'à sa mort, arrivée le
25 octobre 1582 [2]. Après elle, le censier de 1596 y désigne Laurent
de La Barre, marchand de chevaux, au lieu des héritiers de Loÿse
Hérouët [3]. En décembre 1596, Pierre Gaudart, conseiller au parlement, se rendit adjudicataire de cette place, qui avait été saisie sur
Laurent de La Barre [4].

Le censier de 1630 indique en ce lieu, comme propriétaire,
Jacques Gaudart, conseiller du Roi en ses conseils d'état et privé,
au lieu de François Gaudart son père ; la propriété consiste alors en
« une maison composée de trois corps d'hôtel, dont l'un a pour
enseigne, *les trois tortues* [5]. » Jacques Gaudart fit déclaration de
cette maison le 12 février 1632 [6]. Le censier de 1672 y indique
encore un s^r Gaudart comme propriétaire [7]. En 1691, le chevalier du
Guet y demeurait ; il comptait parmi ces amateurs d'art qu'on nommait alors des « curieux [8] ». Le 17 septembre 1705, J.-B. de Pommereu, conseiller du Roi et maître des requêtes, en fit déclaration ; son
fils, Alexandre-Jacques marquis de Pommereu, capitaine au régiment
de Royal infanterie, en hérita le 3 février 1738, et en fit déclaration

1. *Arch. Nat.*, S 5591 et MM 172.
2. *Bibl. Nat.*, Manuscrits, *Épitaphes*, vol. 8237, p. 372.
3. *Arch. Nat.*, S 5596.
4. *Ibid.*, S 5073^b, n° 14 de la 66e liasse. — Un conseiller du parlement, du nom de
Gaudart, fit construire, en 1603, une chapelle à côté de celle qu'Étienne Pujet, conseiller du roi et trésorier de l'épargne, avait fait construire, trois années auparavant,
près de la chapelle Saint-Pierre dans l'église Saint-Gervais à Paris. (L'abbé Lebeuf,
édit. Cocheris, t. I, p. 344).
5. *Arch. Nat.*, S 5081^b.
6. *Ibidem*, S 5638, p. 410.
7. *Ibid.*, S 5081^b.
8. *Le Livre commode des adresses de 1692*, par Abraham Du Pradel, publié par
Édouard Fournier, Paris, Daffis, 1878, in-16, p. 223.

le 28 mai suivant et le 4 mars 1752. En 1780, cette maison appartenait par indivis, savoir : pour une moitié, 1° à Armand-Michel de Pommereu, chevalier, conseiller du Roi, conseiller honoraire au parlement de Paris, président au parlement de Normandie, en qualité d'héritier du susdit marquis de Pommereu, son oncle paternel ; et 2° à Jacques-Michel de Brion, marquis de Marolles, aussi comme héritier du marquis de Pommereu, et conjointement avec le susdit Armand-Michel de Pommereu ; enfin pour l'autre moitié, à Marie-Agnès de Pommereu, veuve de Noël-François de Brion, marquis de Marolles, héritière aussi du marquis de Pommereu, son frère [1].

1. *Arch. Nat.*, S 5638, p. 410 à 413.

CHAPITRE VII

Les maisons voisines qui n'ont pas été construites sur l'emplacement de l'hôtel Barbette, situées entre la Vieille rue du Temple, la rue des Francs-
Bourgeois et l'impasse ; l'hôtel Hérouët (maison de la tourelle) ; les maisons
de la Barre, de Noël Boussingault ; l'hôtel de Creil.

Il n'est plus nécessaire d'affirmer que l'emplacement des maisons
comprises entre l'hôtel de Pommereu, dont nous venons de parler,
la Vieille-rue-du-Temple, la rue des Francs-Bourgeois et le cul-de-
sac voisin, qui fut l'allée des Poulies, puis l'allée des Arbalétriers,
n'a jamais fait partie de l'ancien hôtel de la reine Isabeau : c'est un
côté de la question suffisamment éclairci. Rappelons seulement que
ces maisons ont remplacé, en cet endroit, la vieille hôtellerie du
Moulinet, le logis fleurdelysé de Loÿs de Villiers, et quelques poulies à drap, autant de lieux bien distincts, sous tous les rapports,
du royal pourpris, leur contemporain d'à côté. Il subsiste bien, en
ces parages, un témoin des siècles passés, c'est l'élégante tourelle
qui orne le coin de la rue Vieille-du-Temple et de la rue des Francs-
Bourgeois : mais nous avons péremptoirement établi ailleurs, il y a
déjà plus de dix ans, qu'il est impossible de confondre désormais
son histoire avec celle de l'hôtel Barbette [1].

Néanmoins, et bien que les maisons qui forment le groupe en
question ne présentent qu'un maigre intérêt au point de vue historique, on nous permettra, à titre d'informations complémentaires,
d'énumérer ici les mutations successives de chacune d'elles, de
sorte que, avec le chapitre qui suivra celui-ci, nous aurons ainsi
fourni, sur ce coin de notre vieux Paris, une étude aussi complète
que possible, dont l'objet principal, l'hôtel Barbette, se détache
plus en relief que le reste.

1. Charles Sellier, *La Tourelle de la rue Vieille-du-Temple*, Paris 1886.

Dans l'énumération suivante, nous désignerons encore les maisons par les numéros du plan terrier de 1789 qui y correspondent.

N° 1. — *Hôtel Hérouët* (n° 54 de la rue Vieille-du-Temple et n° 42 de la rue des Francs-Bourgeois). — Si l'on remonte aux origines de la propriété, on voit que, en 1360, un certain Bernard de Bonnières paye au Temple 3 sols 9 deniers parisis de cens annuel [1] pour ce coin que ne décore pas encore la jolie tourelle qu'on y admire aujourd'hui. Deux ans après, la propriété paraît s'être agrandie, ou avoir pris plus d'importance, car le même propriétaire est mentionné comme payant alors, « pour sa maison et ses appartenances », 7 sols 6 deniers de cens [2]. En 1375 et 1376, cet accroissement d'étendue ou de valeur est mieux défini, car les censiers de ces années-là présentent cette mention : « Bernard de Bonnières « pour toutes ses maisons, depuis les poulies en venant par la petite « ruelle jusqu'au coing de la rue Barbette, et lequel coing est à lui, « aux 4 termes, 7 sols 6 deniers [3] ».

Son successeur, Fleuret Carré, avait déjà acquis cette propriété de la veuve et des héritiers de Bernard de Bonnières, lorsque, le 1er mars 1401, les religieux du Temple lui réclamèrent le paiement des lots, ventes, saisines et amendes de cette acquisition, comportant « deux maisons ou masures entretenantes, cour, jardin et édifices « derrière assis à Paris en la rue Barbette, en dehors de l'ancienne « porte, faisant le coing, attenant d'une part tout au long à la rue « des Poulies [4] ». Ce litige dura au moins vingt ans; en effet, une sentence du prévôt de Paris du 7 février 1421 condamne Fleuret Carré à effectuer ledit paiement [5].

Sur un censier de 1438, Guillaume Poret et Jehan Merlin figurent à la place de Fleuret Carré et payent pour le même fonds 7 sols 6 deniers [6], plus 3 sols pour une autre masure et un jardin joignant

---

1. *Arch. Nat.*, S 5586 (1360).
2. *Ibid.* (1362).
3. *Ibid.* (1375-1376).
4. *Ibid.*, S 5544, f° 144 r°.
5. *Ibid.*, et S 5072ᵃ, n° 4 de la 65ᵉ liasse.
6. *Ibid.*, S 5587 ¹ (1438).

Le quartier Barbette.   9

la dite propriété. Dix ans après (1448), le tout était passé aux mains de Guillaume Poret et de Jehan Merlin [1]. En 1457, Pierre Landreau se trouve au lieu et place de ces derniers [2].

A partir de 1460, jusqu'en 1483 [3], Jehan Paon, marchand pelletier, bourgeois de Paris [4], remplace Pierre Landreau sur les censiers du Temple ; de plus, il se trouvait, en 1472, par voie d'adjudication, possesseur d'une autre masure avec jardin joignant les trois maisons précédentes, pour laquelle il paye 8 sols de fonds de terre, à la Saint-Rémy [5] ; ce qui lui fait au total une redevance annuelle de 18 sols 6 deniers à payer au Temple, pour laquelle il se trouve encore inscrit sur le censier de 1484 [6].

Un censier de 1499 nous montre Jehan Malingre comme ayant succédé à Jehan Paon et payant aussi 18 sols 6 deniers parisis de fonds de terre « pour un jardin et appartenances où souloit avoir « trois masures au temps passé, faisant le coing de la rue des Pou- « lies [7]. » Ledit Jehan Malingre est conseiller du roi au Parlement de Paris en 1495 [8], et figure comme tel dans le procès-verbal de l'audience solennelle du Parlement du 31 juillet 1504, qui eut lieu à propos du procès du maréchal de Gié [9] ; il était noble par son père, Nicolas Malingre, huissier de la chambre des Comptes à Paris, qui avait été anobli par lettres du roi Louis XI, vérifiées en la chambre des comptes le 30 octobre 1465. Les Malingre portaient *d'azur à trois ruches d'or* [10].

D'après ce que nous venons de mentionner, la maison de la tourelle n'existe pas encore en 1499 ; mais elle ne tardera pas à apparaître, car nous verrons, sur le censier de 1528, un certain Jehan de la Ballue figurer en ces lieux mêmes « à cause de sa femme, au

1. *Arch. Nat.*, S 5586 (1448).
2. *Ibid.*, MM 135-136 (1457-1458).
3. *Ibid.*, MM 139-153 (1460-1483).
4. *Ibid.*, S 5072ᵃ, 18ᵉ nᵒ de la 65ᵉ liasse.
5. *Ibid.*, S 5587³ (1472).
6. *Ibid.*, MM 153 (1483).
7. *Ibid.*, MM 154 (1499).
8. *Bibl. Nat.*, *Manuscrits*, Pièces originales, vol. 1818.
9. De Maulde, *Procédures politiques du règne de Louis XII*, Paris, 1885, 1 vol. in-4, p. xcvi.
10. *Dictionnaire des ennoblissements*, Paris, 1788, in-12, t. II, p. 133.

« lieu de Jehan Hérouët, pour un *grant hostel* et appartenances,
« tenant d'une part à la dicte ruelle (la rue des Poulies) et
« d'aultre part au sénéchal de Normandie, aboutissant par der-
« rière à la ruelle des Poulies (ou allée des Arbalétriers) », et pour
lequel il doit par an de fonds de terre 46 sols 6 deniers [1].

Cette constatation de la présence d'un grand hôtel au lieu même
où n'existaient naguère que des masures auxquelles succédèrent un
grand jardin, indique bien que c'est dans l'intervalle de 1499 à
1528 qu'il faut placer l'apparition du logis de la tourelle. Or, nous
venons de rapporter que le dit Jehan de la Balluc figure en ces
lieux à cause de sa femme; si nous nous reportons à la pièce que
nous avons publiée concernant le dit logis, nous voyons qu'il s'agit
ici de Marie Malingre, veuve en premières noces du seigneur de
Carrières et propriétaire de la maison « faisant le coing de la rue
« des Poulies, dicte des Francs-Bourgeois [2] ». Il nous paraît en outre
évident que la dite Marie Malingre est la fille, sinon une nièce, du
conseiller Jehan Malingre dont elle a hérité, et qu'elle apporte en
dot la dite propriété, lors de son mariage avec son premier époux,
que nous avons trouvé être Jehan Hérouët [3], seigneur de Carrières.

En 1497, Jehan Hervoët, ou Hérouët, était secrétaire du duc
Louis d'Orléans (le futur Louis XII, roi de France); il est mentionné
comme tel dans divers comptes de trésorerie de ce prince [4]; en
juillet 1503, il assiste, en qualité de trésorier de France, aux assem-
blées de l'Hôtel de Ville, tenues pour délibérer sur un emprunt de
40.000 livres demandé par le roi et réduit à 30.000 [5]. Aux armées
d'Italie, il fut trésorier de Milan et compris, suivant un chroniqueur du temps, parmi les clercs de finances que Louis XII fit arrêter pour cause de malversations [6]. Dans son armorial des trésoriers

1. *Arch. Nat.*, MM 156 (1528).
2. *Arch. Nat.*, S 5073ᵇ, 32ᵉ n° de la 66ᵉ liasse. Ce document a été publié par nous
dans le *Bulletin de la Société de l'histoire de Paris et de l'Ile-de-France*, année 1887,
pp. 148 à 164 (voir p. 156).
3. *Arch. Nat.*, S 5073ᵇ, 6ᵉ n° de la 66ᵉ liasse.
4. De Maulde, *loc. cit.*, pp. 1092 et 1101.
5. F. Bonnardot, *Registres des délibérations du bureau de la ville de Paris*, Paris,
1883, in-4, pp. 80 à 83.
6. De Maulde La Clavière, *Chroniques de Louis XII*, par Jean d'Auton (publication
de la Société de l'histoire de France), Paris, 1889-1895, 4 vol. in-8, t. I, pp. 362 et
337.

de France, Le Ferron mentionne Jean Hérouët portant *d'azur aux deux lions adossés d'argent, à la bande de cinq losanges d'or* [1]. Il est probable que c'est au retour de cette néfaste campagne d'Italie que Jean Hérouet fit construire l'hôtel dont la tourelle d'encoignure subsiste encore à l'angle de la rue des Francs-Bourgeois et de la rue Vieille-du-Temple. Il fut tout au moins détenteur de cet hôtel, suivant ce que disent les censiers de 1528 à 1540 [2]. Il était bien certainement décédé avant 1515, puisqu'à la date du 15 septembre de cette année-là, on trouve sa veuve, Marie Malingre, épouse en deuxièmes noces du susdit Jean de la Ballue, ou plutôt Jean Balue [3], dont nous parlerons ci-après : ils avaient constitué, à partir de cette date, au curé de Saint-Benoît, une rente de 8 livres 6 sous et 8 deniers à prendre sur la maison de la tourelle [4]. Nous pouvons donc, sans conteste, faire dater le logis de la tourelle des premières années du xvie siècle, c'est-à-dire du règne de Louis XII, et désigner le trésorier Jean Hérouët et son épouse Marie Malingre comme étant ses premiers hôtes. De plus, il est maintenant surabondamment démontré que cet intéressant monument, postérieur à l'hôtel Barbette de plus d'un siècle, n'a aucun rapport avec lui, et qu'il n'est même plus possible de concéder qu'il a été bâti sur quelque dépendance aliénée du royal manoir d'Isabeau de Bavière.

La tourelle de la rue Vieille-du-Temple est vraiment un spécimen des plus heureux de la dernière manière de cet art ogival, encore si pittoresque à son déclin, qui a précédé la Renaissance italienne et qui a même persisté assez longtemps à côté du nouveau style, dans les églises, dans les châteaux et surtout dans les habitations urbaines, témoin les hôtels de Sens et de Cluny. C'est donc une question définitivement résolue, les documents, que nous avons indiqués jusqu'à présent, en font suffisamment foi. Quant au rôle que purent bien jouer jadis les tourelles de ce genre, il faut se gar-

1. *Bibl. Nat., Manuscrits*, Pièces originales (Hérouët).
2. *Arch. Nat.*, MM 156 à 170.
3. Sur l'orthographe de ce nom, voir la thèse de M. Henri Forgeot, *Jean Balue, cardinal d'Angers*, Paris, 1895, in-8, pp. 1 et 2.
4. *Bulletin de la Société de l'histoire de Paris et de l'Ile-de-France*, 1887, p. 159. Le curé de Saint-Benoît était un nommé Pierre Duval, grand-maître du collège de Navarre. (Voir *Chronologie des Curés de St Benoît*, Paris, 1752, in-12.

der de leur attribuer le sens féodal et guerrier qu'on leur prêtait
dans les manoirs ou les maisons fortes de la campagne. Presque
toutes les encoignures de rues en étaient décorées ; elles avaient
l'avantage de plonger de plusieurs côtés sur la voie publique et de
favoriser la curiosité, dont nos ancêtres (féminins surtout) n'étaient
pas plus exempts que nous. Les très nombreuses tourelles de Paris,
très bourgeoises et très pacifiques, pour la plupart, étaient des
observatoires bien plutôt que des fortifications. Ce qui n'empêche
qu'on y dût faire parfois le coup de feu dans nos innombrables
émeutes populaires.

Marie Malingre, veuve de Jean Hérouët, étant devenue, en
deuxièmes noces, l'épouse de Jean Balue, le logis de la tourelle est
à partir de ce moment aux mains de ce dernier qui en reste détenteur à cause de sa femme, et il l'est encore, à ce titre en 1548, ainsi
qu'il appert d'un titre du Temple du 5 mai de cette année [1].

Jean Balue, appelé *le jeune* par les généalogistes Moréri et
Anselme pour le distinguer de son frère aîné Jean Balue, curé de
Saint-Eustache à Paris et mort en 1528, était fils de Nicole Balue,
frère aîné du fameux cardinal d'Angers, Jean Balue ; il fut chevalier seigneur de Villepreux, de Gouaix, d'Ermet, de la Motte-Bon-
not et de Cervoles ; émancipé à l'âge de quatorze ans, le 16 mai
1481, il devint maître d'hôtel du roi et de la reine de Navarre, puis
écuyer tranchant du dauphin. Le roi lui donna quatre cents livres
de pension pendant dix ans, en considération des bons services qu'il
lui avait rendus en Italie ; il en jouissait encore en 1526. Il eut de sa
femme, Marie Malingre, deux fils, Louis et Claude Balue, et une
fille, Antoinette Balue [2].

1. *Arch. Nat.*, S 5073ᵇ, n° 18 de la 66ᵉ liasse.
2. Si nous n'avions déjà bien précisé l'origine de la maison à la tourelle, la date à
laquelle elle appartient et le nom de son détenteur Jean Balue auraient peut-être pu
faire croire que le cardinal d'Angers la fit construire et la donna ensuite à son frère
Nicole. L'hypothèse aurait même pu paraître plus admissible en apprenant que Nicole
Balue possédait un hôtel « assis près des Blancs-Manteaux » (*Bibl. Nat.*, 500 *Colbert*,
vol. 177 non paginé, Interrogatoire Troussebois). Mais nous avons suffisamment
démontré qu'il n'en peut rien être. L'hôtel que Nicole Balue possédait près des Blancs-
Manteaux s'appelait l'hôtel Picquet ; il a donné son nom au passage Pecquai. Il avait
appartenu au cardinal d'Angers, qui le donna à son frère Nicole (Voir M. Henri Forgeot, *Jean Balue*, p. 69). Mais Nicole Balue possédait une autre maison ; celle-là se

Cependant, au temps de Jean Balue, nous rencontrons dans le voisinage un certain Georges Hérouët, seigneur de Carrières, qui paraît être très proche parent, sinon le fils du premier époux de Marie Malingre ; nous le voyons même, à plusieurs reprises, poursuivi, à la requête du grand prieur du Temple pour le paiement du cens arriéré de la maison à la tourelle, bien qu'il n'en soit pas le détenteur [1] ; mais il est probablement l'héritier de Jean Hérouët et poursuivi comme tel. Or, ce Georges Hérouët détient justement de l'autre côté de la rue des Poulies, contre l'ancien hôtel de Jehan Le Blanc, une maison pour laquelle il paie 2 sols 3 deniers de cens chaque année [2] : nous mentionnons cela, pour mémoire, en passant. D'ailleurs, ce personnage n'est pas sans quelque importance. Il épousa, en 1528, Madeleine Olivier, cousine germaine du chancelier Olivier ; secrétaire ordinaire de la chambre du roi, il reçut, à ce titre, 400 livres pour les années 1528 et 1529. Il s'en faut encore de quelque peu que le nom d'Hérouët soit ignoré dans l'histoire. On sait qu'un des meilleurs poètes de la Renaissance fut Antoine Hérouët, ami de Clément Marot, et mort évêque de Digne en 1568. Nous avons déjà signalé autre part la demeure d'Antoine Hérouët, rue Sainte-Antoine-de-la-Bretonnerie, en 1532 [3].

Marie Malingre et son époux Jean Balue devaient très certainement être décédés avant le 6 août 1554, car des lettres de sentence du Châtelet de cette date condamnaient Nicolas de Caen, curateur subrogé créé par justice aux biens vacants de Marie Malingre, à payer à dame Loyse Hérouët, veuve de Jehan Rivière, en son vivant notaire et secrétaire du roi, différentes sommes dues par la succession. Aucune suite ni exécution n'ayant été données à cette sen-

---

trouvait « oultre la porte du Temple », vers la rue Michel Lecomte ; il en était déjà détenteur en 1472 (*Arch. Nat.*, MM 111 à 154 et S 5587³). — Quant au cardinal d'Angers, après avoir cédé à son frère Nicole l'hôtel Picquet, il lui restait encore d'autres maisons, notamment l'hôtel d'Évreux et celui du cloître Notre-Dame (Henri Forgeot, *loc. cit.*, p. 157). Le cardinal Balue aurait aussi possédé rue de l'Homme armé un hôtel, que Jacques Cœur avait commencé, et qu'il acheva (Sauval, t. II, pp. 558 et 259).

1. *Arch. Nat.*, S 5073ᵇ, 4ᵉ nᵒ de la 66ᵉ liasse.

2. *Ibid.*, MM 160 à 169 (1534 à 1550).

3. *Bulletin de la Société de l'histoire de Paris et de l'Ile-de-France* (1887), pp. 98-100 ; et pp. 160-161 (notes sur la famille Hérouët).

tence, sur les poursuites et à la requête de Loÿse Hérouët, « une
« maison assise à Paris en la Vieille rue du Temple, tenant d'une
« part à la dite damoiselle Hérouët, d'autre part faisant le coing de
« la rue des Francs-Bourgeois... laquelle maison fut et appartint à
« la dicte deffuncte Marye Malingre, en son vivant femme dudict
« Jehan de la Ballue... » fut saisie réellement et mise plusieurs fois
en criées, puis définitivement vendue à Loÿse Hérouët par décret
d'adjudication du 30 avril 1561, moyennant la somme de trois mille
cinquante livres tournois. En 1560, la maison était tenue à loyer
par un clerc de chapelle de la reine de Navarre, du nom de Pierre
Courtin [1].

Loÿse Hérouët garda cette maison jusqu'à sa mort. Elle fut
enterrée dans l'église d'Othis-sous-Dammartin, et, sur sa tombe, on
lit cette épitaphe : « Cy gist noble damoiselle Louise Hérouët, elle
« vivant veuve de Jehan Rivière, luy vivant escuyer seigneur de
« Vaulx et d'Othis, dame d'honneur de la royne, laquelle décéda au
« dit Othis, âgée de quatre-vingts ans, le 25 octobre 1582. » Cette
épitaphe est accompagnée des armoiries de chacun des deux époux.
Ledit Rivière porte un cygne avec un croissant sur la tête, et elle
trois lions [2].

Après la mort de Louise Hérouët, la maison à la tourelle échut à
Nicolas Pelloquin, seigneur de la Jorrandière, secrétaire de la
chambre du roi, qui la posséda aussi jusqu'à sa mort arrivée le 2
juin 1606 [3]. Sa fille, Louise Pelloquin, hérita de ses biens ; mais un
titre nouveau du 5 octobre 1612, signé Colon ou Coulon, nous
montre le dit Coulon déclarant être détenteur de cette propriété pour
Louise Pelloquin (probablement encore mineure) et être redevable,
envers le Temple, de 18 sols 6 deniers parisis de cens [4]. Nous voyons
ensuite l'immeuble passer aux mains de Joseph Lemercier, commis
à la recette des consignations, comme époux de Louise Pelloquin [5].

1. *Bulletin de la Société de l'histoire de Paris* (1887), pp. 149-164.
2. *Bibl. Nat., Manuscrits f. fr.*, Épitaphes 22ᵉ vol., cote 8237, p. 372.
3. *Arch. Nat.*, S 5596 ; MM 173-175. — L'abbé Lebeuf, édit. Cocheris, t. I, p. 340.
4. *Ibid.*, S 5544, fᵒ 149 rᵒ.
5. Titre de propriété daté du 2 août 1659, communiqué par M. Missonnier, propriétaire de la maison en 1887.

Leur fille, Louise Lemercier, épouse de François Teissier, sieur de Cernay, en hérita à son tour [1]. Ils en étaient détenteurs en 1621, ayant pour locataire, depuis 1618, Anne d'Épinay, veuve de Claude de Neufbourg, correcteur à la chambre des comptes [2]. Louise Lemercier étant décédée vers 1647 [3], son mari en garda la jouissance après elle.

La propriété, ayant été mise en saisie réelle dès 1621, à la requête de Marie de Lannoy, veuve d'Odet de La Nouë, conseiller du roi en ses conseils d'État et privés, fut vendue aux enchères publiques et adjugée en deux lots, savoir :

1° « Une grande maison, à porte cochère, qui a son entrée rue des Francs-Bourgeois..., faisant le coing de la dicte rue des Francs-Bourgeois et de la Vieille-rue-du-Temple, anciennement dicte rue Barbette, consistant en deux corps d'hostel : l'un sur la dicte Vieille-rue-du-Temple, auquel y a une tourelle au coing du dict corps d'hostel, appliqué à cave, salle basse, chambres, garde-robbes, cabinet aisances, et grenier au-dessus, le tout couvert de thuilles et d'ardoises ; et l'autre corps d'hostel joignant une petite maison (saisie conjointement avec la dite grande maison et qui sera mentionnée ci-après), consistant en cuisine, escurie, chambres, garde-robbes, et grenier couvert de thuilles, porte-cochère, cour au milieu des dits deux corps d'hostel et puits en icelle ; iceux dicts deux corps d'hostel joinets par une gallerie faicte de brique couverte d'ardoises ; la dicte grande maison ainsy qu'elle se poursuit et comporte de fondz en comble, sans en rien réserver ny retenir, tenant d'un costé à la dicte Vieille-rue-du-Temple, d'autre costé tenant pareillement à la susdicte petite maison aussi saisye et à la maison qui a cy-devant appartenu à la v^{fve} Jean (ou Jacques) Bouzer, aboutissant d'un bout, par derrière, à Noël Boussingault marchand de vin et à la dicte vefve Bouzer, et d'autre bout par devant à la dicte rue des Francs-Bourgeois... »

adjugée, moyennant 26.000 livres, à Jean-Baptiste Brunet, conseiller du roi, receveur général et payeur des rentes de l'Hôtel-de-Ville assignées sur les gabelles, suivant arrêt de la cour des aides du 2 août 1659 [4].

---

1. Titre de propriété de M. Missonnier, daté du 2 août 1659.
2. *Id.*
3. *Id.*
4. *Id.*

2° Une petite maison aussi à porte cochère, sur la dicte rue des Francs-Bourgeois, tenant d'une part à la dicte grande maison..., d'autre part à une ruelle commune (ancienne *allée des Poulies* ou *des Arbalétriers*), aboutissant d'un bout par devant sur la dicte rue des Francs-Bourgeois, et d'autre bout par derrière audict sieur Dodun, qui a cy-devant appartenu audict Noël Boussingault...

adjugée à Pierre Thireman, conseiller du roi et substitut du procureur général du roi en la cour des aides à Paris, par décret de la dite cour du 17 juillet 1659 [1].

D'après deux déclarations pour le cens, de 1664 et 1676, on voit que le conseiller J.-B. Brunet habitait la maison à la tourelle [2]. Il y demeurait encore le 24 mars 1689, lorsqu'il la loua à Philippe Perrotin, écuyer, sieur de Barmont, conseiller secrétaire du roi, conservateur des hypothèques sur les rentes de l'Hôtel de Ville, etc., pour six années consécutives, moyennant la somme de 1350 livres par an [3].

J.-B. Brunet étant venu à mourir, son fils, Pierre Brunet, chevalier, comte de Sérigny, baron de Chailly, conseiller du roi en ses conseils, maître des requêtes ordinaire de son hôtel et président de la chambre des comptes, hérita de l'immeuble, en qualité de légataire universel; il en prit possession aussitôt après, en vertu d'une sentence des requêtes du Palais du 14 février 1704 [4]. Il habitait néanmoins à l'hôtel d'Albret, situé rue des Francs-Bourgeois, dont il était propriétaire [5]. Après sa mort arrivée en 1740, son neveu (du côté de sa femme), Jean-Baptiste-Charles du Tillet, chevalier, marquis de la Bussière, seigneur de Villarceaux, président honoraire au parlement de Paris, qu'il avait institué son légataire universel par testament du 15 décembre 1733, hérita à son tour de la maison à la tourelle et la garda jusqu'à son décès qui eut lieu le 8 octobre 1744 [6]. Son fils aîné, Charles-Jean-Baptiste du Tillet, chevalier, marquis de la Bussière, sr de Villarceaux, conseiller du roi en ses

---

1. Titre de propriété de M. Missonnier, daté du 6 novembre 1664.
2. *Id.*, daté du 2 juin 1676 et titre précédent.
3. *Id.*, daté du 24 mars 1689.
4. *Id.*, daté du 14 février 1704.
5. *Id.*, daté du 9 janvier 1705.
6. *Id.*, daté du 14 octobre 1744.

conseils et maître des requêtes ordinaire de son hôtel, lui succéda en cette propriété, à titre de légataire universel [1]. Il en resta possesseur jusqu'au moment où il la vendit au sieur Artus Nolleau, marchand épicier confiseur, le 25 décembre 1784, moyennant la somme de 36.000 livres. Dans l'acte de vente, la propriété est ainsi décrite : « Une maison sise à Paris, rue des Francs-Bourgeois, au coin de la « Vieille-rue du Temple, consistant en trois corps de bâtimens et « deux boutiques...; les dits corps de logis donnant, l'un sur la « Vieille-rue-du-Temple, l'autre sur celle des Francs-Bourgeois, et « le troisième au fond de la cour; entrée de porte-cochère, cour au « milieu des dits trois corps de bâtiments, puits en icelle... » L'immeuble était alors occupé par un traiteur, le sieur Edme Bouillery, suivant bail de neuf ans en date du 25 avril 1777. Comme ses deux prédécesseurs, le dit Charles-Jean-Baptiste du Tillet demeurait à l'hôtel d'Albret, dont il était également détenteur [2].

N°s 2 et 3 (n° 56 de la rue Vieille-du-Temple). — Si nous nous reportons de nouveau au décret du 30 avril 1561 qui rend la dame Loÿse Hérouët adjudicataire de la maison à la tourelle, nous nous rappellerons que cette dame se trouvait alors propriétaire d'une maison contiguë, située sur la Vieille-rue-du-Temple, qu'elle avait sûrement héritée de Jean Hérouët ; laquelle maison avait fait partie de la propriété que celui-ci, puis Jean Balue, détinrent à cause de leur épouse Marie Malingre. Or, nous avons vu que cette propriété s'étendait alors de la rue des Francs-Bourgeois à l'hôtel Barbette, dont le sénéchal de Normandie, Louis de Brézé, était détenteur [3]. Après Loyse Hérouët, cette maison (n°s 2 et 3) passa aux mains de Laurent de La Barre, marchand de chevaux, qui la possédait encore en 1596 et 1598 [4]; il y fut remplacé par son gendre Jacques Bouzé, marchand bourgeois de Paris, époux d'Agathe de La Barre. Après ceux-ci, vinrent René Deprêt et son épouse Catherine Brulard qui la vendirent à Noël Boussingault, marchand de vin, le 16 décembre

---

1. Titre de propriété de M. Missonnier, daté du 17 juin 1744.
2. *Id.*, daté du 25 décembre 1784.
3. *Arch. Nat.*, MM 156-157 (années 1528-1529).
4. *Arch. Nat.*, S 5596 ; MM 173, 174.

1619. La maison avait alors pour enseigne *à la Madeleine* [1]. Anna Mourisse, veuve de Noël Boussingault, la revendit, le 7 avril 1657, à Charles-Gaspard Dodun, s[r] d'Herbault, dont le fils, marquis d'Herbault, commandeur et trésorier du roi, hérita. Celui-ci la vendit à son tour, le 16 avril 1736, à Pierre Desplasse, écuyer, conseiller notaire et secrétaire du roi. La fille de ce dernier, Madeleine Desplasse, épouse de Charles Sauvaige, conseiller secrétaire du roi, en hérita et en resta propriétaire, pendant toute sa vie durant, conjointement avec son époux ; enfin les héritiers de ceux-ci la cédèrent, suivant contrat de vente du 13 février 1779, à Jean de La Ville, maître maréchal [2], qui la possédait encore et y demeurait au moment de la Révolution.

N° 4. — *Hôtel de Creil* (n° 40 de la rue des Francs-Bourgeois). — Cette maison fit d'abord partie de l'ancien hôtel Hérouët : ce fut le lot de la petite maison qui, le 17 juillet 1659, fut adjugé, ainsi que nous l'avons vu précédemment, à Pierre Tireman, tandis que l'autre lot formant le surplus, c'est-à-dire la grande maison sise au coin de la rue des Francs-Bourgeois et de la Vieille-rue-du-Temple, devait, quelques jours après, passer, aussi par voie d'adjudication, aux mains de J.-B. Brunet. Le 26 janvier 1701, Louis Tireman, fils et héritier de Pierre Tireman, fit délaissement de cette maison à Jean-François, marquis de Creil, lieutenant général des armées du roi. Après la mort de ce dernier, les créanciers de sa succession, ayant saisi la propriété, en firent déclaration le 12 octobre 1752 ; elle était encore en leurs mains à l'époque de la Révolution [3].

N° 5 (partie de droite du n° 58 de la rue Vieille-du-Temple, avec un passage d'entrée commun avec le n° 6). — Cette maison appartint aussi à Loyse Hérouët, qui en avait sûrement hérité du trésorier Jean Hérouët ; puis elle passa aux mains de Laurent de La Barre, marchand de chevaux ; sa fille, Agathe de La Barre, épouse de Jacques Bouzé, l'eut après lui. La fille de celle-ci, Madeleine Jan-

---

1. *Arch. Nat.*, S 5081.
2. *Ibid.*, S 5638, pp. 392 et suiv.
3. *Ibid.*, pp. 477 et suiv.

nel, femme de Nicolas Bonvalet, lieutenant du guet, en hérita à son tour. Nicolas Bonvalet en fit déclaration le 4 mars 1647 ; après sa mort ses héritiers la vendirent, en mars 1666, à François de Bragelonne, seigneur d'Hautefeuille, époux de Marie Boucher, lesquels en firent donation par avance d'hoirie, le 14 avril 1695, à leur fille, Marie-Anne de Bragelonne, épouse d'Augustin Lecomte, conseiller à la cour des aides. La fille de ces derniers, Françoise Lecomte, l'apporta en dot, par contrat du 5 février 1750, à son mari, Edme-Antoine Robert, maître des comptes, qui la vendit, le 3 mai 1752, à Jérôme Le Marié d'Aubigny, maître des comptes ; enfin les héritiers de celui-ci la revendirent, le 21 mai 1770, à Nicolas Mathis, écuyer, conseiller secrétaire du roi, qui la possédait encore en 1789 [1].

N° 6 (partie de gauche du n° 58 de la rue Vieille-du-Temple, avec un passage d'entrée commun avec le n° 5). — Comme la précédente, cette maison appartint à Loÿse Hérouët, puis à Laurent de La Barre, puis à sa fille Agathe, épouse de Jacques de Bouzé, puis au fils de celle-ci, Charles Jeannel, bourgeois de Paris, suivant partage de succession effectué, le 23 décembre 1630, entre lui et Madeleine Jeannel, sa sœur, épouse de Nicolas Bonvalet. Charles Jeannel la vendit, le 23 février 1633, à Pierre Le Clerc, conseiller du roi, trésorier général de l'extraordinaire des guerres, dont hérita sa fille, Élisabeth Le Clerc, épouse de Jean Menjot, sieur de Dammartin-en-Brie, maître des comptes. Celui-ci en fit donation, le 1er juin 1715, à son fils Samuel Menjot, aussi maître des comptes, qui en fit déclaration le 5 juillet 1723 et le 8 juillet 1752. Après sa mort, ses héritiers la vendirent, le 19 mai 1775, à Nicolas Mathis susmentionné au n° 5 [2].

N°s 7 et 8 (n° 60 de la rue Vieille-du-Temple). — Cette propriété fut l'objet d'une déclaration de Richard Charnan, le 14 octobre 1555. Elle appartint ensuite à Loÿse Hérouët ; puis à Laurent de La

1. *Arch. Nat.*, S 5081², 5081¹ et 5638.
2. *Ibid.*, S 5638.

Barre, puis à sa fille Agathe, épouse de Jacques Bouzé, lesquels la vendirent, le 6 février 1620, à Guillaume Guizelain, marchand de chevaux [1]. La veuve de celui-ci, Marguerite Piquet, la revendit à Pierre Dubois, maître sellier-carrossier, qui en fit déclaration le 23 décembre 1633 [2], et dont héritèrent ses fils, Philippe et Pierre Dubois, lesquels en firent déclaration le 10 mai 1647. Après eux la propriété fut divisée :

Le n° 7 (partie de droite) appartenait en 1720 à Antoine Duchêne, puis fut saisi sur ses héritiers et vendu par adjudication, le 22 août 1769, à Pierre Petit-Jean dit Bussy, marchand de vin, qui en était encore propriétaire en 1789 [3].

Le n° 8 (partie de gauche) avait été vendu, le 13 juillet 1656, par les susdits Philippe et Pierre Dubois à Pierre Colombat, qui le légua, par testament du 23 février 1681, à son neveu Jean Besson ; la fille de celui-ci, Françoise Besson, en hérita le 24 octobre 1709 ; après sa mort, ses héritiers la firent vendre par licitation et adjuger, le 12 août 1767, au susdit Petit-Jean dit Bussy [4].

1. *Arch. Nat.*, S 5073[b], 42[e] n° de la 66[e] liasse.
2. *Ibid.*, S 5081[b] et S 5638.
3. *Ibid.*, S 5638.
4. *Ibid.*

CHAPITRE VIII

L'emplacement des maisons dont il nous reste à nous occuper constituait jadis un domaine assez étendu; c'était sans doute le dernier lot de la courtille Barbette. Il appartenait, ainsi que nous allons le voir, vers le milieu du xvi⁰ siècle, au cardinal Jean Bertrand, archevêque de Sens. Ce domaine faisait partie de la censive du Temple. Il longeait par derrière les jardins de l'hôtel Barbette et aboutissait tout au long, par devant, à la rue des Francs-Bourgeois, en ce temps-là encore déserte et mal fréquentée; d'une part, il attenait au cul-de-sac, que nous savons avoir été autrefois l'*allée des Poulies*, ou *des Arbalétriers*, et il s'étendait, d'autre part, jusqu'à la culture Sainte-Catherine, dont il n'était séparé que par un ancien chemin qui devint d'abord la rue *Diane*, puis la rue *des Trois-Pavillons*, et, de nos jours, la *rue Elzévir*. Il consistait, enfin, en « ung grand jardin clos de haults murs, sur partye duquel sou-« loient estre les *maisons d'aumosne*, dicte des *Francs bourgeois*, « contenant ensemblement deux arpents de terre [1]. »

Lesdites maisons d'aumône furent à l'origine une sorte de retraite hospitalière où, moyennant un prix des plus minimes, un certain

1. *Arch. Nat.*, MM 172; et S 5591.

nombre de déshérités de la fortune pouvaient être recueillis jusqu'à leur mort. La fondation de cet établissement philanthropique remonte à la première moitié du XIVe siècle et fut l'œuvre particulière de deux charitables et pieux époux. Sanction en fut d'ailleurs dûment donnée par un acte authentique daté du « mercredy d'après la Toussaint » de l'an 1334, par lequel les fondateurs Jehan Roussel, bourgeois de Paris, et Aalis, sa femme, affirment et déclarent :

Qu'en l'honneur de Jésus-Christ, de la benoiste Vierge Marie et tous les Saincts du paradis, et pour le salut et remède de leurs âmes, d'eux, de leurs amis et bienfaicteurs, ils avoient faict faire et eddifier en une place vuide qu'ils avoient de leur conquest, assise à Paris au lieu que l'on dict les Poulies de lez la porte Barbette, vingt-quatre estaiges de maisons et herbagaiges, tous dessoubs une couverture de thuiles, pour héberger et hosteller *bonnes gens*, et pour ce que ceste chose fust et demourast ferme et stable et feust et soit soubsteneue et maintenue bien deuement et honnestement à l'advenir, iceulx marriés d'un commun accord et consentement..... avoient ordonné..... les ditz estaiges herbagaiges mainteneus et soubs yceulx soutenir bien et deuement à leurs propres coux et despens et à hesberger dedans iceulx bonnes gens pour l'amour du dict Jésus-Christ, durant le cours de la vie d'eux et de chacun d'eux et après le décès d'eux neuf ans contineus et accomplys à compter de la datte du dernier mourant, et de ce s'estoient chargés..... eulx, leurs hoirs avec tous leurs biens,....., etc., etc.

Et pour l'entretien de cet établissement, ils donnèrent 8 livres 2 sols parisis de rente à prendre sur deux maisons sises en la rue de la Bretonnerie [1].

Par un autre contrat, en date du 19 mai 1348, Jean Roussel et sa femme échangèrent cette rente contre une autre rente de 8 livres 8 sols parisis à prendre sur une maison de la rue du Bourc (Thibout) en la censive de Saint-Eloi [2].

Ces vingt-quatre chambres contiguës devaient abriter quarante-huit « paouvres gens », à raison de deux par chambre, lesquels étaient tenus de dire tous les jours un *Pater* et un *Ave* pour les trépassés [3]. Les maisons d'aumône paraissent avoir été, dès l'ori-

1. *Arch. Nat.*, S 5073[b] n° 40; et S 5514, f° 142 v°.
2. *Ibid.*, S 5073[b], n° 40, et S 5514 f° 142 v°.
3. Sauval, t. I, p. 508.

gine, destinées à des femmes, ainsi qu'il appert d'un titre du Temple du 26 mai 1370 concernant une maison « séant à Paris, au « dehors de la porte Barbette, au lieu que l'on dit les « poulies « neufves », tenant d'une part à Jehan de la Treille et Jacques « Langlois, et d'autre part aux « bonnes femmes [1] » que fonda « Jehan Roussel [2]..... »

« Le mercredy d'après les octaves de la Saint-Barnabé » (juin) 1415, Pierre Le Masurier, bourgeois de Paris, et sa femme, Jehanne, fille de feus Jehan Roussel et Aalis, firent donation au Temple de ces asiles hospitaliers, avec une rente perpétuelle de 70 sols parisis à prendre sur une maison sise à Paris, « en la Parcheminerie, près Saint-Séverin », à charge aux religieux du Temple : de ne jamais les aliéner en tout ou partie ; d'y loger toujours deux pauvres gens par chambre, « qui paieront seulement chacune personne un denier « la semaine, douze deniers d'entrée, et deux sols par mort, sans « les plus charger ne faire payer ; et de faire dire et célébrer cha- « cun an à tousiours en la dicte église deux obits pour les âmes des « ditz Jehan Roussel et sa femme [3]..... »

Toutefois, cette œuvre de bienfaisance ne semble pas être deve- nue des plus prospères. Deux registres de recettes du Temple des années 1443 et 1447 contiennent, en effet, cette mention significa- tive : « Des bonnes femmes des maisons d'aumosne (reçu) 24 sols ; « et assaveoir qu'il y a vingt-quatre maisonnettes ou logis, les- « quelles souloient rendre chacune 8 sols, et sont de présent « presque toutes inhabitées [4]. »

Les maisons d'aumône, avec le jardin qui est derrière, furent affermées de 1464 à 1466 à raison de 48 sols par an à Oudin Guyart [5] ; puis à Etienne Le Sellier qui, en 1472, payait le même

---

1. Ne pas les confondre avec les hospitalières, appelées aussi « *bonnes femmes* », puis *Haudriettes*, parce qu'elles furent fondées en 1306 par Etienne Haudry. Celles-ci possé- daient quelques maisons dans une rue du quartier du Temple, qui prit d'elles le nom de *rue des Haudriettes*, puis celui *des Vieilles Haudriettes*. (Jaillot, t. III, quartier du Temple, p. 17.)

2. *Arch. Nat.*, MM 131, f° 53 v°.

3. *Ibid.*, S 5073b, nos 42, 43 et 44 et S 5544, f° 150 v°.

4. *Ibid.*, MM 133.

5. *Ibid.*, MM 139, 140, 141. — Suivant le procès-verbal des Criées de 1464, le jardin des maisons d'aumône attenait à ceux de l'hôtel Barbette. *Arch. Nat.*, S 5072a, *loc. cit.*

prix de louage « pour les bonnes femmes qui tiennent et occupent
« les dites maisons d'aumosne [1]. » Le bail d'Etienne Le Sellier
était de neuf années, mais il y renonça avant le temps échu, si bien
qu'en 1473, lesdites maisons d'aumône se trouvaient louées à plusieurs « paouvres personnes » qui en payaient ensemble 48 sols de
loyer [2]. Deux ans après, il fut reconnu et convenu que les chemi-
nées étaient toutes fendues et à refaire [3]. Jusqu'en 1483, ces maisonnettes rapportèrent le même produit de 48 sols [4]. De 1499 à 1545,
on les voit taxées de 4 livres 12 sols parisis [5]. A partir de 1545, il
n'en est plus fait mention comme revenu ; c'est probablement de
cette année que date leur disparition.

Tant que ces asiles subsistèrent, on les nomma tantôt les *maisons d'aumone*, tantôt les *maisonnettes d'aumone*, ou bien les
petites maisons du Temple. Quant aux malheureux qui y vinrent
habiter après les « bonnes femmes », on les appelait les *francs
bourgeois*, parce que, en raison de leur pauvreté, ils étaient francs,
c'est-à-dire libres, exempts de toutes taxes de pauvres, de boues et
de lanternes et de toutes autres impositions de voierie, auxquelles
les bourgeois de Paris étaient ordinairement assujettis. D'ailleurs
les sergents du Roi et les commissaires de la Ville auraient certainement couru le risque de ne recevoir que des injures et des coups,
s'ils eussent jamais tenté de venir chez ces misérables exercer leur
charge et réclamer le moindre impôt. Ces *francs bourgeois* n'étaient,
en effet, pour la plupart, que des gueux et de mauvais pauvres,
adonnés à tous les désordres et à tous les brigandages. « Le long
« du jour, dit Sauval, ils insultaient les passants ; la nuit, ils étour-
« dissaient les voisins par leur tintamarre ; le soir, ils pillaient et
« volaient tout ce qui se rencontrait en leur quartier ; en un mot,
« à toute heure, leur rue et leurs maisons étaient un coupe-gorge,
« et un asyle de débauche et de prostitution [6]. »

1. *Arch. Nat.*, S 5587 [3].
2. *Ibid.*, MM 144-145.
3. *Ibid.*, MM 146.
4. *Ibid.*, MM 147 à 153.
5. *Ibid.*, MM 154 à 167.
6. Sauval, t. I, p. 511.

Le quartier Barbette.   10

Les petites maisons d'aumônes n'étaient donc plus qu'une véritable cour des miracles, et le voisinage eut tant à s'en plaindre, qu'on finit par faire droit au vœu général. On lit, en effet, ceci dans un livre de comptes de 1564 : « Les maisons d'aumône qui étaient « rue des Francs-bourgeois..... ont été abattues par sentence de la « police de la Ville, et le lieu annexé au jardin de feu Mgr le garde « des sceaux (le cardinal Jean Bertrand)[1]. » Nous allons voir que cette annexion eut lieu en 1555. Néanmoins, toujours au dire de Sauval, la rue des Francs-bourgeois resta infestée de ces vauriens jusqu'au commencement du xviie siècle, c'est-à-dire jusqu'à l'époque où le quartier s'assainissant, on commença à y revenir et y bâtir de riches habitations ; ils furent alors contraints de céder la place aux honnêtes gens[2]. Le souvenir de ces hôtes a néanmoins prévalu dans l'appellation définitive de la vieille rue des Poulies, que l'on voit dénommée *rue des Francs-bourgeois*, dès 1528[3]. En 1596, il y demeurait deux gueux, qui passaient le temps à s'exercer à imiter le son des cors de chasse et les aboiements des chiens. Ils en étaient arrivés à un tel degré de perfection, qu'à trente pas on croyait entendre une meute et des piqueurs. On venait de fort loin les entendre comme une des curiosités de Paris[4].

C'est par contrat passé, le 17 février 1555, devant Godart et Maheu, notaires au Châtelet de Paris, que Jehan Bertrand, garde des sceaux, prit « à bail de cens » du grand prieur du Temple « quatorze perches et demye de terres faisant partye de dix-neuf « perches assises à Paris, rue des Poullyes, aultrement dicte des « Francs-bourgeois, èsquelles souloit avoir treize petites loges,

---

1. *Arch. Nat.*, MM 170.
2. « Peut-être, ajoute Sauval, qu'en sortant de là, ils se rejetèrent en foule dans la « fameuse Cour des Miracles située entre le couvent des Filles-Dieu, la rue Montor- « gueil et la rue Neuve-Saint-Sauveur ; et que de ceux qui n'y purent avoir de place, « les uns se retirèrent en la Cour du roi François, près du Ponceau, et dans la cour « de Sainte-Catherine, presque vis-à-vis ; les autres en la rue de la Mortellerie, dans « la cour Brisset et dans la cour Gentien ; les autres en la rue Montmartre, dans la « cour de la Jussienne, autour de l'église Sainte-Marie-l'Égyptienne ; car ce sont des « lieux habités encore par des gagne-deniers ou à titre de pauvres gens, et auparavant « par des fripons et des mauvais pauvres. » (Sauval, t. I, p. 511.)
3. *Arch. Nat.*, MM 157.
4. De Saint-Foix, *Essais historiques sur Paris*, édition de 1776, in-12, t. I, p. 172.

« courts et jardin, la dicte prinse moyennant douze deniers tour-
« nois de cens portant lotz et ventes, saisines et amendes et à
« charge de bailler, cedder et transporter audict seigneur grand-
« prieur ung demy arpent assis dedans le terrouër de la Courtille-
« lez-Paris, au lieu dict Vaugobert, en la haulte justice et seigneu-
« rie dudict seigneur grand-prieur[1]..... » Nous venons de voir
que cette acquisition fut annexée au grand jardin que Jean Bertrand
détenait en cet endroit; si bien que la totalité de sa propriété,
enclose de hauts murs, s'étendit, ainsi sur une surface de deux
arpents, depuis l'ancien cul-de-sac des Poulies jusqu'à la rue Diane
(rue Elzévir).

Or, cet enclos dépendait d'un logis assez considérable que, depuis
quelques années déjà, Jean Bertrand possédait de l'autre côté de la
rue des Francs-bourgeois, à l'angle de la Vieille-rue-de-Barbette
(rue Vieille-du-Temple), et dont il avait fait son habitation particulière[2]. Il n'avait pas encore à sa disposition ce fastueux hôtel de

---

1. *Arch. Nat.*, S 5544 et S 5073ᵃ, nᵒ 11 de la 68ᵉ liasse.

2. L'hôtel particulier de Jean Bertrand mérite une mention spéciale. Il remplaçait
en cet endroit trois vieilles maisons contiguës.

Les deux premières, situées sur la Vieille-rue Barbette avaient appartenu, en 1350,
l'une à Marie la Fromagière, l'autre à la fille de feu Jehan Buffet, et rapportaient au
Temple, chacune 2 sols 6 deniers à la Saint-Remy (*Arch. Nat.*, S 5586). En 1362, elles
étaient en la possession, l'une de Jehan Dubois, l'autre de Guillaume Dangis (*ibid.*).
En 1375 et 1376, Jehan Dubois était encore en la possession de la sienne, tandis que
l'autre était aux mains de la veuve de Guillaume Dangis (*Ibid.*). En 1414, ces deux
maisons n'en formaient plus qu'une et appartenaient à Jehan Le Blanc, argentier de la
reine Isabeau de Bavière (*Arch. Nat.*, S 5082¹, fᵒ 86 vᵒ).

Quant à la troisième maison, qui était située au coin de la vieille rue Barbette et de
la rue des Poulies, elle avait appartenu, dès 1350, à Thévenin de la Groye (*Arch.
Nat.*, S 5586), qui la possédait encore en 1376 (*Ibid.*); elle avait ensuite passé successivement à Thomas Boileaux, à Jehan Brulart, puis à Huguelin Vaiselat, et rapportait
au Temple 7 sols 6 deniers de cens à la Saint-Rémy (*Ibid.*). En 1414, cette maison avait
pour enseigne *la fleur de lys*; elle tenait, d'une part, tout au long à la rue des Poulies,
et, d'autre part, à Jehan Le Blanc, et aboutissait par derrière à une petite allée conduisant à la porte du bout du jardin de M. le vicomte de Melun de Tancarville;
enfin, elle appartenait à Hémon Raguier, trésorier des guerres du Roi, conseiller et
trésorier général de la Reine, qui la vendit, le 13 décembre de cette année, à son voisin, le susdit Jehan Le Blanc, moyennant « huict vingts livres tournois ». (*Arch. Nat.*,
S 5082¹, fᵒ 86.)

A partir de ce moment les trois maisons n'en formèrent plus qu'une seule.

Jehan Le Blanc ayant suivi le parti du Dauphin, sa maison fut confisquée par le
roi d'Angleterre Henri VI, qui la donna d'abord à Raoul Parker, son secrétaire, le
13 février 1425 (A. Longnon, *Paris pendant la domination anglaise*, p. 419). Mais, la

Sens, de la rue du Figuier, qu'il fut appelé deux ans plus tard à occuper, par suite de son élévation au siège archiépiscopal de cette ville.

Mais Jean Bertrand jouit de son temps d'une notoriété assez importante pour que l'histoire lui garde d'autre souvenir que des mentions banales exhumées de la poussière de nos archives. Issu de l'une des plus anciennes familles de Toulouse, Jean Bertrand, fils

même année, les comptes des confiscations montrent cette propriété occupée par la reine Isabeau, à qui tous les biens de Jehan Le Blanc avaient été attribués pour la dédommager de ce que cet officier de sa maison lui devait (Sauval, t. III, p. 303). Le 21 décembre 1427, Henri VI confirme, en effet, des lettres d'octobre 1425, par lesquelles la reine Isabeau a donné à Simonette de la Jesse, « damoiselle » de la duchesse de Bedfort, les biens confisqués sur Jehan Le Blanc « jadis argentier de la Reine (A. Longnon, *loc. cit.*, p. 280). Après l'expulsion des Anglais, Jehan Le Blanc reprit possession de tous ses biens, y compris sa maison du coin de la rue des Poulies, pour laquelle il figure encore sur les censiers de 1438, 1443 et 1447 (*Arch. Nat.*, S 5586, 5587 [1], et MM 133 et 134).

En 1457 et 1458, la maison, qualifiée d'hôtel, était aux mains des héritiers de Jehan Le Blanc (*Arch. Nat.*, MM 135 et 136). De 1463 à 1480, devenue un grand hôtel, elle appartint à Simon le Bourrelier (*Ibid.*, MM 138 à 150), notaire et secrétaire du Roi et greffier en la chambre des comptes, et époux de Jehanne Le Blanc (*Ibid.*, S 5082 [3]). Il était déjà mort en 1481, car on voit le censier de cette année indiquer ses héritiers à sa place (*Ibid.*, MM 151). Par contrat du 5 novembre 1489, Jehanne Le Blanc, veuve de Simon Le Bourrelier, fit partage des biens de son père Jehan Le Blanc entre son frère, Loys Le Blanc, époux de Catherine Malingre, lequel était aussi secrétaire du Roi et greffier en la chambre des Comptes, et sa sœur, Marie Le Blanc, femme de Jacques Crespin, marchand drapier bourgeois de Paris. Dans ce partage, la maison à *la fleur de lys* échut à Loys Le Blanc, ainsi que deux autres maisons sises rue des Blancs-Manteaux, tandis que Marie Le Blanc recevait, pour sa part, un hôtel à la Courneuve et une maison à l'Hay, près Bourg-la-Reine (*Arch. Nat.*, S 5082 [4]). En 1499, Loys Le Blanc paraît encore occuper l'hôtel de *la fleur de lys* (*Ibid.*, MM 154). Les censiers de 1528 à 1545 y indiquent Etienne Le Blanc, contrôleur général de la dépense de l'épargne du Roi, probablement fils du précédent (*Ibid.*, MM 156 à 167). C'est en 1549, qu'y apparaît enfin Jean Bertrand, au lieu d'Etienne Le Blanc, « pour une grande maison et édifices... » (*Ibid.*, MM 168). Après sa mort, cette maison passa aux mains de son fils Guillaume Bertrand, sr de Villemor, conseiller du Roi et maître des requêtes ordinaires, qui y adjoignit une autre maison avec jardin, située derrière, qui appartenait déjà à Georges Hérouët, seigneur de Carrières en 1534, et auparavant à Jehan Auboeuf (*Ibid.*, MM 169 et 170).

Sur le censier de 1571 à 1572, l'hôtel de Guillaume Bertrand est ainsi défini : « une maison contenant plusieurs corps d'hôtel, cours, jardins et leurs appartenances » (*Arch. Nat.*, MM 172). En 1596 et 1599, les censiers y indiquent Jehan Griffon, puis Octavian d'Ouy, conseiller du Roi au conseil d'Etat, sr d'Attichy (*Ibid.*, MM 173 et 174 et S 5596); puis vinrent Jean de Ligny et Philippe de Ligny, conseiller au parlement, en 1630 (*Ibid.*, S 5081 [5]); un autre de Ligny y figure encore en 1672 (*Ibid.*, 5081 [5]). L'hôtel de la *fleur de lys*, depuis longtemps, avait dû être transformé, divisé, etc. Quoi qu'il en soit, l'immeuble appartint successivement à M. de Clinchamp en 1736, puis à M. Thibaut de Baurain, puis à René Richer de Bois Mauclair en 1789 (*Ibid.*, S 5605, n° 1 de la 17ᵉ feuille ; Lefeuve, t. V, p. 251).

de Bernard Bertrand, seigneur de Villèle, procureur général au parlement de cette ville, fut élevé, dès son enfance, dans l'étude de la jurisprudence. Nommé *capitoul*, c'est-à-dire échevin de Toulouse, en 1519, il devint second président du parlement de cette ville en 1533, et premier président en 1536. Il s'acquit dans cet emploi une si grande réputation que son mérite le fit connaître au connétable Anne de Montmorency, à la recommandation duquel, François Ier le fit passer, en 1538, troisième président au parlement de Paris, dont il devint premier président en 1550. En ce temps-là, il était propriétaire, avons-nous déjà dit, d'un grand jardin rue des Poulies et de la maison qui faisait le coin de cette rue et de la Vieille-rue-du-Temple, vis-à-vis de la tourelle de l'hôtel Hérouët.

Après la disgrâce du chancelier Olivier, la faveur de Diane de Poitiers fit donner à Bertrand la charge de garde-des-sceaux en 1551. Il fut le premier garde-des-sceaux en titre d'office, création faite pour lui. Il avait épousé Jeanne de Barras, dame de Mirebeau et de Villemor-en-Berry, dont il eut trois enfants : un garçon, Guillaume Bertrand, et deux filles. Étant devenu veuf peu d'années après sa nomination de garde-des-sceaux, il embrassa l'état ecclésiastique et fut d'abord évêque de Comminges, d'où le roi Henri II le fit passer à l'archevêché de Sens en 1557. Enfin, grâce à la protection de ce prince et du duc de Guise, qui avait conduit au pape les troupes de secours que lui envoyait Henri II, contre Philippe II, roi d'Espagne, Paul IV le mit au rang des cardinaux au mois de mars 1557. Bertrand assista aux États généraux d'Orléans en 1558 ; mais, après la mort de Henri II, on lui ôta les sceaux qu'on redonna au chancelier Olivier. Pour se consoler de cette disgrâce, Jean Bertrand alla à Rome où il était très considéré ; il assista au conclave réuni pour l'élection de Pie IV, qui lui donna le titre de Santa-Prisca et le mit au nombre des cardinaux commissaires chargés d'examiner la conduite des Caraffa. De Rome, le roi l'envoya, en qualité d'ambassadeur extraordinaire à Venise où la mort le surprit, le 4 décembre 1560, étant sur le point de revenir en France. Il fut enterré dans cette ville, dans la chapelle de Saint-Étienne, chez les Augustins.

Les armes du cardinal Jean Bertrand de Villèle étaient : *d'azur au cerf passant d'or, au chef d'argent* ; il avait pour devise : *ad monitus fortior*. La famille de cet éminent personnage existe encore ; elle a donné, sous la Restauration, un ministre des finances distingué, et un archevêque de Bourges : M. de Villèle et son frère [1].

Après la mort du cardinal Jean Bertrand, son hôtel du coin de la rue des Poulies et son grand jardin, situé de l'autre côté de cette rue, passèrent aux mains de son fils, Guillaume Bertrand, seigneur de Villemor, conseiller du roi et maître des requêtes ordinaire de son hôtel. Nous ne savons que peu de chose sur le compte de Guillaume Bertrand ; cependant nous ne saurions passer sous silence sa fin tragique. Il compte parmi les nombreuses victimes de la Saint-Barthélemy. Bien que n'étant pas hérétique, il fut malheureusement de ceux qui, désignés sous le nom de *politiques*, furent livrés, par leurs adversaires, aux coups de la fureur populaire. Le 24 août 1572, il fut assassiné, chez lui, par les satellites d'un nommé Fergon, sieur de la Pathaudière, intendant du duc de Montpensier, et qui, jaloux de sa situation, enviait ses biens et ses fonctions. Les meurtriers pillèrent l'hôtel de Guillaume Bertrand et lui prirent son argent. « C'était cependant, dit de Thou, un homme de probité, libéral et incapable de faire du mal à personne [2]. »

Nous avons mentionné précédemment, dans une note, ce que devint l'hôtel du cardinal Bertrand ; quant au jardin, d'une contenance totale, avons-nous déjà répété, d'environ deux arpents, et d'un revenu censitaire de 12 deniers parisis, nous le trouvons, en 1596, désigné comme ayant appartenu, après Guillaume Bertrand, à Claude Mortier, conseiller du roi et secrétaire de ses finances, et aux héritiers d'Antoine Fachon, conseiller notaire et secrétaire du roi. Il se trouvait alors divisé en quatre lots à peu près égaux, c'est-à-dire d'un demi-arpent environ chacun, et payant chacun 3 deniers parisis de cens [3] ; lesquels lots correspondent aujourd'hui : le premier, aux

---

1. Clavel, *Histoire chrétienne des diocèses de France*, Paris, 1855, in-8, t. I, p. 191 à 202 ; — *Nouvelle biographie générale* de Didot ; — Fleury, *Histoire ecclésiastique*, t. XXX, p. 527.

2. De Thou, *Histoire universelle*, Londres, 1734, in-4°, t. VI, p. 410.

3. *Arch. Nat.*, S 5596 et MM 173 et 174.

n°s 24 et 26 de la rue des Francs-Bourgeois ; le deuxième, au n° 28 ;
le troisième, au n° 30, et le quatrième, aux n°s 32, 34 et 36 réunis. Si
nous identifions ces quatre lots aux n^os de la 18e feuille du plan terrier de 1789, nous trouvons que le 1er lot correspond aux n°s 20 et
19 de ce plan ; le deuxième, au n° 18 ; le troisième, au n° 13 ; le
quat ième, aux n°s 12 et 11. Nous allons donc nous reporter encore
aux n^os de ce plan dans l'énumération succincte des mutations successives de chacune de ces parties.

N°s 20 et 19 (n°s 24 et 26 de la rue des Francs-bourgeois). —
Après Guillaume Bertrand, ce lot appartint d'abord à Hubert Froment, puis à Guillaume Mortier, sieur de Montault, commissaire
ordinaire des guerres, puis à sa veuve et ses héritiers qui le possédaient en 1596 et 1598 [1]. Puis ce lot fut divisé en deux parties :

Le n° 20 (*Hôtel de Courchamp*, n° 24 de la rue des Francs-Bourgeois. Cette propriété faisait partie du bail à cens fait par le grand
prieur du Temple au profit de M. Jean Bertrand, chancelier-garde-
des-sceaux, le 10 février 1555 ; elle passa ensuite aux mains de
Claude Mortier, conseiller-secrétaire du roi ; elle appartenait, en
1630, à Catherine Mortier, veuve de Pierre Durier, au nom de
Paul Durier son fils [2] ; puis elle fut cédée à titre d'échange, le
23 juin 1663, par Jacques Durier de Tellemont, fils et héritier de
Claude Durier et de Madeleine de Lionne, à Marguerite Barentin,
veuve en deuxièmes noces d'Urbain de Laval, chevalier, marquis
de Boisdauphin, et en premières noces de Charles de Souvré,
chevalier, marquis de Courtenvaux. La fille de cette dernière, la
marquise de Louvois, en hérita avec son frère l'abbé de Louvois ;
mais elle en devint bientôt seule propriétaire, et la laissa après
elle à Louis Le Tellier de Rabenat, marquis de Souvré et de Louvois, chevalier et commandeur des ordres du Roi ; lequel la laissa
à son tour à son fils François-Louis Le Tellier de Rabenat, marquis
de Souvré et de Louvois, lieutenant général de Navarre et de Béarn

1. *Arch. Nat.*, S 5596 et MM 173 et 174.
2. *Ibid.* S 5081^5 et 5081^1.

et maître de la garde-robe du Roi. Celui-ci vendit la maison, le 2 mars 1740, à Charles-Jean Guillemin de Courchamp, chevalier de Saint-Louis, ancien capitaine aux gardes-françaises ; lequel en fit donation à son neveu Jean-Charles Guillemin de Courchamp, au contrat de mariage de celui-ci, le 17 mai 1760 ; lequel la laissa à son fils, Clément-Jean-Charles Guillemin de Courchamp, dont hérita aussi le fils, Ange-Charles Guillemin, qui la possédait encore en 1789 [1], ayant pour locataire Madame la comtesse de Lusignan [2].

Le n° 19 (n° 26 de la rue des Francs-Bourgeois et n° 3 rue Barbette) a été confondu avec une partie de l'hôtel Barbette ; nous en avons déjà parlé dans un chapitre précédent, sous le nom d'*hôtel Le Mayrat de Saint-Cyr*.

N° 18 (n° 28 de la rue des Francs-Bourgeois). — Ce lot a été aussi de bonne heure confondu avec une partie de l'hôtel Barbette, pour ne faire qu'une seule propriété, dont mention détaillée a été également ment faite dans un chapitre précédent, sous le nom d'*hôtel de Montarran* (n°s 16 et 18 du plan terrier de 1789).

N° 13. — *Hôtel Alméras* (n° 30 de la rue des Francs-Bourgeois). — Après Guillaume Bertrand ce lot appartint à Antoine Fachon, conseiller, notaire et secrétaire du roi ; après sa mort, il fut saisi sur sa veuve et ses héritiers, et adjugé, le 3 juin 1598, moyennant 1 200 écus soleil, à Jean de Fourcy, sr de Chézy-en-Brie et de Pommereuse, conseiller du roi, trésorier général de France. Ce lot consistait en « ung jardin clos de murs, peuplé de vieilles plantes, d'arbres frui- « tiers et verdiers, contenant ung demy-arpent ou environ, au coing « duquel jardin, du costé de la rue des Francs-bourgeois, y a ung « petit appentis couvert de thuiles, appliqué à petites salettes « basses sans cheminée, tenant d'une part à Mr Mortier, d'aultre aux « héritiers de Mr de Montault, aboutissant par derrière à la veuve « et héritiers de feu l'Hermitte.... ledit jardin occupé par Denis « Renoye, maître jardinier [3]. »

1. *Arch. Nat.*, S 5638, pp. 496 à 499 ; S 5081[1]
2. Watin fils le Temple, *loc. cit.*, p. 104.
3. Titres de propriété de M. Coutela, n°s 36 et 37. — *Arch. Nat.*, MM 173, 174.

Le 22 avril 1600, par contrat passé devant Trouvé et Rossignol, notaires à Paris, le dit Jean de Fourcy vendait ce lot à J.-B. de Guéribalde, sʳ de Breuil-en-Sologne, avec diverses promesses de vente et la concession d'eau de deux lignes qu'il pouvait prendre sur le gros tuyau de la ville moyennant 20 sols parisis par an et qu'il avait acquise le 11 août 1599 ; le tout au prix total de 26.000 écus [1].

Il fut ensuite fait déclaration de la propriété, le 3 mars 1632, par Pierre Alméras, conseiller du Roi et général des postes ; puis par Madeleine Alméras, veuve de Claude Le Roux, le 24 avril suivant ; puis par Hélène Alméras, veuve de Jean Du Hamel et par René Alméras sʳ de Valgrand, conseiller du Roi et maître ordinaire de la chambre des Comptes, le 28 mai 1647 [2]. Ce dernier vendit, le 7 septembre 1655, la dite propriété à Louis Bitaut, sʳ de Chenault et de Montbarrois, président en la chambre des comptes, et à son épouse Marie Lorthon ; celle-ci étant veuve, les créanciers de la succession de son mari la revendirent, le 23 janvier 1699, à Pierre Langlois, époux de Marie-Françoise-Louise-Thérèse Humbert, laquelle en passa déclaration le 19 mars 1699, alors qu'elle était veuve ; son fils, Robert Langlois de la Fortelle, président en la chambre des Comptes, en hérita et la laissa, après lui, aussi à son fils J.-B. Langlois de la Fortelle, conseiller du Roi et président en la chambre des Comptes. Enfin, les héritiers de ce dernier, Jacques Bigault, écuyer, sʳ d'Avocourt, Jacques de Bonnay, écuyer, sʳ de Nonancour, et son épouse Jeanne-Marie de Bigault, Jacques de Bigault, sʳ de Baudeville, François-Nicolas de Bigault, écuyer, sʳ de Bourneville, Louis de Bonnay, écuyer, sʳ de Malberck et son épouse Anne de Bigault, et Marie-Louise de Bigault, fille majeure, vendirent la propriété, le 10 juillet 1770, à Laurent Planelly de Maseranny de La Valette, chevalier, baron de Maubet, sʳ de Bourgouin, Saint-Aban-Thorigny, La Valette et autres lieux, qui en était encore proprié-

---

1. Titres de propriété de M. Coutela, n° 37.
2. René Alméras avait son tombeau à l'église Saint-Gervais, en la chapelle Saint-Pierre où fut enterrée sa femme Marguerite Fayet, décédée le 15 août 1622 (*Bibl. Nat., Manuscrits* f. fr. vol. 8249, f° 489).

taire en 1789 [1]. Les bâtiments de cet hôtel subsistent aujourd'hui
La grand'porte sur la rue, empreinte des gracieuses traditions de
la Renaissance, offre un remarquable spécimen de l'architecture du
règne de Henri IV. Dans la cour un buste des plus modernes, ayant la
prétention de rappeler les traits du Vert-Galant, évoque naturelle-
ment le souvenir si populaire de la belle Gabrielle. Il n'en faut pas
davantage, aux yeux des bonnes gens, pour fixer en cet endroit le
passage, sinon la demeure, de l'illustre favorite. Malheureusement,
nous n'avons encore rien découvert qui puisse donner quelque raison à cette légende.

N° 12. — *Hôtel Le Clerc* (n° 32 de la rue des Francs-Bourgeois).
— L'emplacement de cet hôtel fut d'abord compris dans le lot de
partage que, lorsque nous parlerons ci-après du n° 11, nous verrons
échoir, le 19 décembre 1602, à Jean Alméras à la suite de l'acquisition qu'il avait faite de J.-B. de Guéribalde en commun le même
jour, avec son gendre Claude Le Roux. De son lot, Jean Alméras
fit, encore le même jour, déclaration, au profit de son autre gendre,
Jean Du Hamel, époux d'Hélène Alméras, de la partie correspondant au n° 12 qui nous occupe à présent [2]. Cette partie passa ensuite
à leur fille Louise Duhamel, épouse de Pierre Le Clerc, trésorier de
l'extraordinaire des guerres ; puis à Louise Le Clerc, fille majeure
de ceux-ci, par suite du partage de succession fait, le 17 septembre
1673, entre elle et ses frères et sœurs [3]; mais elle la céda à son frère
Nicolas Le Clerc, s^r de Boisguiche, trésorier de l'extraordinaire des
guerres, moyennant 50.000 livres. A la mort de celui-ci, la propriété
passa à ses deux enfants, Nicolas Le Clerc, s^r de Grandmaison, et
Henriette Le Clerc ; après ceux-ci, elle échut à Henriette de Grandmaison, fille de l'un et nièce de l'autre ; laquelle Henriette de Grandmaison épousa René Thomé, chevalier, s^r de Rentilly, Saint-Germain des Noyers et autres lieux, capitaine de grenadiers au régiment

---

1. *Arch. Nat.*, S 5638, pp. 486 à 489.
2. Ces mutations, en date du 19 décembre 1602, sont plus amplement mentionnées
ci-après, au n° 11 (*hôtel Poussepin*).
3. Titres de propriété de M. Coutela, pièce n° 39.

des gardes françaises, colonel d'infanterie, chevalier de Saint-Louis,
qui passa déclaration de cet immeuble en 1780 [1].

N° II. — *Hôtel Poussepin* (n°⁵ 34 et 36 de la rue des Francs-Bourgeois). — Après Guillaume Bertrand de Villemor, le fils du cardinal
Jean Bertrand, un lot de son grand jardin, de 3 quartiers [2] environ,
était passé aux mains de Guillaume Mortier, sieur de Mantault,
époux en communauté de biens de Madeleine Laubigeois. Le sieur
de Montault étant venu à décéder, son frère, Claude Mortier, conseiller secrétaire du Roi, fut son exécuteur testamentaire et légataire
de ses biens ; mais ayant eu, à ce titre, à rendre compte de la tutelle
dont le dit sieur de Montault s'était chargé de son vivant envers les
enfants héritiers de Pierre Laubigeois, il se trouva que la succession
était redevable envers ceux-ci d'un reliquat de 1.980 écus au soleil.
En conséquence, le frère aîné de ces héritiers, Geoffroy Laubigeois,
sʳ de Vérines, conseiller du roi et auditeur à la chambre des comptes,
tant en son nom que comme administrateur des biens de ses frère
et sœur, fit à sa requête rendre une sentence au Châtelet, le 6 août
1599, en vertu de laquelle le lot du susdit jardin fut réellement
saisi sur Claude Mortier, puis vendu par adjudication le 26 août
1600, à Jean-Jacques de Fourcy, sʳ de Chézy et de Pommereuse,
conseiller, notaire et secrétaire du roi, trésorier général de France [3],
moyennant la somme de 1.200 écus au soleil, et conformément aux
promesses de vente convenues entre Claude Mortier et Laubigeois,
le 19 janvier 1599, et acceptée par Jean-Jacques de Fourcy, le 19
mars suivant. L'objet de cette adjudication est ainsi décrit : « ung
« jardin sis en la rue des Francs-bourgeois, près la cousture Saincte-
« Catherine, contenant trois quartiers ou environ, consistant en
« plusieurs arbres fruictiers et palissades, joignant d'un côté au
« petit Laurent, d'autre au jardin du sʳ de Fourcy... » Mais, dans
un contrat antérieur, passé devant Claude Trouvé et Pierre Rossignol, notaires à Paris, le 22 avril 1600, le dit sʳ de Fourcy ayant

1. *Arch. Nat.*, S 5638, pp. 314-317.
2. Un quartier est le quart d'un arpent.
3. Jean-Jacques de Fourcy fit élever, en 1601, un autel dans la chapelle de Sainte-
Barbe de l'église Saint-Gervais (L'abbé Lebeuf, édit. Cocheris, t. I p. 344).

cédé ces promesses de vente, avec le terrain qu'il avait acquis, le 3 juin 1598, de la succession d'Antoine Fachon [1], à J.-B. de Guéribalde, s[r] du Breuil-en-Sologne, conseiller, notaire et secrétaire du Roi, celui-ci devint le réel acquéreur du jardin de Claude Mortier [2].

Par contrat du 19 décembre 1602 passé devant Pierre Diard et Claude Trouvé, notaires à Paris, le susdit J.-B. de Guéribalde vendit à Jean Alméras, s[r] de la Saulsaye et de Saint-Remy, conseiller notaire et secrétaire du Roi, et à Claude Le Roux, conseiller du Roi et trésorier des lignes de Suisse, gendre de celui-ci, deux places « joignantes et attenantes l'une à l'autre, estans de présent en jar- « din, closes de murs, une muraille estant environ le milieu d'icelles « peuplées de vieilles et jeunes plantes d'arbres fruictiers et en l'une « desquelles places y a un petit apentis et une fontaine, et en l'autre « un petit couvert en dôme... » tenant d'une part, icelles places à « Mr Mortier, d'aultre part à une ruelle tenant à Laurent de la « Barre, marchand de chevaux, et à Mr Pelloquin, aboutissant d'un « bout à la rue des Francs-bourgeois, et d'aultre bout aux s[rs] Du « Metz... et Godart, conseiller en la court ; en la censive de M[r] le « Grand Prieur du Temple, et chargées envers lui de 12 deniers « parisis de cens... ». En vertu du même contrat, le s[r] de Gué- ribalde céda en outre la permission obtenue de la Ville par J. de Fourcy, et qu'il avait acquise de lui, « de prendre sur le gros thuyau « des fontaines de la dicte Ville un cours d'eau de deux lignes « de diamettre, » moyennant 20 sols parisis de rente annuelle. Les dites vente et cession furent faites suivant le prix total de 10.000 livres tournois [3].

Le même jour, 19 décembre 1602, contrat de partage de cette acquisition par indivis fut fait devant les susdits notaires Diard et Trouvé. Claude Le Roux eut la partie joignant M. Mortier, c'est-à- dire la partie correspondant au n° 13 du plan terrier (n° 30 de la rue des Francs-Bourgeois); et Jean Alméras eut la partie qui joint

---

1. Voir cette mutation mentionnée précédemment au n° 13 (hôtel Alméras).
2. Titres de propriété de M. Coutela, pièces n°° 32, 33, 34 et 35.
3. *Ibid.*, pièces n°° 30 et 58.

« la ruelle commune avec M. Pelloquin et M. Laurent de la Barre », c'est-à-dire les n⁰ˢ 11 et 12 du plan terrier (n⁰ˢ 36, 34 et 32 de la rue des Francs-Bourgeois). Mais comme cette partie se trouvait plus faible que l'autre, que la muraille qui faisait la séparation de la dite ruelle était fort vieille et avait besoin d'être refaite de neuf, et qu'il y avait plus grande quantité d'arbres fruitiers et de treilles dans la partie échue au sʳ Le Roux, le sʳ Jean Alméras reçut en soulte de compensation une somme de 400 livres tournois [1]. Cette soulte fut d'ailleurs réglée ultérieurement, suivant un rapport de prisée et estimation établies, le 21 février 1603, par Pierre Guillain, architecte juré du Roi [2].

Le même jour encore, 19 décembre 1602, et par devant les mêmes notaires, Jean Alméras passa déclaration, au profit de son gendre Jean Du Hamel, conseiller du Roi et receveur des rentes de la ville de Paris, d'une moitié de la place qui lui échut dans le partage précédent, moyennant 2.500 livres que lui aurait payées son gendre, à condition qu'un mur mitoyen serait construit à frais communs pour la séparation des deux moitiés, dont l'une, celle qui joint la ruelle, restait au dit Alméras, tandis que l'autre passait à Jean Du Hamel [3].

La partie de jardin qui resta ainsi à Jean Alméras porte le n⁰ 11 de notre plan terrier, et correspond actuellement aux n⁰ˢ 34 et 36 de la rue des Francs-Bourgeois, c'est-à-dire à l'immeuble de M. Coutela qui, depuis quelques années, y a transféré la pharmacie à l'enseigne du *Bon Pasteur*, qu'il possédait auparavant de l'autre côté de la rue.

En vue du corps de logis que Jean Alméras avait l'intention de faire construire sur la part de jardin qu'il s'était conservée, ainsi que nous venons de voir, tracé et procès-verbal de l'alignement du mur de clôture sur la dite ruelle ou cul-de-sac furent donnés, le 18 février 1603, par Jean-Louis Fournier [4], maçon juré

1. Titres de propriété de M. Coutela, n⁰ˢ 56 et 57.
2. Pierre Guillain, architecte, continua la construction de l'Hôtel de Ville, sur les dessins de Boccador, de 1605 à 1615.
3. Titres de propriété de M. Coutela, n⁰ˢ 54 et 55.
4. Jean-Louis Fournier ne paraît pas jouir d'une très grande notoriété. On lui attribue, sinon comme architecte, mais comme entrepreneur, l'ancienne petite galerie du Louvre construite vers 1595 (Bauchal, *loc. cit.*).

du Roi ès œuvres de maçonnerie, en présence de Pierre Noblet [1], maitre maçon de Paris, maçon de M. Alméras et de Laurent de la Barre [2]. Cette mention détermine certainement que la maison fut construite cette année-là.

Jean Alméras laissa deux filles après lui : Hélène Alméras qui avait épousé Jean Du Hamel, et Madeleine Alméras, qui avait épousé Claude Le Roux, tous deux susmentionnés. Cette dernière, étant devenue veuve [3], vendit, le 12 février 1609, à son beau-frère Jean Du Hamel et à M. de Choisy, conseiller secrétaire du Roi, moyennant la somme de 10.000 livres, le jardin acquis par son défunt mari, le sr Claude Le Roux ; ce jardin, mesurant 15 toises de large sur 30 toises environ de profondeur, fut ainsi réparti : à Jean Du Hamel une partie de 3 toises de large sur la même profondeur de 30 mètres, attenante à sa maison, moyennant 2.000 livres ; et le surplus au sr de Choisy moyennant 8.000 livres [4].

Il appert d'un nouveau procès-verbal d'alignement de la ruelle ou cul-de-sac voisin, dressé, le 2 octobre 1617, par les architectes jurés du Roi, Claude Vellefaux [5] et Marin de La Vallée [6], sur la demande de François Texier, écuyer, sr de Cernay, alors propriétaire de l'ancien hôtel Hérouët, que la dite Madeleine Alméras, veuve de Claude Le Roux, était devenue propriétaire de la maison bâtie par Jean Alméras, son père, sur la partie qu'il avait conservée lors du partage du 19 décembre 1602. Dans ce procès-verbal, le cul de sac est qualifié de « cour commune » chaque fois qu'il est désigné [7].

Au sujet de ce cul-de-sac, il existe un arrêt de la cour du Parle-

1. Pierre Noblet fut adjudicataire, en 1604, des maisons du Petit Pont qui menaçaient ruine, et, en 1605, des travaux de la porte du Temple (Bauchal, *loc. cit.*).

2. Titres de propriété de M. Coutela, nos 16, 27, 51, 52 et 53.

3. Claude Le Roux, secrétaire du Roi et trésorier général des ligues des Suisses et Grisons, décéda le 10 août 1605 ; il fut enterré, ainsi que sa femme Madeleine Alméras, en l'église Saint-Gervais (*Bibl. Nat.*, manuscrits, f. fr., vol 8219, fo 497).

4. Titres de propriété de M. Coutela, no 29.

5. Claude Vellefaux, l'un des quatre experts de la ville, juré du Roi, architecte de l'Hôtel-Dieu, commença les travaux de l'hôpital Saint-Louis (Bauchal, *loc. cit.*).

6. Marin de La Vallée, entrepreneur de maçonnerie, concourut avec l'architecte Pierre Guillain à la construction de l'Hôtel de ville en 1607 (*Ibid.*).

7. Titres de propriété de M. Coutela, nos 47, 48 et 49.

ment du 11 juillet 1640, permettant d'y ouvrir une porte et une sortie sur la rue des Francs-Bourgeois. Voici d'ailleurs le texte de ce document :

Nostre dicte Cour, par son jugement et arrest sans s'arrester aux susdictes fins de non recevoir, requestes des dicts 13 décembre, 14 mars et 1er juin, ny à nos lectres des 28 février et 4 avril, aiant nulement esgard à celles du dict 26 juin, a mis et met les dictes appellations et sentences desquelles a esté appelé au néant sans amende en émandant et corrigeant les dictes sentences, a absoubt et absoubt l'appellante des fins et conclusions des dictes inthimées, *Ordonne qu'elle pourra sy bon lui semble faire percer le dict mur au droict de la dicte ruelle qui aboutist dans la rue des Francs-bourgeois, y faire restablir la dicte porte pour entrée et issue de son jardin par icelle ruelle en la dicte rue des Francs-bourgeois, sans pouvoir estre troublée ou empeschée au dict passage par les dictes inthimées*, lesquelles nostre dicte Cour a condamné et condamne ès despens de la cause principalle sans despens des dictes causes d'appel et incidents.....

MM. Pastoureau, Perrot, Rat, Fridot, Dehores, du Tillet, Robert, Ferrand, Lepresbtre, Legendre, Barthélemy, Robin, Cognet, Bernard fils.

Mr de Champion président
du 11 juillet 1640 [1].

Après la mort de Madeleine Alméras qui arriva le 24 novembre 1633, la maison, qui nous occupe à présent et qui lui venait de son père Jean Alméras, passa à sa sœur Hélène Alméras que nous avons vue ayant épousé Jean Duhamel, celui à qui Jean Alméras avait cédé, le 19 janvier 1602, la moitié de jardin correspondant au n° 12 de notre terrier (c'est-à-dire au n° 32 actuel de la rue des Francs-Bourgeois). Jean du Hamel mourut en 1627 [2], et sa veuve Hélène Alméras en 1660. Les partages de la succession furent faits par devant Galloys, notaire, le 4 septembre 1660, entre ses deux filles, Madeleine Du Hamel, épouse de Dreux Poussepin, écuyer, contrôleur de l'extraordinaire des guerres, et Louise Du Hamel, épouse de Pierre Leclerc, trésorier de l'extraordinaire des guerres.

1. Titres de propriété de M. Coutela, n°s 25, 26 et 45.
2. L'inventaire de Jean Du Hamel a été fait par Guillaume Herbin, notaire, en novembre 1627 ; Arnaud, notaire, en a conservé la minute (Titres de M. Coutela, n° 39).

Suivant ces partages, la maison échut à l'aînée, Madeleine Du Hamel, l'épouse de Dreux Poussepin ; puis après sa mort, elle passa : une partie par indivis à ses deux fils, René Poussepin, écuyer, sieur de Moulons, conseiller du roi, correcteur en la chambre des Comptes, et Pierre Poussepin, écuyer, sieur de Lanneval et de Bel-Air, conseiller du roi et contrôleur de la cavalerie légère [1] ; l'autre partie échéant à Élisabeth d'Andiguier, veuve de Nicolas Le Maistre, et aux héritiers de celui-ci. Mais, après avoir reconnu, suivant un rapport d'expertise, que la maison ne se pouvait partager ainsi que le droit de ruelle commune qui en dépendait, les dits René et Pierre Poussepin obtinrent, le 11 septembre 1688, sous forme de vente par licitation, adjudication de la portion échue à la veuve et aux héritiers de Nicolas Le Maistre [2].

Par testament et codicille olographes des 16 octobre 1698 et 25 avril 1701, René Poussepin ayant fait une substitution en faveur des enfants mâles de son frère Pierre Poussepin, qui était décédé, l'aîné de ses neveux, Charles Poussepin, seigneur de Montbrun, hérita de la maison et en fit déclaration le 18 mai 1703 [3].

Philippe Poussepin, écuyer, s^r de Montbrun, en devint à son tour propriétaire, comme son second fils de Pierre Poussepin, et, en cette qualité, légataire universel substitué de son oncle, René Poussepin, par suite du décès sans enfants mâles du susdit Charles Poussepin, son frère aîné.

Cependant Philippe Poussepin ne paraît pas avoir habité long-temps la maison, car nous la trouvons louée, suivant baux successifs du 16 mai 1746 et du 23 octobre 1752, à Francisque-Angélique Dupille, veuve de Claude Laurent, maître en la chambre des comptes de Normandie. Cette dame étant venue à mourir, ses héritiers transportèrent ses baux à Henry-Nicolas Le Baillif, chevalier seigneur de Cocherel, la Fortelle et autres lieux, conseiller du Roi et auditeur, époux de dame Austreberte-Claude Durand. Celui-ci,

---

1. Avait été commissaire ordinaire des guerres à la police du régiment des gardes (*Bibl. Nat.*, Manuscrits, *Pièces originales*, vol. 2366).
2. Titres de propriété de M. Coutela, n° 46.
3. *Arch. Nat.*, S 5638.

qui occupait la maison, en renouvela bail en son nom, pour neuf années, le 1ᵉʳ octobre 1764, moyennant un loyer annuel de deux mille livres ; le bailleur est encore le susdit Philippe Poussepin, alors désigné comme « ancien capitaine au régiment de Boulonnais demeurant à Paris rue des Écouffes, paroisse Saint-Gervais. »

Dans ce nouveau bail de location l'immeuble est ainsi décrit :

Une grande maison sise en cette ville rue des Francs-bourgeois au Marais, paroisse Saint-Gervais, consistant en un grand corps de logis situé entre cour et jardin, composé de plusieurs appartements et chambres de domestiques ; un corps de bâtiment en aile à côté, et un autre petit corps de logis sur le devant avec un petit escalier qui y conduit, une grande cour, trois remises, une écurie, une pompe avec la pierre pour faire boire les chevaux, lieux d'aisance, un second étage ; et au rez-de-chaussée, caves sous le grand corps de logis ; jardin et l'usage d'un cul-de-sac commun avec plusieurs autres maisons, ayant yssue sur ladite rue des Francs-bourgeois, et dans lequel il y a entrée, tant par une porte du dit jardin que par l'écurie pour y panser les chevaux et y pouvoir vuider les fumiers ; avec les autres appartenances et dépendances de la dite maison, du nombre desquelles est le droit de chapelle en l'église Saint-Gervais, en la chapelle dite des Poussepins, étant la seconde au bas de l'église à droite, dont lesdits sieur et dame preneurs ont une clef, et celui de faire dire la messe en la chapelle qui est dans un petit pavillon de la dite maison à droite donnant en saillie sur le jardin [1].....

Le 4 mai 1765, il fut passé une convention entre les propriétaires des maisons situées Vieille-rue-du-Temple et rue des Francs-Bourgeois ayant des issues particulières et des droits sur le cul-de-sac qui leur est commun, afin de faire réparer ou remettre à neuf, à frais communs égaux, la porte-cochère qui devait en clore l'entrée pendant la nuit ; laquelle se trouvait en un tel état de vétusté qu'elle ne pouvait presque plus se fermer. Les réparations nécessaires à exécuter au pavage de ce cul-de-sac furent comprises aussi dans cette convention, à laquelle prirent part les propriétaires intéressés, savoir : MM. de Pommereu, capitaine d'infanterie ; Menjot et Le Marié, maîtres ordinaires en la chambre des Comptes ; Philippe Poussepin, et les créanciers syndics de M. et Mᵐᵉ de Creil.

---

1. Titres de propriété de M. Coutela, pièce nᵒ 43.

Le quartier Barbette.   11

M. Nicolas Le Bailly, locataire de M. Poussepin, fut chargé de
l'exécution de cette convention [1].

Philippe Poussepin décéda le 19 juillet 1766, et, comme son prédécesseur, ne laissa pas d'enfants mâles ; aussi, suivant les termes
de la substitution de son oncle René Poussepin, la maison passa-
t-elle à son frère cadet, dernier enfant de Pierre Poussepin c'est-à-
dire René-Charles Poussepin, écuyer, s^r de Bel-Air, chevalier de
l'ordre de Saint-Louis, capitaine au régiment de Normandie, aide-
major d'Amiens avec brevet de commandement, époux de Geneviève Nicole Pinguet, lequel résidait ordinairement à Amiens.

Six semaines après, le 5 septembre 1766, par contrat passé par
devant Raince, notaire, René-Charles Poussepin vendit la maison
à son locataire, Nicolas Le Baillif, moyennant quarante-cinq
mille livres. Dans cette vente furent compris : 1° le droit de jouissance de la ruelle ou cul-de-sac qui règne derrière et à gauche de
ladite maison vendue, laquelle y a issue tant par une porte de jardin que par l'écurie, pour y panser les chevaux et y pouvoir vider
les fumiers ; 2° plus le droit en une chapelle de l'église Saint-Gervais et au caveau situé dessous, ainsi qu'il est indiqué dans le bail
du 1er octobre 1764 ; ladite chapelle et son caveau ayant été concé-
dés à la famille Poussepin par acte notarié du 4 avril 1610 ; à la
charge du preneur de veiller à l'exécution des fondations faites par
les auteurs du vendeur, suivant actes des 8 septembre 1591 et 12
septembre 1715 ; le vendeur cède à Nicolas Le Baillif le pouvoir
de nommer et présenter le chapelain le cas échéant [2].

Lorsque René-Charles Poussepin se défit ainsi de la maison de la
rue des Francs-bourgeois, il y avait déjà plus d'un siècle qu'elle
appartenait à sa famille ; aussi son nom nous semble-t-il mériter
plus que tout autre d'y être attaché, si peu illustre qu'il puisse
paraître. Comme beaucoup d'autres familles de notre vieille bourgeoisie parisienne, dont les membres parvinrent, par leur activité et
leur prud'homie, à des offices ou des charges qui conféraient la
noblesse, les Poussepin ont des origines très humbles ainsi qu'une

1. Titres de propriété de M. Coutela, pièce n° 22.
2. *Ibid.*, pièce n° 13.

histoire sans éclat. Mais dans l'histoire l'intérêt ne saurait être toujours mesuré à l'éclat des faits et à la sonorité des réputations.

Les Poussepin étaient issus d'une très ancienne famille de marchands de Paris de la corporation des merciers. Jadis, les merciers constituaient l'un des six corps de métiers et en étaient même l'un des plus riches. Ils étaient à peu près ce que sont aujourd'hui nos marchands de nouveautés ; ils vendaient toute espèce d'étoffes, d'articles de toilette et d'ameublement, sans rien fabriquer par eux-mêmes. Ils se vantaient d'avoir jadis suivi le Roi, et, lorsqu'ils suivaient la cour, d'avoir un quartier séparé. La *grange aux Merciers*, située dans le faubourg Saint-Antoine, était le lieu où ils exposaient leurs marchandises quand la cour venait au bois de Vincennes prendre l'air. La galerie des Merciers du Palais, disaient-ils, était le lieu où les rois leur permettaient d'étaler leurs articles, pendant le temps que ces princes logeaient au Palais [1].

Ainsi, les comptes ordinaires de la Prévôté de Paris nous montrent, pendant plus de vingt ans, de 1484 à 1506, un certain Robin Poussepin, demeurant à Paris, ayant « un étal assis en la « galerie des Merciers au Palais joignant la porte du beau roi Phi- « lippe, qu'il tient aux vies de lui, de Jacqueline sa femme et « Estienne et Jehan leurs fils [2]. »

De 1506 à 1513, les mêmes comptes mentionnent aussi Pierre Poussepin pour un étal en la même galerie, du côté de la cour, qu'il tient également « aux vies de lui et de ses sœurs Anne et Jehanne [3]. »

Guillaume Poussepin, sergent à verge et audiencier au bailliage de Paris, nommé par lettres du 21 mars 1531, prête serment le 3 mai 1532 [4]. Ce nom de Guillaume Poussepin figure parmi les enchérisseurs pour l'acquisition des terrains de l'hôtel d'Artois et de Bourgogne ; il est celui de l'adjudicataire de la 10e place, moyennant 250 livres tournois, le 18 mars 1543 [5].

En 1572, il y avait au Châtelet deux frères du nom de Poussepin,

1. Sauval, t. II, p. 473.
2. *Ibid.*, t. III, pp. 466, 478, 483, 508, 515, 520, 524 et 536.
3. *Ibid.*, t. III, pp. 536, 547 et 561.
4. Sauval, t. III, p. 514.
5. Félibien et Lobineau, *loc. cit.*, t. V, p. 772 [b].

qui étaient très redoutés des accusés, parce que leurs fonctions les commettaient à la présidence de la torture. Ils demeuraient rue des Barres, près de l'église Saint-Gervais [1].

Un autre Guillaume Poussepin, marchand bourgeois de Paris, payait, en 1573, le gros cens à la Ville de Paris, pour une maison rue Montorgueil [2].

Un conseiller au Châtelet, nommé Jean Poussepin, fut élu échevin de Paris en 1581, et fit, en cette qualité, en 1583, un inventaire des titres et privilèges de la Ville [3]. Son nom figure sur le regard de la Lanterne des eaux de Belleville; ce regard fut commencé en 1585, alors qu'il était échevin, et terminé en 1613, alors que Nicolas Poussepin, sieur de Bel-Air, aussi conseiller au Châtelet, était aussi échevin [4]. Celui-ci était probablement le fils du précédent; il avait été élu le 16 août 1611 [5].

En avril 1597, un Poussepin signa par le roi les lettres patentes de Henri IV en faveur des confrères de la Passion, avec interdiction à tous autres de représenter en public, sans leur permission, et ailleurs que sur leur théâtre de l'hôtel de Bourgogne [6].

Il faut encore citer, d'après des titres originaux : Pierre Poussepin, seigneur de Launoy (ou d'Aulnoy), conseiller secrétaire du roi en 1585 et 1613; Pierre Poussepin, conseiller du roi en la cour du parlement de Bretagne en 1632 et 1635; Nicolas Poussepin, sieur de Montbrun, conseiller du roi et trésorier général des finances en 1645, 1656, 1672 et 1684, etc., etc. [7].

Dès le xve siècle, ou à peu près, la famille des Poussepin formait trois branches qui se localisaient, l'une à Paris, l'autre à Sainville (Eure), et la troisième à Dourdan. Les Poussepin de Paris s'élèvent par degrés et s'allient à la noblesse. Au xviie siècle, nous avons déjà rencontré un Pierre Poussepin, « écuyer, s^r de Lanneval et de

---

1. Baron de Ruble, *Paris en 1572*, Mémoires de la Société de l'Histoire de Paris et de l'Ile-de-France, t. XIII (1888), p. 10.
2. Sauval, t. III, p. 626.
3. *Arch. Nat.*, Q¹ 1099²⁴⁹.
4. Guilhermy, *Inscriptions du Ve au XVIIIe siècle*, t. V, p. 253.
5. Félibien et Lobineau, *loc. cit.*, t. V, p. 517ᵇ.
6. *Ibid.*, t. V, p. 798ᵃ.
7. *Bibl. Nat.*, Manuscrits, Pièces originales, vol. 2366.

Bel-Air, conseiller du roi et contrôleur de la cavalerie légère », et un René Poussepin, frère du précédent, « écuyer, s^r de Moulons », aussi conseiller du roi et correcteur en la chambre des Comptes. Ils sont les bienfaiteurs de Saint-Gervais, leur paroisse ; à ce titre, leur nom se lit encore à la voûte de cette église, à côté de ceux de Versigny et des du Buisson. Ils ont contribué pour une large part à la reconstruction de l'édifice ; ils y avaient droit de chapelle et y entretenaient un chapelain [1].

Les Poussepin de Sainville gardent d'abord, de père en fils, la charge d'huissier, d'huissier à cheval, d'audiencier, de sergent au Châtelet. Eux aussi s'allient à la noblesse, ou tout au moins à la bourgeoisie « qui vaut noblesse ». Etienne Poussepin épouse, en 1641, Louise d'Agnicourt ; et son fils Henri Poussepin compte parmi les témoins à son mariage, en 1686, « messire Henri Briçonnet, escuyer, s^r de Lassay. » Vers la fin du xvıı^e siècle, cette branche, devenue très nombreuse, s'étend par les femmes dans toute la région ; on en trouve des représentants dans la plupart des communes environnantes, à Denonville, à Garancières, à Gallardon, à Gué de Longroi, à Châtenay. A Sainville en particulier, les parents ou alliés des Poussepin se rencontrent à chaque pas. Quelques-uns ont leur sépulture dans l'église paroissiale, près le banc du chœur, proche le lutrin. Plus tard le nom disparaît, mais les familles subsistent.

Quant aux Poussepin de Dourdan, ils s'adonnent principalement au commerce : c'est par là qu'ils s'élèvent aux premiers rangs parmi leurs concitoyens. Ils sont aussi des mieux apparentés. Hugues, fils de Jean Poussepin, né à Paris en 1509, épouse, à Dourdan, Jeanne Blanchard. Il se fixe dans cette ville, où vraisemblablement il exerce le commerce ; à un moment donné, il devient membre du tribunal de l'élection. Hugues Poussepin et sa femme ont leur sépulture dans l'église de Dourdan, ainsi que Claude Poussepin,

---

1. « La chapelle des dits sieurs Poussepin en la dite église Saint-Gervais et Saint-Protais, qui est la seconde à main droite en entrant par le grand portail de ladite église. » *Contrat de fondation, 28 octobre 1689.* Voir Pouän (Dr B.-Th.), *Les origines de la Présentation. Vie de la Vénérable mère Marie Poussepin*, Paris, 1894, in-8°, pp. 26-27.

l'aîné de leurs quatre enfants, décédé, en 1596, à l'âge de 47 ans. La
« vénérable mère » Marie Poussepin, célèbre dans la contrée par
ses œuvres de bienfaisance, descend en ligne directe de ces Poussepin de Dourdan, chez lesquels le nom de Claude devient héréditaire
pour cinq ou six générations. Entrée de bonne heure dans un couvent de dominicaines, elle fonda plusieurs maisons de son ordre,
notamment à Janville, à Sainville et à Angerville. Le but spécial
de ses fondations était l'enseignement, le soin des malades et les
œuvres de charité. Les sœurs de ces établissements avaient pour
modèle de mission celle des sœurs de Saint-Vincent-de-Paul. Marie
Poussepin mourut le 24 janvier 1744, âgée de quatre-vingt-onze
ans. L'une de ses maisons, celle de Sainville, existe toujours : c'était
la maison mère [1].

D'après l'*Armorial général* de d'Hozier, les deux frères, René et
Pierre Poussepin, que nous avons vus, en 1688, possesseurs de la
maison de la rue des Francs-Bourgeois après leur mère, Madeleine
Du Hamel, épouse de Dreux Poussepin, avaient pour armoiries :
*d'azur à une fasce d'argent, accompagnée en chef de trois étoiles
d'or et en pointe d'un lion passant de même, lampassé et armé de
gueules.* Françoise Boisne, épouse dudit René Poussepin, portait
*d'azur à un chêne d'or accosté de deux étoiles de même et surmonté
d'un croissant d'argent* [2]. Les armoiries de ces deux époux se
voyaient il y a peu de temps encore sur une des pierres de la
façade intérieure de ladite maison [3].

Henri Nicolas Le Baillif, acquéreur, ainsi que nous avons vu, de
la maison des Poussepin, en fit déclaration au terrier du Temple, le
3 juin 1780 [4]. Il y habitait encore en 1789 et 1790 [5].

Henri Nicolas Le Baillif étant mort sans enfants en 1790, la mai-

1. Pouan (Dr B.-Th.), *loc. cit.*, p. 27 à 30.
2. *Bibl. Nat.*, Manuscrits. D'Hozier, *Armorial général*, Paris, vol. Ier, p. 497 et
vol. II, pp. 229 et 349.
3. Cette pierre se trouve aujourd'hui au Musée Carnavalet, par suite du gracieux
abandon qu'en fit récemment M. Coutela à la ville de Paris.
4. Titres de propriété de M. Coutela, n° 44.
5. Watin fils, *loc. cit.*, le Temple, *Changements et additions*, p. 6 ; — *Almanach
royal de 1790*.

son passa, en vertu de son testament du 20 août 1789 [1], à son neveu, Jacques-Bernard Landasse de Francamp, ancien conseiller au parlement de Normandie, fils de Marie-Rose Le Baillif, veuve de Jacques-Joseph Landasse, maître des comptes à Rouen ; lequel vendit ce bien d'héritage, le 4 février 1791, à Jacques-Étienne Pichard, marchand-bonnetier à Paris, y compris aussi « le droit « dans une ruelle derrière les bâtiments, le droit de chapelle en « l'église Saint-Gervais et celui de caveau au-dessous et de présen- « tation de chapelain » ; le tout moyennant cinquante-sept mille cinquante livres, plus deux mille livres pour le prix des glaces et boiseries : soit, en bloc, cinquante-neuf mille cinquante livres [2].

A partir de ce moment la demeure des Poussepin subit le sort de la plupart des hôtels du Marais pour devenir une maison de rapport livrée au commerce et à l'industrie. Quant aux droits qui y étaient jadis attachés, celui de chapelle et de caveau en l'église Saint-Gervais a disparu depuis la Révolution ; il ne subsiste plus aujourd'hui que le droit à la jouissance du passage resté commun aux maisons qui y aboutissent, et ce droit est encore attesté par la participation commune des riverains à la taxe des contributions directes, dont la porte d'entrée dudit passage a continué d'être frappée jusqu'à présent.

1. Titres de propriété *de M. Coutela,* n° 24.
2. *Ibid.,* n° 42.

CONCLUSION

Ce n'est pas sans une certaine satisfaction que nous touchons au terme de ce modeste travail où l'intérêt des recherches historiques compense à nos yeux les heures patiemment dépensées parmi les titres et les parchemins des siècles passés.

Comme résultats obtenus, notre étude présente, pour commencer, des renseignements nouveaux sur une opulente famille de bourgeoisie parisienne, dont un des membres, le prévôt Étienne Barbette, figure, non sans quelque importance, dans nos annales municipales, au temps de Philippe-le-Bel. A l'une des extrémités de l'ancienne courtille patrimoniale de cette famille nous avons retrouvé l'emplacement, jusqu'à présent oublié, de la maison d'Étienne Barbette, si cruellement dévastée par l'émeute, et sur les ruines de laquelle s'éleva, par la suite, l'hôtel d'Ardoise qui devait enfin faire place aux bâtiments conventuels des Filles du Calvaire.

Puis nous avons vu le nom des Barbette, après avoir longtemps désigné leur domaine ainsi que la porte de ville et le chemin qui y accédaient, subsister dans la région, comme par une sorte de fatalité persistante, en restant d'abord attaché au fameux logis, qu'illustrèrent Montaigu, Isabeau de Bavière et les Brézé, pour passer définitivement à la rue qui fut ouverte à travers les décombres du royal séjour démoli.

Nous avons ensuite assisté à la formation du pourpris de l'hôtel Barbette, commencée par des tisserands de drap et des pouliers qui, détail ignoré de Sauval, laissèrent le souvenir de leur industrie dans l'appellation même de la rue des Poulies, avant que celle-ci ne devînt la rue des Francs-Bourgeois, en mémoire des pauvres habitants des *maisons d'aumône*, qui y demeuraient francs de taxes et d'impôts.

Avec la trop célèbre Isabeau de Bavière nous ne pouvions manquer de remettre en lumière l'intéressante figure de cet infortuné prince, le duc d'Orléans, dont la galante existence devait être tranchée si cruellement ; et c'est en essayant de faire revivre ce tragique évènement que nous avons été amené, d'après les documents les plus sûrs, à en restituer le cadre exact, comme à en préciser la scène véritable, contrairement aux indications acceptées jusqu'à présent par les historiens les plus accrédités. Ainsi, le lieu où ce lugubre fait s'accomplit est bien devenu le passage du n° 38 de la rue des Francs-Bourgeois, dont nous avons retrouvé l'état civil sous les vocables successifs d'*allée aux Poulies* et d'*allée aux Arbalétriers*.

En puisant aux mêmes sources, nous avons en outre montré quels furent les personnages qui depuis lors se succédèrent à l'hôtel Barbette jusqu'au moment de sa disparition, et nous avons ainsi ajouté sur son compte un chapitre presque entièrement inédit.

Ainsi que nous l'annonçons dans notre préface, nous avons aussi établi, suivant la même méthode, la rapide filiation de chacune des maisons qui, à partir de la deuxième moitié du XVIe siècle, ont recouvert l'ancien domaine de Montaigu, et parmi lesquelles il convient de citer les hôtels de Pommereu, de Montarran, d'Estrées (ou de Corberon), etc., dont l'histoire n'avait pas encore été faite. Puis, comme complément d'informations, nous avons procédé de même pour les maisons voisines qui, jusqu'à présent, restées aussi sans histoire, avaient été à tort confondues avec l'hôtel Barbette ; telle fut notamment la plus remarquable d'entre toutes, l'hôtel Hérouët, dont l'élégante tourelle est certainement un des plus précieux bijoux de notre vieux Paris. Parmi les origines particulières de quelques-unes de ces demeures, nous avons eu la bonne fortune de découvrir les hospitalières *maisons d'aumône*, avec les *francs-bourgeois*, puis un personnage de très haute marque, le garde-des-sceaux et cardinal Jean Bertrand, dont le fils fut une des nombreuses victimes des fureurs de la Saint-Barthélemy.

Si nous nous sommes étendu sur l'hôtel Poussepin un peu plus longuement que ne convient l'importance du sujet, c'est que, en présence des abondants titres de propriété si obligeamment mis à notre disposition par M. Coutela, son propriétaire actuel, nous n'avons pu résister au désir de les mettre à profit, au risque de sortir un tant soit peu des proportions de notre programme.

Avant de terminer, on nous permettra d'appeler encore l'attention du lecteur sur les pièces justificatives publiées ci-après, parce que nous pensons que, comme les deux plans qui suivent, elles sont indispensables pour la parfaite intelligence de notre étude.

Nous prions enfin l'érudit qui aura bien voulu nous lire d'user d'indulgence à l'égard des imperfections qu'il a pu rencontrer dans notre travail; qu'il veuille bien seulement nous tenir compte des résultats curieux, tout à fait originaux, que nous avons atteints concernant l'histoire et la topographie ancienne d'une région parisienne, dont nous croyons avoir rétabli le passé d'une façon définitive et certaine.

PIÈCES JUSTIFICATIVES

I

PROCÈS-VERBAL DES CRIÉES ET OPPOSITIONS
DU GRAND ET DU PETIT HOTEL BARBETTE

(14 mai 1464).

ARCHIVES NATIONALES. — S 5072ᵃ, 65ᵉ liasse, nᵒ 19.

A tous ceulx qui ces présentes lettres verront, Robert d'Estouteville, chevalier, seigneur de Bayne, baron d'Ivry et de Saint-Audry en la Marche, conseiller chambellan du Roy nostre sire et garde de la prévosté de Paris, salut. Savoir faisons que le jour d'uy datte de ces présentes, a la requeste des commandeur et religieux du Temple à Paris, nous avons fait extraire du pappier et registre au criéez faictes par vertu du privilleige aux bourgeois de Paris, commençant au jour de Trinité l'an mil cccc quarante-neuf et finissant à ce jour l'an mil cccc cinquante, ce qui s'ensuit :

En la rue de Barbette, les commandeur et religieux du Temple à Paris, ung grant hostel appelé l'ostel de Barbette et ung aultre petit hostel joignant, appelé la petite Barbette, esquels a plusieurs édiffices avecques leurs appartenances, masures et jardins, tous les lieux entretenant; qui furent derrenierement aux religieux des Blancs-Manteaulx, assis à Paris en la rue de Barbette; tenant d'une part tout au long, par devers la porte Barbette, à une masure appelée l'hostel du Moulinet, à l'alée des Arbalé-triers, aux maisons d'aumosne et aux maisons et jardins appartenans à Sainte-Katherine, et d'aultre part, devers les champs, à certains hostelz, masures et jardins que on dit estre en la censive Culdoe ; aboutissant par derrière à la cousture Saincte-Katherine ; criez à la requeste des dicts commandeur et religieux pour huit livres onze sols six deniers parisis de cens et pour six années et ung terme d'arréraiges ; et eslu domicille au dit lieu du Temple. Rapporté par Adam Auberc et Richart Bloteau, sergens à verge, que le xvjᵉ jour d'avril cccc xlix après Pasques, ils firent la première criée pour la première xlⁿᵉ au jour de la Trinité et au lendemain ensuivant prouchain venant, en et sur etc., habitée en partie etc., présents Jehan Froment, Perrin de Barbette, Jehan Bouchier et aultres. Rapporté par les dits sergens que le xxme jour de septembre iiij^e xlix ils firent la seconde criée pour la seconde xlme au jour des morts et au lendemain ensuivant prouchain venant en et sur etc., habitée en partie etc., présens Nicolas Bertin, Jehan Guiart, Perrin Oudin et autres. Rapporté par Richart Bloteau et Colin Darsanval, sergens à verge que le xiiij^me jour de novembre iiij^e xlix, ils firent la tierce criée pour la tierce xlme au jour de l'an et au lendemain ensuivant prouchain venant, en et sur etc., habitée en partie etc.; présens George Delamer, Jehan Guyart, Perrin Germain et autres. Rapporté par les dits derreniers sergens que le xiiime jour d'avril iiij^e cinquante après pasques ils firent la quarte criées pour la quarte xlme au jour de la Trinité et au lendemain ensuivant prouchain venant, en et sur etc., habitée en partie etc.; présens Richard de Saint-Yon, Symon de Bavières et autres.

Jehan Calet au nom et comme procureur de noble et puissant seigneur Monseigneur Charles d'Anjou, comte du Maine, s'opposa à ces criées le merquedy xxme d'avril l'an mil cccc cinquante pour conserver audit monseigneur le comte la propriété des lieux criez, et eslu domicille en l'ostel maistre Audry Courant, procureur en parlement, assis à Paris dans la grant rue Saint Jacques.

Sire Michel Culdoe, bourgeois de Paris, en son nom s'opposa à ces criées le lundi xxj^e jour de may l'an mil iiij^e cinquante pour lui conserver cent sols parisis de fons de terre sur les lieux criéz avecques tous droitz seigneuriaulx et pour vingt-neuf années d'arréraiges, et eslu domicille en son hostel rue de la Tonnelerie.

Maistre Nicaise de Bailly, greffier et trésorier du Roy nostre Sire, ou nom et comme commis par la cour de parlement au gouvernement de la succession de feu Guillaume Sanguin s'opposa à ces criées le lundi xxviij^me jour de may mil cccc cinquante pour conserver au fait de sa dite commission deux cens salus d'or de rente sur les lieux criez et vingt trois années d'arréraiges, eslu domicille en l'hostel du dit maistre Nicaise rue de la Coulombe en la Cité de Paris.

Jehan Legros, comme procureur des prieur, frères et sœurs de Saint-Ladre-lès-Paris s'opposa à ces criées le lundi premier jour de juing mil cccc cinquante pour conserver aux dits de Saint-Ladre tel droict, part et portion de fons de terre qu'ilz peuvent avoir, prétendre et demander en et sur le lieu crié ou sur partie d'icelluy, domicille au dit lieu Saint-Ladre.

Item, l'an et jour dessus dits s'opposèrent aux dites criéez les procureurs du Roy nostre sire au Chastellet de Paris pour les causes plus à plain contenues et déclairées en leurs oppositions générales qu'ilz ont accoustumé de faire à toutes les criéez faictes par vertu du privilleige aux bourgeois de Paris.

En tesmoing de ce, j'ay faict mettre en ce présent extraict le scel de la dite prévosté de Paris, le samedy troisiesme jour de juillet l'an de grace mil iiij^c cinquante-six. Ainsy signé : N. Leclerc.

A noble homme et saige monseigneur le prévost de Paris ou à son lieutenant, Guillaume de Culan, examinateur de par le Roy nostre Sire au Chastellet de Paris, honneur et révérance. Chier seigneur, plaise vous savoir que en suivant le contenu ès ordonnances royaulx faictes sur le fait des rachatz des rentes et autres charges constituées sur les maisons et lieux de la ville et faulxbourgs de Paris, religieuse personne et honneste frère Thomas Louette, religieux et procureur des commandeur et autres religieux du Temple à Paris, qui avoient fait mettre en criéez, monitions et appeaulx, par vertu du privilleige aux bourgeois de Paris, ung grant hostel appellé l'hostel de Barbette et ung autre petit hostel joignant appellé la petite Barbette, ès quels a plusieurs ediffices qui furent derrenierement aux religieux des Blancs-Manteaulx, assis à Paris en la rue de Barbette, tenant d'une part tout au long par devers la porte Barbette à une maison appelée l'ostel du Moulinet, à l'alée des Arbalétriers, aux maisons d'aumosne et aux maisons et jardins appartenans à Saincte-Katherine, et d'autre part, par devers les champs, à certains hostelz, masures et jardins que on dit appartenir à Culdoe ; aboutissant par derrière à la cousture Saincte-Katherine ; pour leur conserver et garder sur les dits lieux criéez huit livres onze solz six deniers parisis de cens que se disoient avoir droict de prendre et parcevoir par chacun an sur les dits lieux. Et pour et affin d'estre payez de six années et ung terme à eulx deubs d'arréraiges, à cause du dit cens, le merquedi second jour de décembre l'an mil iiij^c cinquante, le dit frère Thomas apporta par devers moy, commissaire dessus nommé, l'extrait des dites criéez fait soubz le scel de la prévosté de Paris, lequel est attaché à ceste présente relacion. Et pour monstrer et enseigner du droit pour lequel les dits commandeur et religieux avoient et ont fait faire lesdites criéez, me apporta le dict jour certains cartulaires, requestres, papiers, tiltres, comptes et aultres enseignemens avecques l'extrait d'iceulx, collacionné aux dits cartulaires, requestres, papiers, tiltres, comptes et aultres enseignemens, duquel extraict la teneur s'ensuit :

Ce sont les cartulaires, requestres, papiers, tiltres, comptes et aultres enseignemens mus et produitz de la partie des commandeur et religieux de l'Ospital à Paris qui jadis fust du Temple, par devers honnorable homme et saige maistre Guillaume de Culan, examinateur de par le Roy nostre sire ou Chastellet de Paris et commissaire à recevoir les tiltres et droitz des opposans aux hostelz de la grant Barbette et de la petite Barbette, qui seroient derrenierement aux religieux des Blancs-Manteaulx et de présent à messire Symon Charles, président de la chambre des Comptes, assis à Paris en la rue de Barbette; estant, c'est assavoir le dit grant hostel, et appartenant en la terre et seigneurie des ditz du Temple, criez à leur requeste dès le jour de la Trinité iiij^c xlix pour la première criée, et finissant le dit jour iiij^c cinquante, pour huit livres onze solz quatre deniers parisis, tant de cens comme de rente par an, et pour les arréraiges qui au commencement des dites dernières criées leur estoient deubz. Et est assavoir que les dits hostelz et appartenances estoient jadis et faisoient plusieurs maisons et jardins, comme il appert par les dits registres cy après déclairés; et où ce temps, les ditz du Temple y souloient prendre plus grant rente, comme il appert par les dits registres.

Primo, ung grant registre en pappier, couvert d'une peau de parchemin, escript au commencement tout en grosse lettre, comme en lettre courante, ce qu'il s'ensuit :

« Ce sont toutes les rentes, les fons de terre, fermes de moulins, loyers
« de maisons et jardins et revenus quelsconques, appartenant à présent à
« la maison de l'hospital de Paris, jadis du Temple, chacun an. Et sont
« escripts en cest pappier les noms des personnes qui tiennent les héri-
« taiges à présent. Et trouverez pour les maisons qui sont vuides une croix
« en la marge. Et pour les dits héritaiges dont nous ne pouvons estre
« payez, vous trouverez en la marge *nichil*. Escript et ordonné ce présent
« pappier au commandement du frère Martin Giroust gouverneur de
« ladite maison au mois de juillet l'an mil ccc soixante et deux. »

Et à le unziesme feuillet de la première paige escrips ces mots en grosse lettre entre autres choses : *En la rue de Barbette*.

Et après au douziesme feuillet ensuivant à la seconde paige, entre autres choses est escript ung article qui est tel :

Les poulies neufves que plusieurs gens tiennent,
    lesquelles   sont nommées et esclarcies ès
    quatre cartulaires que l'on renouvelle cha-
    cun an, aux dits quatre termes, donnant par
    an à iceulx termes   vij liv. vj s. » d.

Et au xiij^e feuillet ensuivant de la première paige est escript ce qu'il s'ensuit :

Guiot Laguiller pour sa maison joingnant, qui
    fust Guiot de Cressy, ès dits quatre termes   » liv. viij s. _ » d.

Jehan Manfroy pour sa maison joingnant qui
    fust feu Jehan de La Roche, aux termes de
    Saint-Jehan et Noël   » — iij — » —

La maison qui fust feu Jehan Langlois, ton-
nellier à la Sainct-Rémy . . . . » liv. vj s. ij d.

Pierre de Landres, changeur, pour sa maison,
jardin et appartenances qui furent feu Pierre
Gauthier, charpentier, à la Sainct-Rémy . » — vij — vj —

Item le dict Pierre pour sa maison et appartenances joingnant qui fut Gilot Boudé, à la
Saint-Jehan et à Saint-Rémy . . . . . » — vj — »

Robert Langlois pour ses maisons qui furent
Bertault de Taies et Pont-Gabien, à la Saint-
Remy . . . . » — ij — »

Item, pour sa vigne qui fut Jehan de la Roche
et le dit Pont Gabien, c'est assavoir : à la
saint Jehan xv sols, et à la saint Remy v sols
et à Noël v sols et à Pasques v sols, qui font
en somme . . . . » — xxx — »

Item, ung autre grant registre et papier couvert d'une peau de parchemin velue, ouquel sont escrips et déclairés tous les cens, rentes et autres
revenues appartenant par chacun an à la dite grant maison dudit jadis
Temple à Paris, commençant en ceste manière tant en grosse lettre
comme en lettre courant à c et ung feuillet :

« Ce sont toutes les rentes, les fons de terre, fermes de moulins, de
« maisons et jardins et autres revenues quelzconques appartenant à pré-
« sent à la maison de l'Ospital de Paris, qui jadis fut du Temple, chacun
« an, et sont escrips en ce pappier les noms des personnes qui à présent
« tiennent les héritaiges, et trouverez pour les maisons qui sont vuides
« et de quoy à présent nous ne pouvons estre payez et qui sont à pour-
« chasser une ✳ en la marge ; et pour les héritaiges qui en tout ou en
« partie à perpétuité sont perdus comme il nous semble, vous trouverez
« en la marge *nichil*, et ne sont point iceulx héritaiges mis en somme.
« Escript et ordonné fut ce présent registre au temps de Jehan de Vil-
« liers-Saint-Pol, gouverneur à ferme de la dite maison et gouverneur
« de Laigny-le-Sech, l'an de grâce mil trois cens soixante et seize ou
« mois de juing. »

Et au c quinziesme feuillet après en suivant, au commencement à tourner fueillet de la seconde paige sont escrips ces mots qui s'ensuivent en
grosse lettre : *En la rue de Barbette.*

Et au c dix-septiesme fueillet de la première paige, au commencement
sont escripz entre autres choses les articles qui s'ensuivent :

Adam Daÿ pour ses poulies que plusieurs gens
souloient tenir, pour fons de terre et croix de
cens, à quatre termes . . . . lvij sols iiij deniers

Jehan de Lyons pour sa poulye comprinse au
champ et en la closture des dessus dits, et joingnant le mur du costé de Jehan de la Treille, à
Saint-Remy   v sols   »

Et souloient toutes icelles poulyes devoir chacun
an vij livres xj solz de rente, lesquelles pour le
présent ne paient que la rente dessus dicte, qui
valent lvij sols iiij deniers, et par ainsy reste à
pourchasser iiij livres viij solz viij deniers, lesquelz ne sont point mis en somme.

Et audit c dix septiesme fueillet à la seconde paige et au c dix-hui-
tiesme fueillet de la première paige ensuivant entres autres choses
sont escriptz les articles qui s'ensuivent :

Adam Daÿ pour sa maison joingnant aboutissant
aux poulyes et fut Guiot Laguiller, à iiij termes   viij sols

Et n'en paye riens pour ce qu'il dit que les poulyes, acquittent icelle maison, mais tous les
registres du temps passé sont au contraire et à
pourchasser.

Henri Le Breton pour sa maison qui fut Jehan
Manfroy et depuis Jehan de la Treille aux
termes saint Jehan et Noël   iij sols

Jehan de la Treille pour sa maison joingnant qui
fut Jehan Langlois, à la saint Remy   ij sols   vj deniers

Maistre Nicolas Martin pour ses maisons et jardins
qui furent Pierre de Landres, changeur, et par
avant fut le premier jardin à Gauthier le charpentier, et doit à la saint Remy vij sols vj deniers ;
et l'autre fut à Gillet Boudée et doibt à la saint
Jehan et saint Remy vj sols, valent ensemble
tous les deux   xiij sols   vj deniers

Robert Langlois pour ses maisons qui furent Bertault de Tays, desquelles la première devers la
porte Barbette est en masure, la seconde est
bien haulte et la tierce est plus basse et a plusieurs louages, à la saint Remy, de fons de terre   ij sols

Pierre Poncet demourant à la mise au Bout Thiboust pour sa maison joingnant qui à présent est
couverte de chaulme et sa vigne derrière qui fut
audit Robert et par avant à Jehan de la Roche,
aux iiij termes xxx solz : c'est assavoir, à la

saint Jehan xv sols, à Noël v sols et à Pasques v
sols. Et cy endroit fault nostre fons de terre, et
commence le fons de terre a maistre Michel
Mygnon.

Item, ung pappier mannuel ou compte ouquel sont déclairées toutes
les revenues de la dite maison du dit jadis Temple, commençant en ceste
manière au premier fueillet du dit compte :

« Ce sont les rentes ou fons de terre de la maison du jadis Temple à
« Paris, receuz en l'an commençant à la saint Jehan-Baptiste l'an soixante
« dix-huit. »

Et à le vje fueillet en suivant à la première paige, entre autres choses
sont escriptz ces motz : *En la rue de Barbette.*

Et au vije fueillet en suivant à la seconde paige et au xiiije fueillet
ensuivant de la première paige, entre autres choses sont escriptz les
articles qui s'ensuivent :

Adam Daÿ par an		lvij solz
st Jehan	xiiij sols iiij deniers	
st Remy	xiiij sols iiij d.	
Noël	xiiij s. iiij d.	
Pasques	xliij s. iiij d.	
La poulye Jehan de Lyons, saint Remy		v solz
Adam Day		viij s.
saint Jehan	ij solz	
saint Remy	ij s.	
Noël	ij s.	
Pasques	ij s.	
Henri de Trolehan, saint Remy		iij s.
Jehan de la Treille, saint Remy		ij s. vj deniers
Me Nicolas Martin, saint Remy		xiij s. vj d.
Pierre Poincet par an		xxxij s.
saint Jehan	xv sols	
saint Remy	vij s.	
Noël	v s.	
Pasques	v s.	

Item. — Ung aultre pappier manuel ou compte en pappier couvert
d'une peau de parchemin commençant en ceste manière :

« Ce sont les rentes et fons de terre de la maison du jadis Temple à
« Paris receuz en l'an commençant à la saint Jehan Baptiste mil ccc
« soixante dix-neuf. »

Et à le xje fueillet en suivant à la seconde paige à tourner fueillet, entre aultres choses sont escripz ces mots qui s'ensuivent : *En la rue de Barbette.*

Et au xiij⁰ fueillet ensuivant à la première paige et à la seconde paige à
tourner fueillet, entre aultres choses sont escripz les articles qui s'ensuivent :

Adam Daÿ, par an		lij solz iiij deniers
saint Jehan	xiiij solz iiij deniers	
saint Remy	xiiij s. iiij d.	
Noël	xiiij s. iiij d.	
Pasques	xiiij s. iiij d·	
La poulye Jehan de Lyons, saint Rémy		v solz
Adam Daÿ, par an		viij s.
saint Jehan	ij solz	
saint Remy	ij s.	
Noël	ij s.	
Pasques	ij s.	
Henry de Trolehan, saint Remy		iij solz
Jehan de la Treille, saint Remy		ij s. vj deniers
Mᵉ Nicolas Martin, saint Remy		xiij s. vj d.
Pierre Poincet, par an		xxxij s.
saint Jehan	xv solz	
saint Remy	vij s.	
Noël	v s.	
Pasques	v s.	

Item. — Ung aultre papier manuel ou registre en pappier couvert
d'une peau de parchemin escript au commencement tant en grosse lettre
comme en lettre courant, commençant en ceste manière.

« Ce sont les rentes et fons de terre de la maison jadis du Temple à
« Paris receuz en l'an commençant à la saint Jehan mil trois cens iiijˣˣ et
« ung. »

Et au xiij⁰ fueillet ensuivant vers la fin de la première paige sont
escriptz ces mots qui s'ensuivent : *En la rue Barbette.*

Et au xvᵐ fueillet ensuivant et à la première paige et à la seconde à tourner fueillet, entre aultres choses, sont escriptz les articles qui s'ensuivent :

Adam Daÿ, par an		lvij sols iiij deniers
saint Jehan	xiiij sols iiij deniers	
saint Remy	xiiij s. iiij d.	
Noël	xiiij s. iiij d.	
Pasques	xiiij s. iiij d.	
La poulye Jehan de Lyons, saint-Remy		v solz
Adam Daÿ, par an		viij s.

saint Jehan	ij s.	
saint Remy	ij s.	
Noël	ij s.	
Pasques	ij s.	
Henry Trolehan, saint Remy		iij s.
Jehan de la Treille		ij s. vj. d.
Me Nicolas Martin, saint Remy		xiij s. vj d.
Henri de Trolehan, saint Remy		iij s.
Jehan de la Treille, saint Rémy		ij s. vj d.
Maistre Nicolas Martin, saint Rémy		xiij s. vj d.
Me Oudart de Trigny, par an		xxxij s.
saint Jehan	xv solz	
saint Remy	vij s.	
Noël	v s.	
Pasques	v s.	

Item. — Ung aultre registre ou pappier manuel couvert d'une peau de parchemin escript au commencement tant en grosse lettre comme en lettre courant, commençant en ceste manière:

« Ce sont les rentes et fons de terre de la maison du jadis Temple à « Paris, commençant à recevoir à la saint Jehan-Baptiste l'an mil ccc « iiij^{xx} et sept, et finissant à la dite saint Jehan l'an mil ccc iiij^{xx} et « huit. »

Et à la seconde paige du xij^e fueillet ensuivant à tourner fueillet, entre aultres choses, sont escrips ces motz qui s'ensuivent : *En la rue de Barbette.*

Et au xiiij^e fueillet ensuivant à la première paige et à la seconde à tourner fueillet et au commencement du xve fueillet ensuivant à la première paige, sont escrips ces articles entre autres choses contenant ceste forme et qui s'ensuivent :

Adam Daÿ, par an			lvij solz iiij deniers
saint Jehan	xiiij sols	iiij deniers	
saint Remy	xiiij s.	iiij. d.	
Noël	xiiij s.	iiij d.	
Pasques	xiiij s.	iiij d.	
Sire Nicolas de Mauregard, Saint Rémy			v s.
Adam Daÿ, par an			viij s.
saint Jehan	ij s.		
saint Remy	ij s.		
Noël	ij s.		
Pasques	ij s.		
Sire Nicolas de Mauregard, saint Rémy			iij solz

> *Item*, le dit, saint Rémy   ij s.   vj deniers
> *Item*, le dit, saint Rémy   xiij s.   vj d.
> Sire Nicolas de Mauregard, par an   xxxij s.
>> saint Jehan   xv solz
>> saint Remy   vij s.
>> Noël   v s.
>> Pasques   v s.

Item, ung aultre registre ou pappier mnnuel couvert d'une peau de parchemin, commençant en ceste manière :

« Ce sont les rentes et fons de terre de la maison dudit jadis Temple à « Paris receuz en l'an commençant à la saint Jehan Baptiste, l'an mil iij^e « iiij^{xx} et dix et finissant à la saint Jehan l'an mil iij^e iiij^{xx} xj. »

Et au xij^e fueillet ensuivant à la seconde paige à tourner fueillet, sont escripz ces mots qui s'ensuivent : *En la rue de Barbette*.

Et au xiiij^e fueillet ensuivant à la première paige et à la seconde paige entre autres choses sont escripz ces articles qui s'ensuivent :

> Adam Daÿ et Montagu, par an   lvij solz iiij deniers
>> saint Jehan   xiiij solz iiij deniers
>> saint Remy   xiiij s.   iiij d.
>> Noël   xiiij s.   iiij d.
>> Pasques   xiiij s.   iiij d.
> Montagu, saint Remy   v s.
> *Item*, Montagu, par an   viij s.
>> saint Jehan   ij s.
>> saint Remy   ij s.
>> Noël   ij s.
>> Pasques   ij s.
> Montagu, saint-Rémy   iij s.
> *Item*, ledit Montagu, saint Remy   xiij s.   vj deniers
> *Item*, le dit Montagu, saint Remy   ij s.   vj d.
> *Item*, le dit Montagu, par an   xxxij s.
>> saint Jehan   xv solz
>> saint Remy   vij s.
>> Noël   v s.
>> Pasques   v s.

Item, ung aultre registre en pappier manuel couvert d'une peau de parchemin commençant en ceste manière :

« Ce sont les rentes et fons de terre de la maison du jadis Temple à Paris « receuz en l'an commençant à la saint Jehan Baptiste l'an mil cccc et ung « et finissant à la dite saint Jehan l'an mil cccc et deux, par moy frère « Jehan Bridault. »

Et au xijᵉ fueillet à la seconde paige à tourner fueillet entre autres choses sont escripz ces motz qui s'ensuivent : *En la rue de Barbette.*

Et au xiiijᵉ fueillet ensuivant, à la première paige et à la seconde paige à tourner fueillet, entre autres choses sont escriptz ces articles qui s'ensuivent :

Les hoirs Adam Daÿ, par an		xxviij solz viiij deniers
saint Jehan	vij solz ij deniers	
saint Remy	vij s. ij d.	
Noël	vij s. ij d.	
Pasques	vij s. ij d.	
La royne, par an		xxviij solz viiij deniers
saint Jehan	vij s. ij d.	
saint Remy	vij s. ij d.	
Noël	vij s. ij d.	
Pasques	vij s. ij d.	
La royne, par an		viij solz
La royne, saint Remy		iij s.
La royne, saint Remy		ij s. vj deniers
Item, la dite royne, par an		xiij s. vj d.
Item, la dite royne, par an		xxxij s.
saint Jehan	xv solz	
saint Remy	vij s.	
Noël	v s.	
Pasques	v s.	

Item, ung aultre registre ou pappier manuel couvert d'une peau de parchemin commençant en ceste manière :

« Ce sont les rentes et fons de terre de la maison du jadis Temple à
« Paris receuz par moy frère Jehan Bridault en l'an commençant à la
« saint Jehan Baptiste l'an mil cccc et xiiij. »

Et au xijᵉ fueillet à la première paige entre autres choses sont escriptz ces motz qui s'ensuivent : *En la rue de Barbette.*

Et au xiiijᵉ fueillet à la seconde paige et à tourner fueillet, et au xiiijᵉ fueillet en la fin de la première paige à tourner fueillet sont escriptes ces clauses qui s'ensuivent :

L'évesque de Saint-Briou, par an		xxviij solz viiij d.
saint Jehan	vij solz ij deniers	
saint Remy	vij s. ij d.	
Noël	vij s. ij d.	
Pasques	vij s. ij d.	
Le dit évesque, par an		xxviij s. viij d.
saint Jehan	vij solz ij d.	

saint Remy	vij solz ij d.	
Noël	vij s. ij d.	
Pasques	vij s. ij d.	

Item, le dit évesque, saint Remy	v s.
L'évesque de Saint Briou, par an	viij s.
L'évesque de saint Briou, saint Remy	ij s. vj d.
Item, le dit évesque saint Remy	xiij s. vj d.
Item, le dit évesque, par an	xxxij s.

saint Jehan	vij solz vj d.
saint Remy	viiij s. vj d.
Noël	xij s. vj d.
Pasques	vij s. vj d.

Item, ung aultre registre ou pappier manuel en pappier couvert d'une peau de parchemin commençant en ceste manière :

« Ce sont lesrentes et fons de terre de la maison de l'ospital à Paris qui « jadis fut du Temple receuz par moy frère Jehan Bridault gouverneur de « la dite maison en l'année commençant à la saint Jehan-Baptiste, l'an mil « cccc xvij, et finissant à la dite saint Jehan l'an mil cccc xviij. »

Et au xij fueillet, au commencement de la seconde paige à tourner fueillet, sont escrips ces motz qui s'ensuivent : *En la rue Barbette.*

Et au xiiij⁰ fueillet ensuivant, au commencement de la première paige et à la seconde paige à tourner fueillet, entre aultres choses sont escriptes et articulées ces clauses qui s'ensuivent :

L'évesque de Saint Brioul-des-Vaulx, par an	xxviij solz viij d.

saint Jehan	vij solz ij deniers
saint Remy	vij s. ij d.
Noël	vij s. ij d.
Pasques	vij s. ij d.

Item, le dit évesque, par an	xxviij solz viij d.

saint Jehan	vij solz ij deniers
saint Remy	vij s. ij d.
Noël	vij s. ij d.
Pasques	vij s. ij d.

Item, le dit évesque, saint Remy	v solz
Item, le dit évesque saint Brioul, par an	viij s.
Le dit évesque de saint-Brioul, saint Remy	iiij s.
Item, ledit évesque, saint Remy	ij s. vj d.
Item, ledit évesque, saint Remy	xiij s. vj d.
Item, ledit évesque par an	xxxij solz

saint Jehan	vij solz vj d.
saint Remy	viiij s. vj d.

| Noël | vij s. | vj d. |
| Pasques | vij s. | vj d. |

Item, unes lettres saines et entières des prieur et religieux de l'ordre de Saint-Guillaume des Blans Manteaulx en leur chappitre à Paris, données en date le vjᵉ jour du moys de may mil cccc et xxxviij par lesquelles appert que vendirent au commandeur et frères de l'ospital jadis du Temple à Paris et à leurs successeurs, commandeurs et frères, cinquante solz parisis de rente ; les premières prins incontinent et sans aucun moyen, après six livres ung sol et iiij deniers parisis qui sont d'ancienne fondacion, tant de fons de terre comme de rente deubz par chacun an ausdits commandeur et religieux. Et est dict en ceste maniere : En et sur l'ostel, louages, masures où jadis eut maisons et jardins, et sur toutes leurs appartenances et dépendances quelsconques estans en la censive et seigneurie des dits commandeur et religieux, appellé l'ostel de Barbette qui naguieres fut et appartint à révérend père en Dieu, Monsʳ Jehan de Malestroit, évesque de Nantes, chancelier de Bretaigne, et de présent à nous appartenant par don et octroy à nous fait par icelluy évesque, assis à Paris en la rue de Barbette, tenant d'une part, par devers la porte Barbette, en partie à une masure où souloit avoir maison et y pendoit le Molinet qui fut Jehan Auclou et en autre partie tenant et ayant yssue à l'alée des arbalétriers, et tenant aussi de ce costé aux jardins des maisons d'aumosne et aux maisons et jardins de Sainte Katherine, aboutissant à la cousture Sainte-Katherine. Cette vente faicte pour xxx livres xvj solz x deniers parisis, si comme plus à plain est contenu ès dictes lettres scellées des prieur et chapitre, etc.

Item, Unes lettres données au Chastellet de Paris, le dimanche premier jour du mois de mars l'an de grâce mil cccc xl ix, passées par les ditz religieux des Blans Manteaulx, par devant Jehan Mautaint et Jehan du Conseil, notaires dudit Chastellet, annexées parmy leurs dictes lettres, par lesquelles il appert qu'ils ont certiflié et conservé par devant les dits notaires que ils avoient vendu aux dits commandeur et religieux du Temple l solz parisis de rente par an et les premières prins tantost et sans moyen après six livres ung sol quatre deniers parisis qui sont d'ancienne fondation, tant de cens comme de rente deubz par chacun an ausdits commandeur et religieux du dit Temple, en et sur ung hostel appelé l'ostel de Barbette, louages, masures où jadis eut maisons et jardins et sur chacune partie et portion d'iceulx pour le tout, estans en la censive et seigneurie des dits commandeur et religieux du dit Temple, si comme plus à plain il appert par les dites lettres, etc.

Item. — Ung gros livre en manière de compte où sont déclairés les cens et revenues de la maison qui jadis fut du Temple à Paris et y a plusieurs comptes de plusieurs années des receptes et mises du Temple escript en pappier couvert d'une peau de parchemin, commençant l'ung des dits comptes en ceste manière :

« C'est la recepte faicte par moy frère Thomas Lanette religieux de l'os-
« pital jadis du Temple à Paris, commis à recevoir les rentes, fons de terre
« et revenues qui chascun an sont deubz et appartiennent à l'ostel du
« Temple à Paris, assis tant en ceste ville de Paris comme dehors, pour
« les termes saint Jehan, saint Remy et Noël iiij^e xxxix et Pasques cccc xl,
« qui est une année complete, et aussy des arréraiges et années des
« termes passés, et s'ensuivent les noms des personnes qui ont payé ce
« qu'ilz devoient ou partie ; Et sont mis ou pappier ordinaire qui est fait
« par chascun an et renouvellé commençant au terme saint Jehan ouquel
« sont déclairez par ordre toutes les rentes et fons de terre appartenant à
« la dicte maison du Temple, fait par l'ordonnance de frère Adam Barroys
« gouverneur à présent d'icelluy hostel du Temple. »

Et au xiij^e fueillet ensuivant au commencement de la première paige sont escriptz ces mots qui s'ensuivent : *En la rue de Barbette.*

Et au xiiij^e fueillet ensuivant en la première paige est escript et articulé entre autres choses ce qu'il s'ensuit :

De messire Symon Charles, président de la chambre des Comptes pour le terme de Pasques iiij^e xl, qui disoit debvoir xliij solz, et sans préjudice de certains arréraiges pour ce deubz à cause de huit livres, unze solz quatre deniers parisis, tant de fons de terre que de rente par an, prins sur l'ostel de Barbette et sur toutes ses appartenances naguières appartenant aux religieux des Blans Manteaulx.

Et en la fin et conclusion des diz comptes qui ont esté concluds, passés et signés des seigneurs frères de la religion et aultres qui y ont mis leurs seings manuelz. Et est dit et conclud en ceste manière qui s'ensuit :

« Fait et conclud ce présent compte par frère Ragier, sergent trésorier et
« recepveur général de la religion, présens frère Adam Barroys, comman-
« deur de Burgot, prieur et gouverneur du dit Temple à Paris, Pierre Tes-
« sonnet, commandeur de Puisieux et de Fontenay-en-France, Thierry
« Dyoude escuyer de Monsr le grant prieur de France, seigneur de Mou-
« flières et Quarreaux ; en l'ostel du dit Temple à Paris, le viij^e jour de
« juing mil cccc xlij. Ainsi signé : Rahier, sergent ; A. Barroy ; P. Tesson-
« net ; T. Dyoude. »

Les religieux produisent par devers ledit commissaire les tiltres et tous autres enseignemens qui sont mis et produitz par devers les exposans ou opposans aux dites criées, servans aux droits des dits religieux.

Item. L'an et jour dessus dits mil cccc cinquante, le samedy xij^e novembre, Jehan Culdoe stipulant en ceste partie pour sire Michel Culdoé bourgeois de Paris, qui s'estoit opposé aux dites criées, pour luy conserver cent solz parisis de fons de terre qu'il se disoit avoir droit de prendre sur les dit. lieux criez et pour et affin d'estre payé de vingt-neuf années à luy deubz d'arréraiges à cause du dit fons de terre pour moustrer et enseigner du droit par lequel ledit Michel Culdoë s'estoit et est opposé aux dites criées, le dit Jehan Culdoë me apporta certaines lettres, cédules, tiltres et pappiers avec ses moyens en pappier et ung rôle collacionné aux sus-dites lettres, cédules, tiltres et pappiers contenant ceste forme :

« Ce sont les moyens par lesquels Michiel Culdoë, bourgeois de Paris,
« et héritier en partie de maistre Michiel Mignon s'est opposé aux criées
« et subhabstations d'une maison ou jardin et pourpris comme elle se com-
« porte, assis à Paris hors et près la porte Barbette, où jadis eut plu-
« sieurs maisons et est maintenant tout à ung ; laquelle première maison
« des dites maisons et où le cens et rente se commence à prendre, c'est
« sur une maison qui fut à maistre Estienne de Bettaincourt, après à Pierre
« Leduc et depuis à Montagu, et tient à une maison devers Paris qui fut
« Bertrand Caye et depuis à Robert Langlois ; aboutissant icelle maison
« criée jusques à la cousture Saincte-Katherine ; et est son opposition
« pour lxiiij sols parisis de cens et rente prins sur le dict lieu crié, depuis
« la maison dessus dite jusques à ung bostel qui fut Rollet Villequart
« portans los, ventes, saisines et amendes qu'il a avecques ses cohéritiers
« chacun au aux iiij termes, au moins une fois l'an, et sur le dit lieu crié
« où jadis eut plusieurs maisons qui sont plus plainement déclairées en
« ung pappier que le dit Michel produit à qui ils furent et le temps. »

Et premièrement dit le dit Michel que par feu maistre Michiel Mignon ou ses prédécesseurs dont il avoit le droit et cause, fut jadis acquis de feu Jehan de Reins vj livres parisis de fons de terre portans los et ventes, sai-sines et amendes sur plusieurs maisons, jardins, héritaiges et pourprins assis à Paris près et hors la porte Barbette et entre iceulx vj livres parisis de cens et fons de terre sont lxxij solz parisis de cens et fons de terre sur le dit lieu crié, lequel lieu fut jadis à plusieurs personnes et depuis à Montagu l'an mil ccc iiij xx xvij, et depuis au chancelier de Bretaigne.

Item. Et d'iceulx lxxij solz parisis feu maistre Michiel avoit paisi-blement joy jusques à son trespas, délaissé maistres Charles, Jehan et Loÿs ditz Culdoës frères ses héritiers à ce ausquelz ont compété et appartenu son héridité et succession.

Item. Lesquelz ses héritiers seroient allés de vie à trespas et mes-mement les dits feuz maistres Charles, Jehan et Loÿs ditz Culdoe délaisse certains leurs enfans et mesmement ledit Michel, fils du dit maistre Charles, et Jehan Culdoë, aussi fils dudit Culdoë, ausquels appartient à cer-taine et juste cause et par partaige de ce fait. Et autrement ont compété

et appartenu, compettent et appartiennent les dits lxxij sols parisis de
cens et fons de terre sur ledit lieu crié comme les dites maisons se contiennent et contenoient ou temps de lors avecques plusieurs arréraiges et
pour lesquels il est opposé aux susdites criées.

Item. — Et pour ce monstrer ce que le dit sire Michiel a droit comme
dit est et appert que le dit feu maistre Michiel Mignon, et après luy ses
héritiers et ayans cause avoient et ont droit de prendre les dits vj livres
parisis de cens ou fons de terre entre lesquels sont les dits lxxij sols parisis pour lesquelz le dit Michiel Culdoë s'est opposé : icelluy Michei produit et met en forme de preuve par devers les commissaires donnés aus
dites criées à lui conserver pour luy et Jehan Culdoë iceulx lxxij sols parisis, les lettres et papiers qui s'ensuivent :

Et premièrement unes lettres de relacion de Gauthier Laumergiaz, sergent à verge du roy nostre sire ou Chastellet de Paris, faictes soubz son
scel le mercredi xvij jour de février mil ccc lxx vij en laquelle est incor-
porée de mot à mot certaines lettres royaulx de sauvegarde et commit-
timus du dit feu maistre Michel, par laquelle relacion appert que le dit
sergent à la requeste du dit feu maistre Michel, et par faulte de payement
de vj livres parisis de cens et fons de terre qu'il avoit droit de prendre et
parcevoir par chacun an aux iiij termes à Paris accoustumez, au moins
une fois l'an, en et sur plusieurs maisons, héritaiges et jardins assis à
Paris près de la porte Barbette et dont le dit sergent dit par icelle luy
avoir esté payé souffisamment et deument, apparu droit des dits vj livres
parisis, icelluy sergent se transporta à ladite porte Barbette en l'hostel
Michel Potier et en plusieurs aultres maisons entretenant assis au dehors
de la dite porte. Et après que le dit sergent eust trouvé deuement entre
le dit maistre Michel en possession et saisine des dits vj livres parisis de
cens et fons de terre sur les dictes maisons et que les propriétaires lors
demourans en icelles luy affermèrent que les dites vj livres de cens et fons
de terre ils avoient tousjours accoustumé payer et paioient au dit maistre
Michel et non à aultres, avecques les ventes saisines et amendes quand le
cas y eschéoit comme à seigneur foncier seul et pour le tout, ès présences
de la femme de Michel Potier, Colin Foucault, Perronnet Daguignet et
plusieurs autres nommés en icelle, le dit sergent maintint et garda ledit
maistre Michel Mignon en saisine et possession des dites vj livres de cens
et fons de terre, en faisant commandement aux personnes demourans ès
ditz hostelz qu'ils ne payassent aucune choses des dites vj livres parisis à
quelzconques autres personnes fors au dit maistre Michel ; et pour ce que
par deffault de payement de partie dudit cens, ledit maistre Michel ou
aultre de par luy avoit esté et mis hors des gons et abattu au travers de
l'uys la porte ou louage du dit Michel Potier, laquelle certain temps

après le dit maistre Michel trouva remise et peux dire sans son congié, qui estoit contre ses dits droitz seigneuriaux, donnay et assignay jour audit Potier par devant les dits maistres des requestes à certain jour déclairé en la dite relacion.

Item, ung acte judiciaire des dites requestes données le xij^e jour de mars mil ccc lxxvij, signé : J. de Lespine, et scellé du scel des dites requestes, par lequel appert qu'il fut dit entre Me Michel Mignon d'une part, et Michel Potier d'autre part que xxxvj sols p. que le dit Michel Potier avait consigné et mis par l'ordonnance des dites requestes ès mains de Michel Robin, leur sergent, icelle somme après ce que le dit Potier ne sceut dire cause valable pour empescher audit Michel qu'il n'eust la dite somme de xxxvj livres p. pour les termes déclairés en la date à cause de xlviij solz p. de cens et fons de terre que avoit droit de prendre sur ladite maison et appartenances dudit Potier, que icellui Potier disoit avoir esté arresté par Jehan Sauce nommé en ladicte acte, icelle somme seroit baillée audit maistre Michel Mignon ; et au regard de l'amende pour faulte de paiement audit jour, iceulx des requestes assignèrent jour aux dits maistres Michiel et Potier pour procéder ainsy qu'il appartiendroit.

Item, une cédule en pappier, sans jour et sans date, signée comme il semble de prime face du seing manuel de Jehan Sauce par laquelle appert qu'il mande à Michel Potier que il devoit aucunes choses d'arréraiges audit maistre Michiel du dit cens et fons de terre, qu'il le payast et dès lors en avant le luy continuast, et que luy et ledit maistre Michiel avoient accordé ensemble.

Item, ung pappier long couvert de parchemin auquel escripvoit le dit maistre Michel Mignon la recepcion du cens, fons de terre et rente à luy deubz et payez, intitulé au premier feuillet d'icelluy : « Les louages de noz maisons de Paris pour l'année commençant à la saint Jehan Baptiste mil ccc iiij^{xx} iij et finissant en ung article au dernier fueillet escript audit pappier receu par moy Estienne Marmet clerc de maistre Jehan Robert, procureur de Saint Germain-l'Auxerrois à Paris xxvj s. p. pour Pasques, saint Jehan, saint Remy et Noël iiij^e xiiij. » Ouquel pappier estoit escript, au xlij^e fueillet d'icelluy ce qu'il s'ensuit :

« Fons de terre sur deux maisons assises en la dite rue de la porte Barbette. »

Item. — Produit le dit sire Michel toutes les lettres et tiltres produites par les autres opposans aux dites criées de la dite maison, et tant et pour tant qui luy povoient servir et valoir à sa dicte opposition et aux dépendances d'icelle et non autrement.

Item. — L'an dessus dit, le mardi premier jour de décembre, Jehan Legros, procureur des prieur, frères et sœurs de Saint-Ladre lèz Paris, qui

estoient opposès aux dites criées pour leur conserver tel droit, part et
porcion de fons de terre qu'ils avoient ou povoient avoir sur lesdits
lieux criés ou sur partie d'iceulx pour monstrer et enseigner du droit pour
lequel les dits de saint Ladre s'estoient ou sont opposez auxdites criées,
m'apporta certaines lettres, comptes et pappiers collacionnés aux dits
lettres, pappiers duquel extrait la teneur s'ensuit :

« Ce sont les moyens et extraits des lettres pappiers et autres enseigne-
« mens que baillent et produisent par escript les prieur, frères et sœurs de
« l'église et maison Saint-Ladre-lez-Paris, pour fonder leurs droits et con-
« server leur opposition faite aux criéez des hostelz grant et petit, jardins
« et appartenances de l'hostel Barbette auxquelles criées les dits de
« Saint-Ladre ou leur procureur pour eulx s'est opposé pour tels drois de
« fons de terre seigneuriaux fonciers et autres droits qu'ils ont et peuvent
« avoir, demander et réclamer en et sur les dits lieux criées. »

Et premièrement disent les dits de Saint Ladre que à cause de la fondation, dotation et augmentation de leur hostel et église et aultrement
deuement ils ont plusieurs beaulx droits seigneuriaux et aultres en la ville
de Paris et ailleurs, en et sur plusieurs et divers lieux et personnes et leurs
biens, comme cens, rentes, revenues et autres possessions.

Item. — Disent les dits de Saint Ladre que outre leurs cens et rentes,
droits, revenues et appartenances qu'ils ont en la ville et closture de
Paris, ils ont et à eulx appartient toute justice et seigneurie foncière en
une pièce de terre anciennement appelée le *clos Saint-Ladre*, assise hors
de la poterne Barbette contre et tenant à la granche Raoul Farcy.
Laquelle pièce de terre avoient et possédoient les frères de l'hostel-Dieu
Saint Gervais en lan mil deux cens... (en blanc) au mois de décembre. En
laquelle pièce de terre sont édiffiés plusieurs maisons, jardins et édiffices.
Et mesmement en ung closeau lèz le clos Saint-Ladre de par devers la
courtille Barbette, et en la closture Boyvin, tout entretenant estant en la
censive Saint-Ladre.

Item, pour vérifier le dit clos Saint-Ladre, ont les dits de Saint-
Ladre monstré et produit leur lettre faicte et passée en la court de
l'église contenant ce qu'il s'ensuit :

« Omnibus presentes litteras inspecturis officialis parisius in Domino
« salutem. Noverit universitas vestra quod in nostra presencia constituti
« Elinandus, Gontardus et Ferricus fratres domus de Sancto Gervasio
« recognoverint Domini Dei de Sancto Gervasio habere et possidere
« unam peciam terre sitam juxta granchiam Radulphi Farsiti ut dicitur
« in censiva Sancti Lazari parisius ad sex denarios capitalis census reco-
« gnoverint ; et quia prior et fratres Sancti Lazari compellebant ipsos ad
« ponendum dictam terram ad medietatem faciendam propriis sumpti-

« bus, ita quod predicti fratres medietatem bladi restantis in dicta terra
« tam diu perciperent donec dicti prior et fratres Sancti Lazari dictis
« fratribus pro dicta terra decem libras parisiensis solverint nomine
« empcionis promiserunt et dicti fratres quod solucione facta dictarum
« decem librarum in dicta terra nichil de cetero reclamabant nec per se
« vel per alium contra vendicionem predictam venient in futurum et quod
« bona fide ad usus et consuetudines francie prior et fratribus Sancti
« Lazari parisius super dicta terra portabant contra omnes debitam garan-
« ciam. In cujus rei memoriam et testimonium presentes litteras sigillo
« parisius curiæ fecimus roborari. Actum anno graciæ millesimo cc° tri-
« cesimo tertio mense decembri. »

Item, s'ensuit la teneur d'une aultre lettre faisant mention de la
dite pièce de terre joingnant à la dicte granche Raoul Farcy en la censive
Saint-Ladre.

« Universis presentes litteras inspecturis officialis archidiaconi pari-
« siensis salutem in Domino. Notum facimus quod coram nobis consti-
« tuti Petrus, Henricus, Gilo et Radulphus fratres quondam filii Garneri
« de Sancto Lazaro recognoverint se vendidisse magistro Maurico, car o-
« nico Turonicensi quendam peciam terra site juxta granchiam Radulphi
« Farsie in censiva Sancti Lazari parisius, et si ista vendicio enumeretur
« ab aliquo triginta libras parisienses nomine penes dicto magistro tene-
« rentur et de ista pecia solvenda si committeretur Guillermus magister
« Petrus et Nicolaüs Barbette fratres et Guillermus vocelli se plegias
« coram nobis constituerunt quilibet in solidum, ita quod si ista vendicio
« retraheretur ab aliquo de parentela dicti plegii ad solvendum dictam
« peciam reddere tenerentur. Actum anno Domini millesimo cc° trice-
« simo secundo in crastino sancti Martini hyemalis. »

Item, ont produit unes aultres lettres faisant mention du clos Saint
Ladre faictes et passées soubz le scel de la prevosté de Paris l'an de grace
mil ccc xx iiij le samedi jour de la feste saint Leu et saint Gilles, et estoit
pour lors garde de la prevosté de Paris Jehan Loncle, par lesquelles
appert que Jehan Barbette, bourgeois de Paris, en jugement par devant
ledit prévost recognut luy avoir vendu et par nom de pure vente, quicté
et délaissé dès lors en droit à tousjours véritablement, à maistre Jehan du
Temple, clerc du roy, à Guillaume sa femme, à leurs hoirs et à ceulx qui
d'eulx auront cause, six livres sept solz quatre deniers parisis de cens ou
de rente que il avoit de son héritaige et prenoit chacun an aux quatre
termes acoustumés, ou lieu et sur le lieu que l'en dit le clos saint Ladre au
dehors de Paris, oultre la poterne Barbette tantost et sans moyen après
iiij solz parisis de fons de terre payés par an à saint Ladre au terme de
saint Remy en la censive de saint Ladre, prins sur certains héritaiges

assis audit cloz. Et tiennent à présent et paient les dites rentes les personnes qui s'ensuivent :

Premièrement les dits acheteurs en paient par an sur ce qu'ils en tiennent	xxv solz	p.
Item, Guillaume Dierre en paie sur ce qu'il en tient	xiv s.	p.
Item, Jehan Calonge sur ce qu'il en tient	viij s.	p.
Item, Jehanne la Gantière sur ce qu'elle en tient	xiij s. iv d.	p.
Item, Erembourc, femme Thomas Huelin sur ce qu'elle en tient pour luy et pour ses enfans	xiiij s.	p.
Item, Jehan de Bretessures sur ce qu'il en tient pour Regnault Calenge et pour son frère	xiiij s. viij d.	p.
Item, Guillaume Caumet sur ce qu'il en tient	viij s. iv d.	p.
Item, Perronnelle Dumesnil, sur ce qu'elle en tient	vij s.	p.
Item, Regnault Coste sur ce qu'il en tient	viij s.	p.
Item, Philippot Maillard sur ce qu'il en tient	xv s.	p.

C'est assavoir tout pour le prix de lv livres par quatre termes au dit vendeur qu'il en confessa luy avoir eu et receu des ditz acheteurs en bons deniers comptans et s'en tint à bien paie et en quicta etc les ditz achetteurs et leurs hoirs et promist les dits vendeurs, etc. Ainsy signé : N. Dartois.

Item, ont montré exhibiées et produites unes lettres de sentence données l'an de grâce mil ccc lx ou mois de décembre, scellées du scel maistre Jehan Mouton, général visiteur des maisons-Dieu et maladeries de la Cité et diocèse de Paris, comme il appert par lettres d'approbamus scellées du scel du Chastellet, annexées parmy la dite sentence et données l'an de grâce mil iij^e lxiij le samedi xxixe jour de juillet ; par laquelle sentence appert que le dit Jehan Mouton, général visiteur des maisons Dieu et maladeries de la Cité et diocèse de Paris, commis et député de par le révérend père en Dieu mong^r l'évesque de Paris arbitre ou arbitrateur amiable, compositeur de la voulenté de consentement prins et éleu des parties cy dessoubz escriptes et nommées, sur le débat et discord que mention est faicte cy dessoubz meu ou espoir à mouvoir entre-eulx apaisier et mettre à fin.

« Sachent tous que comme débat et discord feust meuz ou esperez à

« mouvoir entre le prieur, frères et seurs tant sains que malades de l'ostel
« de Saint-Ladre de lez Paris, pour eulx ès noms d'eulx et de leur dicte
« maison d'une part, et les maistre, frères et seurs de l'hospital Sainct-
« Gervais de Paris pour eulx et ès nom d'eulx et de leur dicte maison
« d'autre part, pour et sur ce que les dits prieur, frères et sœurs de Saint
« Ladre disoient et maintenoient que eulx, à cause de leur dicte maison
« avoient et debvoient avoir et à eulx appartenoit seulz et pour le tout
« toute justice et seigneurie foncière en et sur toute une pièce de terre
« séant en leur censive, laquelle est dicte et nommée communément le
« clos Saint-Ladre, séant près de la courtille Barbette, tenant d'une part
« tout icelui héritaige à une petite maison et jardin derrière qui fut feu
« maistre Robert Mignon, et d'aultre part par devers la dite courtille
« Barbette à certaines terres qui sont à plusieurs bonnes gens, aboutis-
« sant tout icelui héritaige par devers le Temple au chemin qui va de la
« dite Courtille, par devers Saincte-Katherine-du-Val-des-Escholiers,
« aux terres de derrière Saincte-Katherine; tout lequel héritaige si comme
« dessus est divisé, est tenu et mouvant des dits prieur, frères et sœurs
« de Saint-Ladre dessus dits, et que pour cause de ce et à eux seuls et
« pour le tout appartient et doibt appartenir tout le droit de recepvoir et
« faire les dessaisines et les saisines toutefois que aucuns detenans toute
« icelle pièce de terre ou partie d'icelle vendroient ou ont vendu à quelque
« personne que ce soit, et que à eux seulz et pour le tout doivent appar-
« tenir et appartienn ent les ventes deues à cause de ce touteffois que
« le cas y echet ou est echeu. Disoient encorres et maintenoient les
« dits de Saint-Ladre que les dits de Saint-Gervais avoient achetté des
« anciens détenans partie d'icelle pièce de terre sans prendre la saisine
« des dits de Saint-Ladre, retenu et recellé les ventes et retenu par eulx
« et en leur main la saisine sans seigneur mains, deuement et sans
« le seu des dits de Saint-Ladre. Et oultre et avecques ce les ditz de
« Saint-Gervois disoient eulx estre seigneurs fonciers d'icelui lieu de
« aucuns détenans partie d'icelle terre, laquelle les dits tenans avoient et
« ont vendu à estranges personnes et aultres que à eulx de Saint Ger-
« vais; les dits de Saint-Gervais avoient et ont de fait des dits vendeurs
« retenu et receu les dessaisines et baillé les saisines aux achetteurs
« et prins et retenu à leur prouffit par devers eulx les ventes deuez
« pour cause de ce. Et encores disoient et maintenoient ceulx de Saint-
« Ladre que ja soit ce que….. il peut estre dit que les dits de Saint-
« Gervais puissent acquérir des tenans toute icelle pièce de terre et tenir
« pour payant le chief cens deu à ceulx de Saint-Ladre et icelluy cens
« double sans ce que iceulx de Saint Gervais puissent estre constrains
« par ceulx de Saint Ladre à dire qu'ilz avoient acquis d'icelle pièce de

« terre toute ou partie, mettre hors de leur main ne pour ce paier à ceux
« de Saint Ladre aucune finance. Et disoient ceulx de Saint-Ladre et
« maintenoient que ceulx de Saint Gervais ne pouvoient acquerir les
« rentes deues à autres personnes desquelles les ventes et saisines et
« dessaisines doivent appartenir à ceulx de Saint Ladre ou au moins
« icelles rentes retenir au préjudice de ceulx de Saint-Ladre, mais pour-
« roient et devroient ceulx de Saint Gervais estre contrains par ceulx
« de Saint Ladre à icelles rentes mettre hors de leurs mains. Et disoient
« ceulx de Saint-Ladre que comme ceulx de Saint-Gervais eussent et
« aient fait toutes les choses dessus dites et avec ce cessé de payer pour
« ce le chief cens double deu à ceulx de Saint-Ladre en leur grant
« grief, dommaige et préjudice ; et pour ce requéroient que tout ce que
« par iceulx de Saint-Gervais avoit et a esté fait au contraire des choses
« dessus dites feust restitué, réparé et remis en estat deu et que par
« nous il fust dit et a droit ceulx de Saint-Gervaiz non avoir droit aucun
« de justice ou seigneurie en et sur toute la pièce de terre dessus
« dite ou partie d'icelle ; et avecques ce requéroient iceulx de Saint Ladre
« que se aucunes lettres avoient esté ou sont faictes de la vendicion de
« la dite terre ou partie d'icelle ou rentes dessus dites ; et par adventure
« estoit contenu ès dites lettres la chose vendue estre mouvant du fief
« Saint-Gervaiz que quant ad ce lesdites lettres qui pourroient estre
« trouvées feussent corrigées et en icelles et icelluy lieu mis et escript
« mouvant du fief Saint-Ladre et estre de Saint-Gervaiz. Les dits
« de Saint Gervaiz disans et maintenans au contraire etc ; en la
« parfin les parties présentes devant nous en l'hostel Saincte Kathe-
« rine en la grant rue de Paris ; c'est assavoir ceulx de Saint Ladre
« par frère Thomas leur procureur et le maistre du dit hostel-Dieu saint
« Gervais présent pour luy et pour ses frères et sœurs requerans à grans
« instances ès noms que dessus est dit, que sur le debat et discort dessus
« dit disions et voulissions dire, ordonner, et prononcer nostre dicte
« ordonnance, sentence ou amiable composition, selon ce que nous
« avons et povons avoir trouvé par conseil et bonne délibération avec les
« les saiges, etc. Passés jusques à l'article qui s'ensuit qui est fin de la dicte
« sentence. Et parmy ce et pour ce disons par nostre dite sentence ordon-
« nance ou amiable composition dessus dite que les dits de Saint-Gervaiz
« n'ont, ne oncques n'eurent en la dicte piece de terre ou courtillaige,
« justice ou seigneurie foncière aucune, mais est et appartient toute
« la justice foncière à ceulx de Saint-Ladre, ceulx et pour le tout ; et
« pour ceulx les dits de Saint-Gervais n'ont peu ne doivent de ce qu'ils
« ont acquis de la dicte piece de terre ou courtillaige ou des rentes
« dessus dites depuis la date des lettres dessus dites de leur aucthorité

« recepvoir ne avoir receu des vendeurs la dessaisine de la chose à eulx
« vendue ne icelle saisine sans ceulx de Saint Ladre par devers eulx
« avoir retenu ne retenir ou avoir appliqué par devers eulx, mais sont
« tenus de prendre la saisine de ceulx ou par ceulx de Saint Ladre et à
« leur paier pour ce les ventes ; et aussy ceulx de Saint Gervais ne peuvent
« avoir retenu la dessaisine des vendeurs à estranges personnes, ne icelle
« avoir baillé aux achetteurs ; et que tout ce qui a esté faict par ceulx de
« Saint-Gervais quant ce est de nulle valeur et admenderoit de fait ceulx
« de Saint Gervais à ceulx de Saint Ladre les ventes recellées de ce
« qu'ils ont acquis de la dicte pièce de terre ou de la rente deue pour
« ce depuis la date des dites lettres comme a seigneurs fonciers dudit
« lieu sans pour ce payer amende aucune et pour cause ; et aussy ceulx
« de Saint-Gervais rendront à ceulx de Saint Ladre tout ce qu'ils ont
« receu des ventes et saisines et dessaisines des vendeurs ou achetteurs
« estranges, se aucunes en ont receues ; et par ainsy, les dits vendeurs
« et achetteurs pourront estre contrains par ceulx de Saint-Ladre, si
« comme de raison sera, de dessaisir et prendre la saisine de la chose
« vendue par ceulx de Saint-Ladre ; et admenderont de fait à ceulx de
« Saint Ladre ce que fait ont quant aux choses dessus dites ; touteffois
« sans pour ce payer admende aucune et pour cause comme dessus est
« dict et que toutes les lettres qui sont ou ont esté faictes pour cause de
« la vente de la dicte pièce de terre ou courtillaige ou des rentes dessus
« dites esquelles il a ou auroit escript la chose vendue estre mouvant du
« fief de Saint-Gervais, se aucunes en y a ou peuvent estre trouvées
« quant a ce seront cognues et au lieu de Sainct-Gervais sera mis et escript
« pour Saint-Ladre. — Toutes lesquelles choses par nous comme dessus
« est sentenciées et prononcées comme dessus est dict les dites parties
« après plusieurs altercations et débats eus sur ce entre eulx, les dites
« par grande déliberation ou advis ou sur ce avecques plusieurs saiges,
« ont voulu, loué, agréé et de leur bonne voulenté approuvé. Et nous en
« tesmoing des choses dictes avons mis à ces présentes lettres nostre
« scel duquel nous usons communément. Donné l'an de grâce mil ccc
« soixante au mois de décembre devant dicts. »

Item, parmy la dicte sentence est annexée une aultre lettre donnée en
jugement au Chastellet de Paris l'an de grâce mil iiij^c lxiij le mercredy
xxve jour d'octobre par lesquelles appert que furent présens en jugement
par devant Messire Jehan Bernier, chevalier, garde de la prévosté, frère
Guillaume Le Boucher au nom et comme procureur de religieuses
personnes et honnestes les prieur, frères et sœurs de Sainct-Ladre-lès
Paris d'une part, Et frère Guillaume Monvoisin maistre de l'hostel-Dieu-
Sainct Gervais pour et au nom dudit hostel, d'aultre part ; lesquelles par-

ties ès noms que dessus accordèrent ratifièrent et approuvèrent en jugement toutes les choses contenues et éclaircies en la dicte sentence ; et que
à icelles choses contenues ès dites lettres de sentence entériner et accomplir les dictes parties ès noms que dessus, pourtant que à chacun touché
feussent par nous condempnées, contraintes se mestier estoit par prinse,
détencion et exploitacion du temporel d'icelles maisons de S. Ladre et de
S. Gervais ; et nous oyes les dites parties, les choses dessus considérées et
tout ce qui faisoit à considérer les parties ès noms dessus dits, chacun
pourtant que à luy touché condempnances, et condempnons à tenir, faire
garder, entériner et accomplir de point en point toutes les choses contenues et esclaircies ès dites lettres, et chascune d'icelles selon leur forme et
teneur et à ces choses faire entériner et accomplir seront les dites parties
contraintes se mestier est par prinse, détencion et exploitation du temporel d'icelles maisons de S. Ladre et de l'hostel-Dieu S. Gervais par nostre
sentence et par droit. En tesmoing de ce que nous avons faict mettre à
ces lettres le scel de la prévosté de Paris. — Ce fut faict l'an et jour dessus
dit. Ainsy signé : Le Bègue.

Item, ont les dits de Sainct-Ladre produit un grand pappier ou registre
commençant ainsi qu'il s'ensuit :

« Ce sont les ventes venues et escheues à l'hostel Sainct-Ladre-les
« Paris, depuis que maistre Jacques Taillandier, jadis maistre dudit hostel
« se partist qui fut en janvier l'an mil ccc quarante huit. »

Auquel registre au iiij^e fueillet est une partie telle qui s'ensuit :

Item, L'an mil ccc xljx, le samedi xiie jour de septembre nous apparut
par lettres scellées dudit Chastellet qui avoient esté passées le lundi
vij^e jour dudit mois l'an dessus dit que Jehan Hurlin sergent à verge
dudit Chastellet et Marie sa femme auctorisée etc. avoient vendu à tous-
siours etc. à Guillaume Lefèvre et à Eudeline sa femme et à leurs hoirs
etc. demi quartier de terre ou environ qu'ilz avoient de leur conquest,
séant au closeau lez le clos Saint-Ladre de par devers la Courtille Barbette, tenant d'une part à Robert de Tayes et d'aultre part au maistre de
l'hostel-Dieu Saint-Gervais en nostre censive chargée en vj s. ij d. par.
aux quatre termes pour le prix de iiij livres parisis que les dits vendeurs
en avoient eu et receu des dits achetteurs, et s'en dessaisit en nostre
main comme en justice, le dit Jehan ou nom de luy et de sa dite femme et
à sa requeste, ensaisinés les dits acheteurs, sauf tous droiz et payèrent
pour ventes vj s. p.

Au lxxij^e fueillet dudit registre sont contenues deux parties telles qui
s'ensuivent :

De frère Guillaume de Villers, maistre de l'hostel Dieu S. Gervais, qui
pour luy et ses frères et seurs dudit hostel avoit achetté à tousjours par

lettres du Chastellet qui avoient esté passées le samedy xjx^e jour de décembre sans date de Guillemin Baudé ung quartier de terre ou environ qu'ilavoit de son héritaige, assis en la cousture Boyvin, tenant d'une part à Jehan Maufroy et d'aultre part à la terre qui fut Robert de Thaye, aboutissant aux terres qui furent Jehan Boyvin, en nostre censive, chargé en xx s. audit Jehan Maufroy pour le prix de vj royaux, etc. ; et s'en dessaisit en nostre main comme preudhomme procureur quant a ce dudit vendeur ; et à sa requeste ensaisinés les dits achetteurs, sauf tous droiz pour ce payés v gros.

De frère Guillaume de Villers, maistre de l'ostel Dieu-S.-Gervais, qui pour luy et ses frères et suers dudit hostel avoit achetté à tousjours par lettres du Chastellet qui avoient esté passées le vij^e jour de janvier l'an mil ccc lx de Guillaume Lefèvre et Eudeline sa femme, une pièce de terre, si comme elle se comporte, etc., qu'ils avoient de leur conquest assis au Closeau-lez-le-Clos-Sainct-Ladre vers la courtille Barbette, tenant d'une part aux hoirs de feu Robert de Thaie, et d'aultre part aux hoirs dudit hostel-Dieu, aboutissant d'ung bout à Henry Gervaise et d'aultre costé aux hoirs dudit feu Robert en nostre censive, chargée en vj solz ij deniers par an par les iiij termes pour le pris de xij royaulx, etc., et s'en dessaisirent en nostre main les dits vendeurs, et à leur requeste ensaisiné les dits achetteurs, sauf tous droiz pour ce j royal.

Item, ont produit et montré ung aultre grant pappier ou registre commençant ainsi que s'ensuit au iiij^e fueillet d'icelluy :

« C'est le pappier des ventes de Saint-Ladre commencé l'an mil ccclxvj, « le premier jour de may », auquel registre au ljx^e fueillet est contenue une partie telle qui s'ensuit :

De Jehan Gaulthier, bourgeois de Paris, qui avoit achetté à tousjours par lettres qui avoient esté passées le lundy ij^e jour de mars l'an mil ccclxvij, de Adam Gaulthier, bourgeois de Paris, fils dudit Jehan et Jehanne sa femme, une maison séant près de Paris à la Courtille Barbette ; ung grant jardin, ung petit jardin avecques deux arpens de terre, hors du clos de ladite maison, si comme tout se comporte et extend de toutes parts en nostre censive, chargée de v solz par. de cens ou fons de terre : c'est assavoir pour les deux arpens de terre, deux solz parisis et trois solz parisis pour les aultres trois arpens de terre, auxquels les dits mariés avoient renoncé par avant la date de ces lettes pour le prix de ij^e et dix francs que les dits mariés en avoient receu, etc. Et estoit et est ce que dit est de l'héritaige de ladite Jehanne, et s'en dessaisit en nostre main Messire Gilles Fortin, prebstre, procureur quant a ce des dits vendeurs, et la requeste ensaisinés les dits achetteurs, sauf tous droiz, et nous paya pour ventes,   viiij livres.

Item. — L'an dessus dict mil cccc cinquante le mercredi xxve jour de novembre, Jehan Beron, clerc de Denis Cappel au nom et comme procureur de honorable homme et saige maistre Nicaise de Bailly, greffier du Trésor du roy nostre Sire, commis par la court du parlement au gouvernement de la succession de feu Guillaume Sanguin qui s'estoit opposé aux dites criées pour conserver au faict de sa dicte commission de deux cens salus d'or de rente sur les lieux criez ; et pour et afin d'estre payé de xxxiij années deubz d'arréraiges à la dite succession, à cause de la dite rente pour monstrer et enseigner du droit pour lequel ledit maistre Nicaise s'estoit et est opposé aux dites criées me apporta certains tiltres avecques l'extrait d'iceulx collationné aus dits tiltres, duquel extrait la teneur s'ensuit :

Extrait des tiltres produicts et bailles à Court par Mre Nicaise de Bailly, greffier du trésor du roy nostre Sire, commis par la court de parlement au gouvernement de la succession de feu Guillaume Sanguin, servans et pour soutenir l'opposition par luy faicte audit nom aux criées qui se sont faictes par vertu du privilleige royal octroyé aux bourgeois de Paris, la première criée commençant à la Trinite mil cccc xljx et finissant l'an révolu mil cccc cinquante à la requeste des religieux et commandeur du Temple des hostelz, jardins et appartenances de Barbette qui derrenièrement furent aux religieux des Blans Manteaulx de Paris ; ladite opposition faicte pour conserver à la dicte succession deux cens salus d'or de rente sur les dits lieux criées qui furent aux dits religieux des Blans Manteaulx et par avant à feu messire Jehan de Malestroit, en son vivant evesque de Nantes. Et aussi pour conserver à ladite succession dudit feu Sanguin plusieurs arréraiges deubs à cause de ladite rente à plain déclaires en la dicte opposition.

Premièrement, unes lettres faictes et passées soubs le scel de la prévosté le mercredi premier jour de décembre mil cccc xxiij, signées Sandrin, Chavage, par laquelle appert mons^r Artus de Bretaigne, comte de Richemont, Mr Jehan de Malestroit évesque de Nantes, Jacques de Dinan, seigneur de Beaumanoir, messire Guillaume Giffart, seigneur du Bois-Rond, Pierre, seigneur de Blechebon, Bertrand, seigneur du Bois... Jehan de Chasteaugiron, chanoine de Nantes, Jamet Lamoureux, trésorier de mondit seigneur de Richemont, maistre Henri Camus et maistre Jehan Paris, procureur en parlement, en leurs propres et privés noms et chacun d'eulx avoir vendu ceddé et transporté et délaissé des lors à tousjours perpétuellement et hériditablement et promirent chacun pour le tout sans division, garantir, délivrer et deffendre envers et contre tous au dit feu Guillaume Sanguin pour luy ses hoirs et ayans cause deux cens vingt cinq livres tournois de rente annuelle et perpétuelle à les avoir prendre, gaiger, percevoir et recepvoir dès lors en avant chacun an à tousjours par le dit feu Guillaume Sanguin, ses hoirs et ayans cause aux iiij termes à Paris acoustumez par esgale porcion en deux cens salus d'or à commencer à payer pour le premier terme et payement à Noël lors prouchain ensuivant. C'est assavoir cinquante salus d'or ; et pareillement par chacun des dits autres termes à tousjours, en et sur plusieurs terres, seigneuries et possessions desclairés ès dictes lettres auxdits vendeurs appartenans, et généralement en et sur toutes les aultres terres, droits, justices et seigneuries, cens, rentes, revenues et héritaiges, bien meubles et possessions quelsconques des dits vendeurs et de leurs hoirs et ayans cause présens et à venir et sur chacun lieu partie ou porcion d'iceulx par soy et pour le tout sur les plus clers et évidans et mieux apparans au choix et ellection dudit achetteur et de ses dits hoirs successeurs et ayans cause et du porteur que les dits vendeurs et chacun d'eulx pour le tout en chargèrent dès lors affermèrent, obligeirent et ypotequerent. Et fut faicte la dicte vente pour deux mil salus d'or dudit achetteur comme plus à plain est contenu es dictes lettres.

Item, dict le dict Bailly commis que le dit feu messire Jehan Malestroit, en son vivant évesque de Nantes, estoit au temps de la vendicion de ladicte rente de ij^cxxv livres tournois, faulte par luy et les dessusnommez au dit feu Guillaume Sanguin, seigneur propriétaire et détenteur des hostelz jardins et appartenances de Barbette à plain desclairez ès dites criées des dits Commandeur et religieux du Temple ; et par ce moyen iceulx lieux affectes, obligiés et ypotéques en ladite rente de ij^c xxv liv. t pour laquelle le dit commis est opposé.

Item, produit le dit commis et se aide de tous tiltres moyens, preuves et renseignements qui sont et seront mis et produis par les aultres opposans aux dites criées qui aider et valloir pourront à la dite succession dudit feu Guillaume Sanguin pour soustenir son droit et opposition, offrant à prouver, requérant, etc., protestant, etc.

Et au regard des aultres opposans aux dites criées, ils ne m'ont baillé ne offert bailler aucunes lettres, tiltres, enseignemens ne aultres choses dessus dites pour monstrer et enseigner des droits pour lesquels ils se sont opposes aux dites criees.

Et tout ce, chier Seigneur, je vous certifie estre vray par ceste presente ma relation, laquelle, en tesmoing de ce, j'ay signé de mon seing manuel cy mis le lundi quatorziesme jour de may l'an mil cccc soixante quatre.

Signé : N.....

II

VENTE APRÈS LOTISSEMENT D'UNE PARCELLE DE L'HOTEL BARBETTE A JACQUES
LE GAY PAR LES HÉRITIERS DE LOUIS DE BRÉZÉ

(9 novembre 1561).

EXTRAIT DES TITRES DE PROPRIÉTÉ DE M. COUTELA. — Pièce n° 40

A tous ceulx qui ces presentes lettres verront, Anthoine Du Prat, chevallier, seigneur de Nantoillet, Précy et Rozay, baron de Thiert et de Thoury, conseiller du Roy nostre sire, gentilhomme ordinaire de sa chambre, et garde de la prévosté de Paris, salut.

Sçavoir faisons, que par devant Anthoine Becquirel et Guillaume Cothereau, clers notaires du Roy nostre sire en son chastelet de Paris, furent présens et comparurent personnellement nobles hommes, Mre Claude Chauvet advocat en la court de parlement, et Michel Deschamps secrétaire et argentier de haulte et puissante dame Madame Françoise de Brézé, veufve de feu hault et puissant seigneur Messire Robert de la Marche, en son vivant chevalier de l'ordre, duc de Bouillon, seigneur de Sedan, dame duchesse douairière du dict Bouillon, ou nom et comme procureurs de très-hault et puissant prince, Messire Claude de Lorraine, duc d'Aumalle, pair de France, promettant faire ratiffier et avoir pour agréable, le contenu en ses procurations, à haulte et puissante dame Madame Loÿs de Brézé sa femme, et aussy comme procureurs de la dicte dame duchesse douairière de Bouillon, tant en son nom que comme soy faisant et portant fort en ceste partye des dicts seigneur duc d'Aumalle et sa femme, fondés de deux lettres de procurations qui seront transcriptes vers la fin de ces présentes, des originaulx desquelles il est deuement apparu aux susdicts notaires, disant les dictes procurations ou dit nom, que aux susdicts seigneur d'Aumalle, dame Loÿse de Brézé, son espouse et à la dicte dame duchesse douairière de Bouillon, à juste tiltre comporte et appartient ung grand hostel concistant en plusieurs places, maisons, estables, édiffices, courts, jardins et lieux nommés et appelés autrement l'hostel de Barbette, assis en ceste ville de Paris, en la vieille rue du Temple, les dicts lieux comme ils se poursuivent comportent et estendent de toutes parts et de fonds en comble, ayant issue par derriere en la rue de Dianne et en la rue des Poullyes, autrement dicte des Francs-Bourgeois, tenant

d'une part au jardin et la maison de feu Mess™ Jehan Bertrand, en son vivant
cardinal de Sens, d'autre part à Monsieur l'évesque de Mende, aboutissant
d'un bout par derrière aux susdictes rues Dyanne et des Poullyes, et
d'autre bout par devant à la dicte Vieille rue du Temple, en la censive de
Monsieur le Commandeur du Temple à Paris, à cause de sa commanderye du dit lieu, et chargé la totalité des dicts lieux de deux sols parisis
de cens envers le dict seigneur commandeur, et pour ce que les dicts
lieux estoient et sont en grand ruyne et décadence, et que les dicts seigneur et dame n'en faisoient leur proffict, et qu'ils en pourrroient tenir
grands deniers en les vendant et alienant, iceulx seigneur et dame en
auroient faict faire plusieurs places et partitions par gens à ce cognoissans, et auroient faict asscavoir à plusieurs personnes que les dictes places
et lieux estoient à vendre; mesmes les dicts procureurs ou dicts noms
auroient mené et conduict plusieurs personnes sur les dicts lieux pour
iceulx véoir et sçavoir s'ils auroient voulloir de les prendre et achepter
en partye et portion d'icelles, et entre autres noble homme M° Jacques le
Gay, greffier de Forest, varlet de chambre ordinaire du Roy, demeurant
à présent à Paris rue et devant la chapelle de Bracque, qui auroit dict et
déclaré aux susdicts procureurs qu'il avoit voulloir de prendre et achepter portion des dicts lieux, et en auroit offert pris compectant et honneste,
à ceste cause les dicts procureurs, ou dict nom, en la présence des dicts
notaires auroient fait mesurer et alligner au dict seigneur le Gay la place
cy après déclarée, qu'il auroit acceptée et choisie selon et ainsy qu'il est
cy après spécifflé et déclaré, tant en quantité largeur que profondeur, et
partant iceulx procureurs ou dict nom, par vertu, effect et substance du
pouvoir à eulx donné et attribué, par les dictes deux lettres de procurations, par les dicts seigneur d'Aumalle et dame de Bouillon, de leurs bons
grés, pures, franches et libéralles volontés, propres mouvemens, et de leurs
certaines sciences, sans force, fraude, erreur, contraincte ne séduction
aucune, mais sur et bien advisés, pourveus, conseillés et délibérés, si
comme ils disoient en la présence et pardevant les dicts notaires, comme
en droict jugement pardevant nous recogneurent et confessèrent avoir ou
dict nom, et pour iceulx seigneur duc, dame son espouze, et dame duchesse
de Bouillon, vendu, ceddé quicté, transporté et délaissé, et par ces présentes vendent, ceddent, quictent, transportent et délaissent du tout dès
maintenant à tousjours, promirent et promectent ou dict nom garentir,
délivrer et deffendre envers et contre tous tant en jugement que dehors
et partout ailleurs où il appartiendra de tous troubles et empeschemens
générallement quelsconques, au dict sieur M° Jacques Le Gay à ce présent et acceptant, achepteur pour luy ses hoirs et ayans cause ou temps
advenir, une place faisant partie des dicts hostels, courts et jardins de

Barbette contenant, sur la Vieille rue du Temple du costé d'une autre place baillée par les dicts procureurs ou dict nom à noble homme Me René Gazil, conseiller du Roy et controlleur général de son artillerye, vers la rue qui sera faicte de neuf appelée la grande rue de Barbette, six toises ung pied ou environ de large, sur la profondeur de trente cinq toises ou environ, ayant sur la largeur de derrière huict toises ou environ, lequel derrière abboutissoit sur une ruelle ou allée de six pieds de largeur appartenant audict Gazil ; le mur de laquelle ruelle ou allée le dict Le Gay sera tenu néantmoings faire à ses propres compte et despens, et à la charge que icelluy Le Gay ses hoirs et ayans cause ne pourront à l'advenir avoir aucunes veues, bées, esgouts ne servitude ne yssue sur icelle ruelle ou allée parce qu'elle appartient totallement au dict seigneur Gazil, par le moyen de la vendition, cession et transport qui luy ont par cy devant esté faicts par les dicts procureurs ou dict nom, tenant d'une part, la totallité de la dicte place, au dict Gazil, à cause de la dicte place qui luy a esté baillée et vendue comme dict est ; d'autre part à la dicte rue neufve qui sera faicte de Barbette, aboutissant d'un bout par devant à la dicte Vieille Rue du Temple et par derrière à la dicte ruelle ou allée vendue au dict Gazil, comme dict est ; tous les dicts lieux contenant ensemble en carré deux cens soixante et trois toises et demye ou environ, le fort rapportant au foible, dont y en a sur le devant où sont les matériaulx, sept vingts-trois toises et demye à raison de quatre livres dix sols tournois la toise, vallans et revenans à la somme de cinq cens soixante seize livres tournois, et six vingts trois toises à soixante et dix sols la toise, vallans la somme de quatre cens vingt livres tournois, et pour les matériaulx estans sur les dicts lieux la somme de six cens livres tournois, le tout revenant à la somme de quinze cens quatre-vingts seize livres tournois. Et ne pourra le dit seigneur Le Gay, achepteur, avoir comme dessus est dict, aucunes veues, bées, servitude ne esgousts, entrée ne yssue sur la dicte ruelle, sans le consentement du dict Gazil, ses hoirs et ayans cause ; et à la charge que le dit Gazil pourra faire une porte au bout de la dicte ruelle qu'il fera attacher, et qui s'ouvrira par le bout de l'encogneure qui sera faicte par le dict Le Gay, qui respondra au bout d'icelle ruelle et sans que pour ce le dict Gazil soit tenu envers le dict Le Gay ses hoirs et ayans cause d'aucunes charges ; et à la charge que les murs qui seront faicts entre les dicts Gazil et Le Gay pour séparer le surplus des dicts lieux seront mitoyens, sans toutes fois qu'ils y puissent avoir aucunes veues, bées, esgouts ne servitude, les ungs sur les autres ; le tout selon les allignements et mesurages qui en ont esté faicts et arrestés par noble homme Jehan de Lorme, escuyer, seigneur de Sainct-Germain, à ce présent, qui a certiffié le dict toisé estre véritable, en la présence et du consentement des dicts procureurs ou dict nom du dict Le Gay ; et aussy à la charge que le dict Le Gay, achepteur, ne pourra empescher le cours et tuyaulx de la fontayne qui souloit anciennement venir en l'hostel de Barbette qu'elle n'ayt son cours, au lieu où est elle est de présent, et sera tenu icelluy achepteur souffrir rechercher les dicts tuyaulx et changer leurs places pour en faire venir une le long de la dicte rue neufve qui sera faicte, appelée la grand rue de Barbette, pour avoir son ancien cours en la dicte Vieille rue du Temple ; pour des dits lieux et choses cy-dessus vendus, ceddés et transportés, jouir, user, faire et disposer par le dict seigneur M° Jacques Le Gay achepteur, ses hoirs et ayant cause comme de sa propre chose, vray et loyal acquest, et à la charge toutes fois que le dict seigneur achepteur s'est tenu et tient pour content du dict toisé et mesurage cy-dessus déclaré, par ce qu'il a confessé avoir esté faict en sa présence et de son consentement, moyennant la dicte certiffication faicte par le dict de Lorme comme dict est, promectant où il se trouveroit ès dicts lieux cy-dessus vendus moindre quantité que des dicts deux cens soixante trois toises et demye n'en faire jamais aucune action, poursuitte ne demande aux dicts seigneur et dames, accordant dès maintenant que où à l'advenir se trouvast plus grande quantité de toises que celles qui luy ont esté présentement vendues de payer aux dicts procureurs ou l'un d'eulx, ou au porteur de ces présentes lettres pour eulx pour chacune toise, à rayson des prix cy-dessus déclarés ; et s'il s'en trouve moings de n'en repeter aucune chose. Ceste présente vente cession et transport faicts aux dictes charges, et aussy à la charge de douze deniers parisis de cens seullement envers la commanderye du Temple à Paris, et franc et quiete des arréraiges du dict cens jusques au jour St Remy dernier passé ; et oultre moyennant et parmy la dicte somme de quinze cens quatre vingts seize livres tournois que pour ce les dicts Mrs Claude Chauvet et Deschamps, ou dict nom, en confessent avoir eu et receu du dict seigneur Me Jacques Le Gay achepteur, et laquelle somme de quinze cens quatre-vingts seize livres tournois le dict seigneur Le Gay a payée, comptée et nombrée aux dicts vendeurs, ou dict nom, qui l'ont prinse et receue, présens les dicts notaires, en escus d'or soleil, escus pistoles tournois et autres espèces d'or ayant à présent cours, dont et de laquelle somme de quinze cens quatre vingts seize livres tournois les dicts vendeurs, ou dict nom, se sont tenus et tiennent pour contens et bien payés et en ont quicté et quictent le dict seigneur achepteur, ses biens, ses hoirs et tous autres à qui quictance en compecte et appartient, et s'y seront tenus ; et promectent les dicts vendeurs, ou dit nom, fournir au dict seigneur Le Gay dedans six moys prochainement venans de rattiffication des dict seigneur et dame d'Aumalle du contenu en ces présentes, par laquelle rattiffication a dicte dame duchesse d'Aumalle sera deuement aucthorisée du dict seigneur duc son mary ; et aussy à la charge que icelle rattiffication sera passée par devant notaires et soubs scel royal et aucthentique ; et a esté accordé que où le dict achepteur rehausseroit les murs voisins au-dessus de neuf pieds de hault, il ne pourra demander aucuns frais pour les charges des dicts murs ; et quant aux autres qu'il conviendra faire pour la séparation de la closture du jardin du dict seigneur achepteur et du seigneur Gazil seront aussy faicts à communs despens, sans toutes fois que le dict achepteur puisse demander aucune chose pour le regard de la muraille qui sera faicte du costé de la ruelle ou allée du dict Gazil, aussy sans qu'ils puissent avoir aucunes veues, bées, esgouts, ne servitude les ungs sur les autres, le tout aux us et coustumes de Paris ; et aux charges susdictes, et moyennant ce que dict est, les dicts vendeurs, ou dit nom, ont ceddé et transporté, ceddent et transportent par ces présentes au dict Sr Me Jacques Le Gay achepteur, et acceptant pour luy ses hoirs et ayans cause, tous et chacuns, les droicts de propriété, fonds, saisine, seigneurye, noms, raisons et actions, tant utiles directes que autres, que les dicts seigneurs et dame duc et duchesse d'Aumalle et dame duchesse douairière du dict Bouillon ont et peuvent avoir ès lieux et place par eulx cy-dessus vendus, ceddés et transportés, et s'en sont iceulx vendeurs, ou dict nom, desmis dessaisis et devestus, desmettent, dessaisissent et devestent pour et au nom des dicts seigneurs et dames, duc et duchesse d'Aumalle et de Bouillon pour ce du tout ès mains des dicts notaires conseillers ès mains souveraines pour le Roy nostre dict seigneur, pour et au nom et au profflict du dict seigneur achepteur et ses dicts hoirs et ayans cause, voullans, consentans et expressement accordans que par le bail et obstention de ces présentes, icelluy seigneur Le Gay achepteur susdict, ses dicts hoirs et ayans cause en fussent et soient saisis, vestus, mis et receus en bonne et suffisante saisine et possession par les seigneurs celluy ou ceulx et ainsy qu'il appartiendra ; et debvront pour ce faire accorder, recquérir et consentir ce estre faict, les dicts vendeurs, ou dict nom, feront, nommeront, ordonneront, constitueront et establiront leur procureur général ès certain messager especial et irrévocable, le porteur de ces présentes, auquel ils donneront et donnent plain pouvoir, puissante auchtorité et mandement special de ce faire, et en oultre tout ce que on cas sera recquis et nécessaire, et moyennant ceste présente vendition, cession et transport, les dicts procureurs, ou dict nom, ont baillé et baillent les dicts lieux présentement vendus au dict seigneur achepteur francs et quictes de tous droicts de lots et ventes pour ceste foys tant seulement. Car ainsy a esté par cy près convenu et accordé entre les dictes partyes comparans ès dicts noms, lesquelles et chacune d'elles en droict soy promirent et jurèrent par les foy et serment de leurs corps, pour ce par elles et chacune d'elles baillés et mis corporellement ès mains des dicts notaires comme ès mains souveraines pour le Roy nostre dict seigneur, ces présentes et tout le contenu en icelles avoir agréables, tenir fermes et establis à tousjours sans jamais à nul jour aucunement y contrarier, soit par voye d'erreur, d'ignorance, ne décepvance, ne liaison, circonvention ny autrement en quelque manière que ce soit ou puisse estre, ainçoys rendre et payer l'une partie à l'autre ès dicts noms, chacune d'elles en droict soy tous couts, frais, missions, despens, dommaiges et intérests qui faicts, eus, soufferts, soutenus et encourus seroient, ou deffault de tenir ou entretenir, entherinés et accomplis tout ce que dessus est dict, et en ces présentes contenu et escript, soubs l'obligation et ypothecque de tous et chacuns leurs biens, ès dicts noms, et de ceulx de leurs hoirs et ayans cause, meubles et immeubles présens et advenir que les dictes partyes ès dicts noms chacune d'elles endroict soy en soubsmirent et soubsmectent pour ce du tout à la justice, jurisdiction et contraincte de la dicte prévosté de Paris et de toutes autres courts, justices et jurisdictions où trouvés seront à leurs despens respectivement, et renonceront en ce faisant expressément les dictes partyes comparans ès dicts noms par leurs dicts sermens et foy à toutes exceptions de deceptions, dols, fraudes, cautelles, noms, raysons, actions, deffences oppositions a tout droit escript et non escript, canon et civil, et à toutes autres choses généralement quelconques, que l'on pourroit dire, proposer et alléguer contre ces présentes, l'effect et évocation d'icelles et au droict disant générallement renonciation non valloir.....

ADDITIONS ET CORRECTIONS

Page 5, ligne 11. — *Après* : un libraire-éditeur ; *ajoutez* : Dans la liste des citoyens morts pour la liberté pendant les journées des 27, 28 et 29 juillet 1830 et dont les noms sont inscrits sur la colonne de la place de la Bastille, *le Moniteur* du 24 juillet 1840 fait mention d'un Louis Barbette.

Page 17, note 1, ligne 2. — *Au lieu de* : Paulin, Paris ; *lisez* : Paulin Pâris.

Page 71, ligne 29. — *Ajoutez* : Au moment où s'imprimait ce volume nous ignorions le blason de Loys de Villiers, qu'un hasard heureux nous a fait retrouver depuis. Les Villiers, de Champagne, portaient : *De sable semé de fleurs de lys d'argent.* (Cf. La Chesnaye de Bois et Grandmaison). Nous renonçons donc absolument à voir dans les fleurs de lys sans nombre qui surmontaient la porte de l'hôtel de Loys de Villiers, les armes de France, alors qu'il devient évident que c'étaient les armoiries personnelles du chambellan de la Reine.

Page 102, ligne 6. — *Après* : duc d'Aumale ; *ajoutez* : comme héritières directes et majeures de leur père Louis de Brézé.

Page 109, ligne 2. — *Au lieu de* : Poucet ; *lisez* Poncet.

—   lignes 4 et 5. — *Au lieu de* : Morognes ; *lisez* : Morogues.

Page   112, ligne 20. —   Id.   Id.

—   113, ligne 8. —   Id.   Id.

—   114, ligne 14. —   Id.   Id.

—   119, ligne 6. — *Après :* en 1789, *ajoutez* : Nous tenons néanmoins d'une lettre de M. le comte de Pange, arrière-petit-fils du maréchal de camp J.-B. Thomas de Domangeville, qu'en 1777, l'ancien hôtel de Montarran portait encore le nom d'hôtel de Domangeville. En 1774, l'*Almanach de Paris* dit : « marquis et marquise d'Omangeville, rue des Francs bourgeois au Marais ». Mais le titre de marquis n'a jamais été porté par M. de Domangeville qui était cadet.

Page 125, ligne 19. — *Après* : qui avait ; *supprimez* : déjà.

Page 130, ligne 2. — *Au lieu de* : de Guillaume Poret et de Jehan Merlin ; *lisez* : des héritiers de Guillaume Poret et de Jehan Merlin.

Page 134, ligne 20. — *Au lieu de* : Sainte-Antoine-de-la-Bretonnerie ; *lisez* : Sainte-Croix-de-la-Bretonnerie.

Page 139, ligne 2. — *Après* : Noël Boussingault ; *ajoutez en note* : ce Boussingault est-il celui qu'a illustré un vers de Boileau : « ... Boucingo n'en a point de pareil »?

Page 139, ligne 3. — *Après* : Dodun, seigneur d'Herbault ; *ajoutez* : conseiller secrétaire du roi.

Page 139, ligne 12. — *Après* : la Révolution : *ajoutez en alinéa* : Nous croyons pouvoir fixer ici l'ancienne porte fleurdelisée, autrefois située à trente pas environ de la tourelle et que nous avons déjà attribuée au logis du chambellan d'Isabeau, Loÿs de Villiers ; lequel logis avait remplacé la vieille maison à l'enseigne de *la Faulx* possédée, en 1362 par le chevalier Messire Thomas de Brye. C'est de cette porte, sans doute, que La Tynna veut parler dans son : *Dictionnaire des rues de Paris* (édition de 1816) : en disant : « On vient d'achever de défigurer une porte rue Vieille-du-Temple, au coin de la rue des Francs-Bourgeois, où l'on voyait encore des vestiges de l'ancien hôtel Barbette. » A moins qu'il ne s'agisse ici de la porte dont on voit encore quelques traces derrière la devanture du magasin d'épicerie qui existe en cet endroit.

Page 160, ligne 7. — *Au lieu de* : Andiguier ; *lisez* : Audiguier.

Page 162, ligne 1. — *Au lieu de* : Le Bailly ; *lisez* : Le Baillif.

TABLE ALPHABÉTIQUE

DES NOMS DE PERSONNES ET DE LIEUX

A

B

C

D

Le quartier Barbette.

E

F

G

H

I

J

K

M

N

O

P

Q

R

S

T

V

W

Y

TABLE DES MATIÈRES

PIÈCES JUSTIFICATIVES

PLANS

FIN

16 octobre

1/2 toile grise
2 pièces rouge
H

Bi
11488

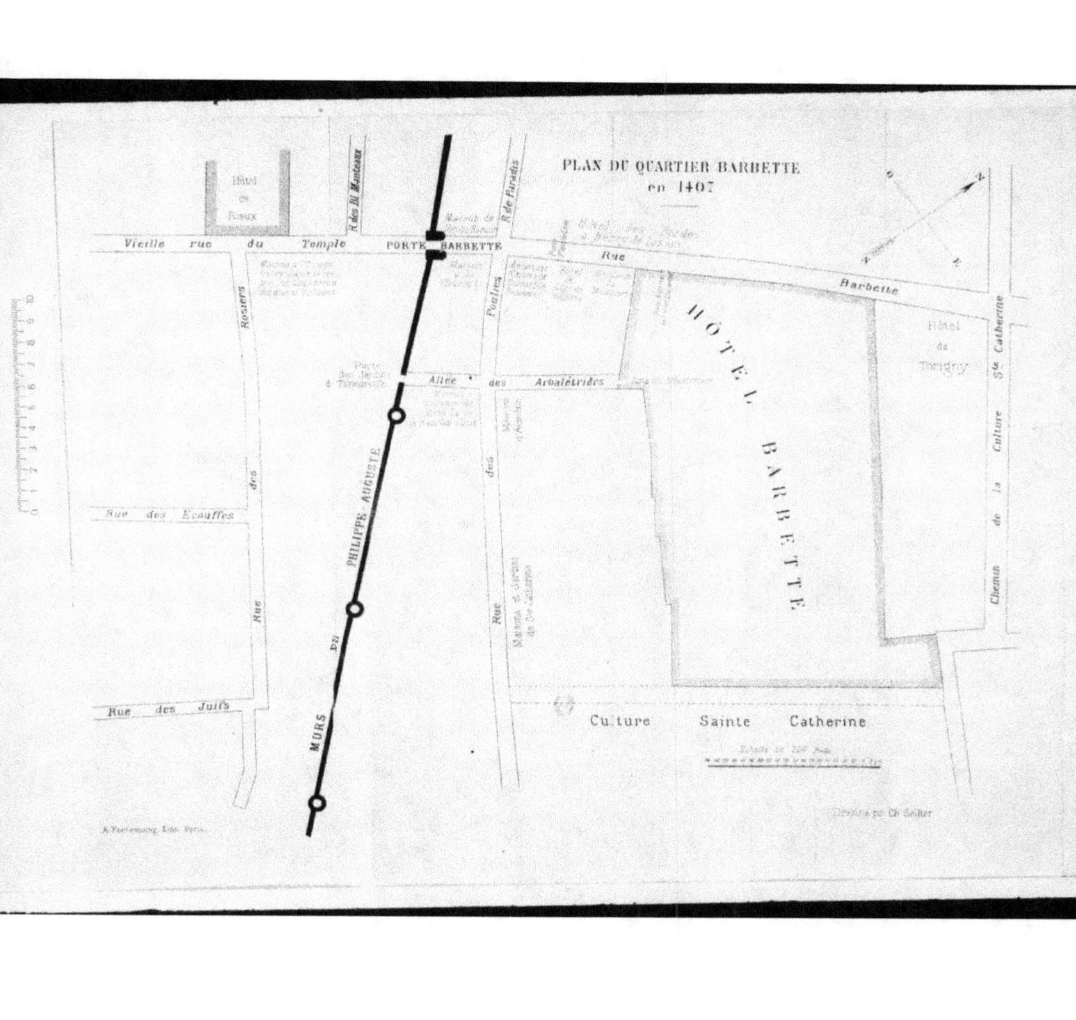

PLAN DU QUARTIER BARBETTE
en 1407
Hôtel de Rieux
R des M. Manteaux
R de Paradis
Vieille rue du Temple
PORTE BARBETTE
Rue
Hôtel des Tordes à Pierre le Juan
Barbette
HÔTEL BARBETTE
Hôtel de Thorigny
Culture de la Sainte Catherine
Chemin de la Culture St Catherine
Rosiers
des
Rue
Rue des Ecauffes
Rue des Juifs
MURS DE PHILIPPE-AUGUSTE
Porte des Barres à Tancarville
Allee des Arbalétriers
Poutres
des
Rue
Maison et Jardin de Ste Catherine
Maison d'Avignon
Culture Sainte Catherine
A. Fontemoing, Edit. Paris.
Dessiné par Ch. Seiller

Extrait du Plan
de la Censive du Temple de 1789 
(18e FEUILLE)
Aux Archives Nationales T. 14 ?
Dessiné par Ch. Sellier

RED. :

20

MIRE ISO N° 1
NF Z 43-007
AFNOR
Cedex 7 - 92080 PARIS-LA-DEFENSE

0 1 2 3 4 5 6 7 8 9 10

graphicom